Die Folgen der Revolution

Europäische Diktaturen und ihre Überwindung
Schriften der Stiftung Ettersberg

Herausgegeben von

Hans-Joachim Veen
Volkhard Knigge
Renate Müller-Krumbach

in Verbindung mit

Jorge Semprún
Bernhard Vogel
Hans-Peter Schwarz
Eckhard Jesse
Gilbert Merlio
Ehrhart Neubert
Lutz Niethammer
Mária Schmidt
Karl Schmitt
Robert Traba

Die Folgen der Revolution

20 Jahre nach dem Kommunismus

Herausgegeben von
Hans-Joachim Veen, Peter März
und Franz-Josef Schlichting

Redaktion: Daniela Frölich

2010

BÖHLAU VERLAG KÖLN WEIMAR WIEN

Gefördert durch das
Thüringer Ministerium für Bildung, Wissenschaft und Kultur

Bibliografische Information der Deutschen Nationalbibliothek:
Die Deutsche Nationalbibliothek verzeichnet diese Publikation in der
Deutschen Nationalbibliografie; detaillierte bibliografische Daten sind
im Internet über http://dnb.ddb.de abrufbar.

Umschlagabbildung:
Obsthändler im polnischen Gliwice, im Hintergrund das GM OPEL-Werk
(picture-alliance/ZB)

© 2010 by Böhlau Verlag GmbH & Cie, Köln Weimar Wien
Ursulaplatz 1, D-50668 Köln, www.boehlau.de
Alle Rechte vorbehalten. Dieses Werk ist urheberrechtlich geschützt.
Jede Verwertung außerhalb der engen Grenzen des Urheberrechtsgesetzes
ist unzulässig.
Satz: Kornelia Trinkaus, Meerbusch
Druck und Bindung: Strauss GmbH, Mörlenbach
Gedruckt auf chlor- und säurefreiem Papier
Printed in Germany

ISBN 978-3-412-20597-3

Inhalt

Hans-Joachim Veen
Einführung 7

Hans-Peter Schwarz
Von der »Charta von Paris« (1990) bis zur Gegenwart.
20 Jahre Umgestaltung in Ostmitteleuropa und Osteuropa 13

Eckhard Jesse
Die neuen Länder und das wiedervereinigte Deutschland 31

Krzysztof Ruchniewicz
Polen zwanzig Jahre nach dem Wendejahr 1989 45

Mária Schmidt
Zwischen Hoffnung und Enttäuschung:
Zwanzig Jahre Demokratie in Ungarn 61

Jan Sokol
Tschechien zwanzig Jahre nach der Samtenen Revolution 73

Andrei Marga
Rumänien zwanzig Jahre nach den demokratischen Umbrüchen
von 1989 83

Gerhard Mangott
Russlands versperrter Weg aus dem Zurück.
Eine anteilnehmende Beobachtung 101

Von der Staatswirtschaft zur Marktwirtschaft?
Die ökonomischen Transformationen nach zwanzig Jahren

Rüdiger Pohl
Thesen zur ökonomischen Transformation in den neuen Ländern
und ihren Folgen für das vereinte Deutschland 121

Witold Małachowski
Zwanzig Jahre ökonomische Transformation in Polen 129

Stefan Sorin Mureşan
Die ökonomische Transformation in Rumänien
zwanzig Jahre nach dem Systemwechsel von 1989 141

László Csaba
Der stürmische Weg zum Markt:
Allgemeine Trends und ungarische Besonderheiten 163

Die Autoren 175

Personenregister 182

Hans-Joachim Veen

Einführung

Der vorliegende Sammelband dokumentiert die Beiträge und Diskussionen des 8. Internationalen Symposiums, das die Stiftung Ettersberg im Herbst 2009 gemeinsam mit der Bayerischen Landeszentrale für politische Bildungsarbeit und der Landeszentrale für politische Bildung Thüringen veranstaltet hat. Für ihre engagierte Unterstützung dabei danke ich den bayerischen Kollegen Dr. Peter März, Werner Karg und Monika Franz sowie dem Leiter der Thüringer Landeszentrale Franz-Josef Schlichting. Im Zentrum der Beiträge stehen die Folgen der Revolution 20 Jahre nach dem Kommunismus. Demgemäß ist nicht die Rückschau auf die denkwürdigen Revolutionsjahre, die uns im Jahr 2009 vielfach begegnet sind, das vorrangige Ziel, sondern eine Bilanz dessen, was sich seither getan hat. Aber bevor wir uns diesen Fragen zuwenden, sei es einem zufriedenen Herausgeber erlaubt darauf hinzuweisen, dass es auch in diesem Jahr gelungen ist, den Tagungsband unseres 7. Internationalen Symposiums zeitgerecht binnen Jahresfrist vorzulegen: »Kirche und Revolution. Das Christentum in Ostmitteleuropa vor und nach 1989«, lautet der Titel des Buches, für dessen zielstrebige Redaktion ich meinem Mitarbeiter Dr. Peter Wurschi und seitens des Böhlau Verlages Herrn Harald Liehr meinen respektvollen Dank sage.

Und damit zur Sache: Einhunderttausend FDJler im Blauhemd und mit Fackeln in der Hand mussten am Abend des 6. Oktober 1989 an der Staats- und Parteiführung der DDR und zahlreichen hochrangigen Gästen aus dem kommunistischen Machtbereich in Ost-Berlin vorbeiziehen. Noch 20 Jahre später erinnert sich Michail Gorbatschow an diesen »grandiosen Fackelzug«, der »wie ein brennender Fluss« an den Machthabern vorbeigeströmt sei. Die Rufe »Gorbi, Gorbi!« und »Gorbatschow, bleib bei uns!« überhörten Honecker und seine Paladine an diesem Abend geflissentlich. Zum Abschluss sang man gemeinsam *Die Internationale*. Honecker war dabei sichtlich gerührt: »Auf zum letzten Gefecht!« Keiner der Mächtigen auf der Tribüne, niemand im Fackelzug, kein Bürgerrechtler, keiner der DDR-Flüchtlinge, der in Warschau, Prag, Budapest oder bereits in der Bundesrepublik angekommen, aber auch kein Politiker oder Kommentator im Westen ahnte an diesem Vorabend des 40. Jahrestages der DDR-Gründung, wie unmittelbar dieses »letzte Gefecht« bevorstand.

Der 9. Oktober 1989 wurde in Leipzig zum »Tag der Entscheidung«, wie Rainer Eckert die historische Demonstration der Siebzigtausend charakterisierte, bei der sich Opposition und Volksprotest erstmals öffentlich verbanden. Am 9. November war die SED-Herrschaft mit der Öffnung der Mauer am Ende.

Ähnlich dramatische Geschichten haben sich im ganzen östlichen Europa ereignet. Die Friedliche Revolution in der DDR war Teil einer mittelost- und osteuropäischen Revolution, die das Leben von rund 400 Millionen Menschen grundlegend verändern sollte.

Das alles liegt nun schon 20 Jahre zurück und ist doch in der Erinnerung zumindest der Älteren noch höchst lebendig. Das vereinigte Deutschland feierte 2009 die großen Tage von damals mit unzähligen Konferenzen, Tagungen, Ausstellungen, Publikationen, Filmen, Fernsehdokumentationen, künstlerischen Projekten und Festakten. Die Bürgerrechtler der DDR waren alle noch einmal flächendeckend im Einsatz. Man erinnerte sich der großen Zeit, des großen Mutes, der zur Selbstbefreiung führte, aber auch der lähmenden Angst, die die Menschen jahrzehntelang beherrschte. Man versucht immer wieder neu zu begreifen: Wie konnte es dazu kommen, dass die kommunistische Herrschaft, die sich seit 1945 unter sowjetischer Führung wie Mehltau über das ganze östliche Europa bis hin an die Elbe im Westen ausgebreitet hatte, schließlich trotz allen geheimdienstlichen Terrors so rasch und schäbig zusammenbrach? Wer alles hatte dazu beigetragen, dass Erich Honeckers letzte Zuflucht in der DDR schließlich das fromme Pfarrhaus Uwe Holmers in Lobetal wurde, bevor der SED-Chef und DDR-Staatsratsvorsitzende am 13. Januar 1993 nach mehreren weiteren Stationen und halbherzigen Versuchen, ihm den Prozess zu machen, nach Chile entsorgt wurde?

In der staunenden Rückschau auf den Herbst 1989 wird in Diskussionsrunden und Podien immer häufiger die Metapher eines Wunders bemüht, das sich damals vollzog. Das ist geschichtswissenschaftlich sicher ungenügend und trifft dennoch das Grundgefühl der Freude und Dankbarkeit, das uns seit damals erfüllt.

Die 20-Jahrefrist unseres Gedenkens dürfte eine deutsche Besonderheit darstellen, vergleichbar opulente Aktivitäten gab es, wenn ich es richtig sehe, in den anderen Ländern, die damals die kommunistische Herrschaft abschütteln konnten, nicht. 20-Jahr-Jubiläen spielen sonst allenfalls eine Rolle in der Arbeitswelt, wo eine 20-jährige Betriebszugehörigkeit Anlass für einen Blumenstrauß sein kann. Für die 20-Jahrefrist des Gedenkens an die Friedliche Revolution spricht allerdings die Tatsache, dass bei der Bundestagswahl im September 2009 erstmals die Generation zu den Wahlurnen gerufen werden konnte, die schon im wiedervereinigten Deutschland geboren wurde. Allein daran wird deutlich, wie groß für viele inzwischen der historische Abstand zu den Ereignissen 1989/90 geworden ist und wie sinnvoll es deshalb auch ist, in diesem Buch einen Perspektivwechsel vorzunehmen, indem wir einmal nicht fragen: »Was war?«, sondern: »Was hat sich in den letzten 20 Jahren entwickelt?«

Über allen 20-Jahr-Feiern ist bei uns in Deutschland und darüber hinaus übrigens ein Datum fast in den Hintergrund getreten, das nicht nur für die deutsche, sondern auch für die europäische Demokratieentwicklung grundlegende Bedeutung hat. Vor 60 Jahren, am 23. Mai 1949, trat das Grundgesetz für die Bundesrepublik Deutschland in Kraft. Wolfgang Schäuble resümierte hierzu im Kalender 2009 der Bundesstiftung Aufarbeitung: »Aus einem physischen und moralischen Trümmerfeld erhob sich eine freiheitlich verfasste, demokratische Ordnung, die sich mehr bewährt hat, als man in den Anfangsjahren zu hoffen wagte.« Und ich füge hinzu, dass sich dieses Grundgesetz sogar so sehr bewährt hat, dass es meines Erachtens zu Recht auch die rechtliche und politische Grundordnung des vereinten Deutschland geworden ist. In der Analyse der Zeithistoriker bestätigt sich, dass der schnelle Beitritt der ostdeutschen Länder nach Artikel 23 GG (alte Fassung) der sicherste Weg zu Demokratie und Einheit war, wenngleich diese Demokratie in den Augen mancher Aktivisten von einst nicht die vollkommene ist, von der sie geträumt hatten.

Aber was ist eigentlich die vollkommene Demokratie? Darüber wird seit dem Erscheinen von Jean-Jacques Rousseaus »Contrat Social« 1762 bis heute trefflich gestritten. Aber so viel wissen wir aus dem mehr als 200 Jahre währenden Diskurs darüber immerhin, dass die *volonté générale*, der sich unmittelbar demokratisch bildende Gemeinwille der Bürger, der sich in Volksversammlungen, auf Straßen und Plätzen oder auch an Runden Tischen artikulieren soll, ein Mythos ist, der in der politischen Praxis versagt. Die direkte Demokratie ist im »Contrat Social« an Voraussetzungen gebunden, die schlichtweg unvereinbar sind mit unserer freiheitlich verfassten Demokratie. Damit möchte ich keineswegs gegen direktdemokratische Elemente votieren, wie wir sie in den meisten deutschen Landesverfassungen bereits kennen und die ich für sinnvolle Ergänzungen des repräsentativen Parlamentarismus halte – ich wende mich damit allerdings gegen jenen parteienfeindlichen Bewegungscharakter, den die vollkommene Demokratie nach Meinung mancher Bürgerrechtler haben sollte. Der Gemeinwille, der dem Ideal nach im herrschaftsfreien Diskurs entstehen soll, kann, das wusste schon Rousseau, in der Herrschaftsrealität nur zwangsweise hergestellt werden. Die *volonté générale* ist ein ideologisches Konstrukt, das letztlich in die Welt der totalitären Diktatur gehört.

Die Stiftung Ettersberg hält sich sehr eng an ihren Gründungsauftrag, wenn sie sich in diesem Band mit den Folgen der Revolution 20 Jahre nach dem Kommunismus beschäftigt und danach fragt, ob, wie und in welchem Umfang es gelungen ist, die europäischen Diktaturen nicht nur zu stürzen, sondern sie auch in ihren vielfältigen Folgen zu *überwinden*. Denn es ist ja eine Sache, eine Diktatur zu stürzen, eine ganz andere jedoch, sie tatsächlich in allen ihren Nachwirkungen zu überwinden. Dass die äußeren, aber auch die inneren mentalen Schäden, die die kommunistischen Regime hinterlassen haben, sehr viel größer sind, als wir ursprünglich angenommen haben, gehört zu den Erfahrungen, die wir wohl mit allen Staaten Ostmittel- und Osteuropas teilen. Eine rund 40-jährige

Diktaturgeschichte kann offenbar in 20 Jahren nicht umfassend überwunden werden. Die Autoren beschränken sich zwar auf die vergleichende Analyse der Überwindung der Folgen der kommunistischen Diktatur in der DDR, in Polen, Ungarn, Tschechien, Rumänien und in Russland. Die Ukraine, die Slowakei, Bulgarien, die baltischen Republiken, Moldawien und die Staaten auf dem Gebiet des früheren Jugoslawien fehlen jedoch nur deshalb, weil der Zeitrahmen des Symposiums naturgemäß begrenzt war; sie alle gehören aber ganz unzweifelhaft in eine vollständige Bilanz des nachkommunistischen Europa.

Der Kommunismus unter sowjetischer Herrschaft könnte bei flüchtiger Betrachtung den Eindruck erwecken, der gesamte Ostblock sei von einem hohen Maß an Konformität geprägt gewesen. Die Umgangssprache der führenden Kader war das Russische. Ihre Ausbildung hatten sie in der Sowjetunion genossen, von der zu lernen ja bedeutete, siegen zu lernen. Die wirtschaftliche Ausrichtung der Ostblock-Staaten wurde durch die von Moskau dominierte zentrale Planung bestimmt, die immer unlösbar mit den militärischen Masterplänen der sowjetischen Führung verbunden war. Die sozialen Systeme waren stark angeglichen, und selbst die Kultur hatte sich dem sowjetischen Führungsanspruch unterzuordnen. Schaut man jedoch genauer hin, ist rasch zu erkennen, wie differenziert sich die Lage trotz aller sowjetisch verordneter Konformität darstellte. Die unterschiedlichen historischen und kulturellen Traditionen und Erfahrungen wirkten ebenso fort wie diverse nationale Selbstverständnisse und geostrategische Positionierungen. Dass die sowjetische Führung diese Unterschiede nicht zur Kenntnis nehmen wollte und produktiv einzusetzen vermochte, gehörte zu den grundlegenden Konstruktionsfehlern des Sowjetimperiums im östlichen Europa. Als diese Widersprüche nicht mehr zu überdecken waren – Ungarn, Polen und sogar die DDR bieten hierfür Beispiele –, begann das Imperium zu bröckeln. Nur eine starke zentralistische Führung hätte den Zerfall eventuell aufhalten können. Aber am Ende nahm Moskau selbst seinen Führungsanspruch über den Ostblock zurück. So brachen in der Vielfalt der Umbrüche im östlichen Europa 1989/90 auch die lange unterdrückten Unterschiede sofort in aller Deutlichkeit wieder auf und bestimmten die nationalen Entwicklungen auf je eigene Weise mit.

Die Autoren dieses Bandes fragen vergleichend und exemplarisch zugleich nach den politischen, zivilgesellschaftlichen und ökonomischen Entwicklungen der letzten 20 Jahre im östlichen Europa: Was ist aus den Erwartungen der Beteiligten geworden? Welche Utopien mussten aufgegeben und welche Realitäten anerkannt werden? In welchem Ausmaß konnten sich zivilgesellschaftliche, pluralistische und demokratische Parteistrukturen etablieren? In welchem Umfang ist der Übergang von der staatlichen Planwirtschaft zur Marktwirtschaft gelungen? Welche Qualität hat der Aufbau des Rechtsstaates inzwischen erreicht? Welche Belastungen aus der kommunistischen Vergangenheit wirken fort? Wo blieben die Kader der gestürzten Regime? In welchem Ausmaß dürfen die neuen Demokratien als gefestigt gelten, und wo haben sie sich mit neuen Bedrohungen auseinanderzusetzen? Wie steht es um Nationalismus, Werteverlust und Antisemitismus?

Die Systemumbrüche in Ostmittel- und Osteuropa haben vielfältige Erwartungen in den betroffenen Ländern selber, aber auch bei den westlichen Nachbarn ausgelöst. Manche Träumer im Westen wähnten 1989/90 den Anbeginn eines Reichs des »ewigen Friedens« mitzuerleben. Daraus ist nichts geworden, auch wenn sich der Warschauer Pakt fast geräuschlos auflöste. An die Stelle der in mancher Hinsicht berechenbaren Militärblöcke des Kalten Krieges traten regionale Konfliktherde, deren politische und militärische Logik erst noch entschlüsselt werden muss. Die Erwartung, Demokratie und Rechtsstaatlichkeit würden überall auf dem Boden des früheren »Reichs der Unfreiheit« begeistert aufgenommen, hat getrogen. Die Rückfälle in die vergangen geglaubten gesellschaftlichen Aggregatzustände eines politischen Klientelismus, alter Seilschaften früherer Eliten oder blanken Raubritterkapitalismus fielen häufiger aus, als selbst pessimistische Beobachter zunächst annahmen. Der endgültige Zusammenbruch und die unvermeidliche Abwicklung der maroden Staatswirtschaften haben erdbebengleiche Erschütterungen nach sich gezogen, die unzählige Menschen in den sozialen Abgrund rissen. Dadurch wurde auch die Akzeptanz der neuen wirtschaftlichen und politischen Machteliten erschüttert und nicht zuletzt zum Teil die Rückkehr der sozialistisch gewendeten ehemaligen Kommunisten begünstigt. So ließe sich trefflich ein Bild in düsteren Farben malen, das aber doch nicht die ganze Wirklichkeit darstellt. Zwar bleibt die Wirklichkeit, wie so oft, hinter den Idealvorstellungen der Revolution zurück, doch muss man manchmal auch Ideale oder sagen wir treffender: Utopien in Frage stellen, wenn sie nur zur Denunziation der Realität taugen. Der entscheidende Triumph bleibt für fast alle Staaten des Ostens der grundlegende Regimewechsel von der ideologischen Legitimierung der Herrschaft im Kommunismus zu ihrer freiheitlich-demokratischen Legitimierung nach seinem Sturz.

Schaut man auf die letzten 20 Jahre zurück, ist unübersehbar, dass die Zeitläufe seither von einem raschen Wandel der Entwicklungen und Gegenbewegungen gekennzeichnet sind, in dem die Analysen von gestern die neue Wirklichkeit oft kaum mehr treffen. Das gilt für die Demokratieentwicklung ebenso wie für den Ausbau der Rechtsstaatlichkeit, die mühevolle Etablierung bürgerschaftlicher Strukturen und natürlich auch die Neuordnung des Wirtschaftssystems. Schlichte Extrapolationen einmal begonnener Entwicklungen verbieten sich zumeist.

In der Analyse all dieser Entwicklungen müssen wir uns jedoch stets unserer Bewertungsmaßstäbe bewusst bleiben. Einerseits müssen wir verhindern, dass die Vielfalt der Entwicklungen im östlichen Europa durch einen neuen Uniformitätsdruck erstickt wird. Diesen Fehler haben die sowjetischen Machthaber begangen, und er ist ihnen nicht gut bekommen. Andererseits müssen wir uns über unser Demokratieverständnis im Klaren sein. Hier darf es keine Relativierungen geben: Die freiheitlich verfasste parlamentarische Demokratie ist gemeint mit Grundrechten, Gewaltenteilung, Parlamentarismus, Pluralismus und Rechtsstaatlichkeit, nicht die so genannte »lupenreine Demokratie«, die Gerhard Schröder dem autoritären Russland noch vor wenigen Jahren attestiert hat. Und wenn wir von Marktwirtschaft sprechen, müssen wir konzedieren, dass diese kein fixes Modell ist, sondern vielfältig gestaltbar in ihren liberalen, sozialen oder auch dirigistischen Varianten. Mit den Grenzziehungen im Einzelnen beschäftigen sich vor allem die Beiträge der Wirtschaftsexperten Rüdiger Pohl, Witold Małachowski, Sorin Mureşan und László Csaba.

Wir müssen also die 20 Jahre nach dem Kommunismus mit großer Behutsamkeit und Nüchternheit bilanzieren in dem Bewusstsein, dass vieles in der Entwicklung unseres eigenen Volkes und der Völker des östlichen Europa noch offen oder nicht gefestigt ist. Wir können also nur eine Zwischenbilanz ziehen in politischer, zivilgesellschaftlicher und ökonomischer Perspektive. Hierfür konnten wir einen glänzenden Kreis renommierter Autoren aus Österreich, Polen, Rumänien, Tschechien, Ungarn und Deutschland gewinnen, denen an dieser Stelle herzlich für ihre Mitwirkung gedankt sei.

Hans-Peter Schwarz

Von der »Charta von Paris« (1990) bis zur Gegenwart. 20 Jahre Umgestaltung in Ostmitteleuropa und Osteuropa

Von dem Systemumbruch der Jahre 1989 bis 1992 wurde fast jeder überrascht. Besonders die Öffentlichkeit der Bundesrepublik befand sich in der ersten Jahreshälfte 1989 noch im Tiefschlaf. Anderswo verspürten aber doch einige, dass sich große Dinge ankündigten. Einer von ihnen war kein ganz unwichtiger Mann: der amerikanische Präsident George Bush. Am 21. Mai 1989 leitete er eine Grundsatzrede vor amerikanischen Studenten mit der Feststellung ein: »Schauen Sie sich unsere Welt an. In den Staaten vollziehen sich solch radikale Veränderungen, daß sich das internationale System, wie Sie es im nächsten Jahrhundert vorfinden werden, von dem heutigen so sehr unterscheiden wird wie die heutige Welt von der Zeit Woodrow Wilsons ...«[1] Das war eine gute Prognose. Auch der Hinweis auf das frühere Umbruchsjahr 1919, als Woodrow Wilson in Europa wie ein Messias empfangen worden war, zeugte von Instinkt. Wenige Tage später ging Bush bei einer Rede in Mainz noch weiter und forderte programmatisch: »Die Zeit ist reif. Europa muß frei und ungeteilt sein.«[2]

Richten wir den Blick auf die andere Seite der damals noch geteilten Welt. Auch dort wurden große Erwartungen formuliert. Als der sowjetische Generalsekretär Michail Gorbatschow Mitte Juni 1989, von der Öffentlichkeit umjubelt, die Bundesrepublik besuchte, waren seine Ansprachen auf eine ähnlich erwartungsvolle Zukunftsprognose gestimmt: »Wir kapseln uns von der Weltgemeinschaft, von Problemen und Entwicklungen, die das Antlitz der Zivilisation des XXI. Jahrhunderts prägen, nicht ab«, erklärte er auf einem von Bundeskanzler Helmut Kohl gegebenen festlichen Dinner in Bonn am 12. Juni. »Wir öffnen uns der Welt und rechnen damit, daß auch die Welt mit Gegenseitigkeit antwortet ...«[3] Doch noch wusste er nicht, dass er dazu bestimmt war, über dem Zusammenbruch des Ostblocks und des in mehr als 300 Jahren gewachsenen Russischen Reiches zu präsidieren.

---

1 Ansprache des amerikanischen Präsidenten George Bush vor der Boston University, 21. Mai 1989, in: *Europa-Archiv*, Nr. 12/1989, S. 334.
2 Rede des amerikanischen Präsidenten George Bush in Mainz, 31. Mai 1989, in: ebenda, S. 357.
3 Ansprache Generalsekretär Michail Gorbatschows in Bonn, 12. Juni 1989, in: *Europa-Archiv*, Nr. 13/1989, S. 378.

Von nun an ging es Schlag auf Schlag: Nie mehr seit dem Revolutionsjahr 1848 waren scheinbar festgefügte autoritäre Regimes in Europa so rasch überwältigt worden wie in der zweiten Jahreshälfte 1989. Im Dezember 1991 brach auch die Sowjetunion auseinander. Häufig wurde nun zur Beschreibung des Vorgangs Jacob Burckhardt zitiert, der beim Blick auf vergangene geschichtliche Krisen festgestellt hatte: »Der Weltprozeß gerät plötzlich in furchtbare Schnelligkeit; Entwicklungen, die sonst Jahrhunderte brauchen, scheinen in Wochen und Monaten wie flüchtige Phantome vorüberzugehen und damit erledigt zu sein.«[4] An anderer Stelle hatte Burckhardt die in großen Krisen zu beobachtende Stimmung mit den Worten charakterisiert: »Der angesammelte Protest gegen das Vergangene vermischt sich mit einem glänzenden Phantasiegebilde der Zukunft ...«[5] Was hier in etwas überhöhter Sprache festgestellt wurde, lässt sich in der nüchternen Terminologie der Sozialwissenschaften mit dem Begriff »Erwartungshorizonte« umschreiben – das Thema dieses Beitrags. Dabei beinhaltet dieser Terminus sowohl die Hoffnungen als auch die bei großen Umwälzungen gleichfalls nie abwesenden Befürchtungen.

Lassen Sie mich der folgenden Skizze drei Fragen zugrunde legen. Erstens: Was haben gescheite Politiker, Publizisten, Wissenschaftler und Planungsexperten in dem Moment erwartet und erhofft, als der säkulare Umbruch der Jahre 1989 bis 1991 in vollem Gange war? Zweitens: Was haben sie befürchtet? Drittens: Wie ist es zu erklären, dass die Optimisten auf westlicher Seite alles in allem eher bestätigt wurden, während die Pessimisten – soll man sagen: zufällig – doch auch einmal Unrecht hatten?

Zu diesen Fragen seien drei Beobachtungen formuliert.

Erstens: Manchmal sind große historische Entwicklungen in der Tat vorhersehbar, und es ist möglich, dafür so etwas wie ein Programm zu entwerfen. Die Skeptiker, an denen zum Zeitpunkt großer Veränderungen nie Mangel ist, insistieren zwar gern auf der prinzipiellen Unvorhersehbarkeit der Geschichte. Bekanntlich pflegen Revolutionen oft das genaue Gegenteil des anfangs Erhofften heraufzuführen. Im Fall des Umbruchs der Jahre 1989 bis 1992 war das anders. Dabei ist zu beachten: Bei einer Diskussion der Erwartungshorizonte in dieser Umbruchphase muss natürlich in erster Linie das interessieren, was tatsächlich eingetreten ist. Man sollte aber auch daran erinnern, was gut informierte, sorgenvolle Beobachter damals befürchtet haben, ohne dass ihre Befürchtungen aber in vollem Umfang Wirklichkeit geworden sind.

Zweitens: Die Geschichtspessimisten in den Jahren des Umbruchs hatten Unrecht, die Erwartungen der Optimisten sind auf längere Sicht bestätigt worden.

---

4 Jacob Burckhardt: Weltgeschichtliche Betrachtungen, Stuttgart 1955 <1905>, S. 168.
5 Ders.: Über das Studium der Geschichte. Der Text der »Weltgeschichtlichen Betrachtungen« nach den Handschriften herausgegeben von Peter Ganz, München 1982, S. 210.

Diese Feststellung führt zu einer *dritten* Beobachtung, die in unserem Zusammenhang gleichfalls diskutiert werden sollte: Warum eigentlich ist Europa insgesamt, Ostmittel- und Osteuropa im Besonderen, nicht so entgleist wie einstmals nach den unglückseligen Friedensschlüssen von 1919? Weshalb ist es gelungen, ungeachtet aller Härten, einen großen Schritt nach vorn zu machen? Ich schicke die These voraus, zu der anschließend einiges zu sagen ist: Viel spricht dafür, dass die positive Entwicklung vor allem deshalb gelungen ist, weil in den neuen Demokratien und in den vom Spät-Kommunismus ruinierten Volkswirtschaften politische Institutionen und Verfahren, desgleichen ein Wirtschaftssystem übernommen worden sind, die sich im westlichen Europa bereits seit Jahrzehnten bewährt hatten und lediglich den gegebenen Bedingungen angepasst werden mussten. Die Essenz dessen, was in den Jahren 1990, 1991 oder 1992 mit Schlüsselworten wie Freiheit, Demokratie, Marktwirtschaft und universelle Menschenrechte umschrieben wurde, lässt sich mit dem Begriff »Verwestlichung« benennen. Noch genauer gesagt: Die Völker des bisher kommunistisch beherrschten Mittel- und Ostmitteleuropas fanden wieder zu den westlichen Wurzeln, von denen sie gewaltsam abgetrennt worden waren. Zu jeder dieser Beobachtungen nun einige Präzisierungen.

I.

Wenden wir uns zuerst der These zu, die so urplötzlich in Gang gekommene Entwicklung sei prognostizierbar, programmatisch fassbar und auf längere Sicht planbar gewesen. Als 1989 das völlig Unerwartete hereinbrach, war die Überraschung anfangs groß. Doch nach einigen Monaten des Improvisierens und hektischer Verhandlungen begannen sich schon im Herbst 1990 die Erwartungshorizonte zu klären. Jetzt wurden die Probleme der Neuordnung identifiziert, Leitlinien festgelegt und plausible Lösungsansätze entwickelt. Gewiss waren die Vorstellungen im Innern der einzelnen Länder ebenso gegenläufig wie zwischen den vom Umbruch erfassten Staaten. Dass es den beteiligten Regierungen dennoch gelang, ein gemeinsames Programm für den Neubau zu entwerfen, war einer der erstaunlichsten Vorgänge dieser denkwürdigen Epoche.

Am 21. November 1990, ein knappes Jahr schon nach dem Kollaps des Ostblocks, unterzeichneten 22 Staats- und Regierungschefs auf einem Gipfeltreffen der Konferenz für Sicherheit und Zusammenarbeit in Europa (KSZE) feierlich die so genannte »Charta von Paris für ein neues Europa«. Auf diesem Gipfel kamen alle politischen Manager des Umbruchs zusammen: George Bush, Michail Gorbatschow, Helmut Kohl, Margaret Thatcher (tags darauf wurde sie durch eine Parteirevolte gestürzt), François Mitterrand, desgleichen die neu ins Amt gekommenen Repräsentanten der anti-kommunistischen Volksbewegungen Václav

Havel, Tadeusz Mazowiecki und József Antall. Zugegen war auch der UN-Generalsekretär Javier Pérez de Cuéllar, der jedoch bei dem Umbruch weder zuvor noch danach eine erhebliche Rolle gespielt hat, und Jacques Delors, Präsident der Europäischen Kommission, dessen Beitrag zur positiven Kanalisierung des Umbruchs kaum überschätzt werden kann. Man kann die »Charta von Paris« als ein großes, weitmaschig konzipiertes Programmpapier verstehen. Es gibt kein aufschlussreicheres Dokument, in dem die Erwartungshorizonte und die Programmatik so umfassend beschrieben worden sind. Greifen wir also aus dieser Grundsatzerklärung einige Hauptpunkte heraus:

Erstens: »Die Unterzeichnerstaaten«, so lautete Punkt 1 der Gemeinsamen Erklärung vom 21. November 1990, »erklären feierlich, dass sie in dem anbrechenden neuen Zeitalter europäischer Beziehungen nicht mehr Gegner sind, sondern neue Partnerschaft aufbauen und einander die Hand zur Freundschaft reichen wollen.«[6] Der Aufbau Europas nach dem Kalten Krieg sollte partnerschaftlich erfolgen – nach der vorherigen Feindschaft eine beispiellos weitsichtige und, wie sich zeigte, während des folgenden Jahrzehnts maßgebliche Leitlinie: partnerschaftliche Zusammenarbeit mit den ostmitteleuropäischen Staaten, die allesamt wirtschaftlich am Boden lagen, partnerschaftliche Zusammenarbeit auch mit der Sowjetunion (seit Dezember 1991 mit Russland und den anderen Nachfolge-Republiken). Die Hauptlast der Neugestaltung entfiel natürlich auf die postkommunistischen Gesellschaften. Doch die Staaten und die multilateralen Institutionen des Westens zeigten sich entschlossen, nachhaltig zu helfen – gewiss nicht uneigennützig, aber, so darf man feststellen, doch weitsichtig. Gedacht war in erster Linie an Hilfe zur Selbsthilfe – Wirtschaftshilfe, Hilfe beim Aufbau pluralistischer Demokratien, Hilfe bei der Evolution von »Bürgergesellschaften«, Hilfe auch bei der Entwicklung eines tragfähigen, dem Frieden und der Entwicklung dienlichen Systems der zwischenstaatlichen Beziehungen.

Zweitens: Vor dem historischen Hintergrund der erbitterten Auseinandersetzung zwischen den pluralistischen Demokratien und den totalitären Systemen des Kommunismus war es besonders bemerkenswert, dass nunmehr die Demokratisierung in den Erwartungshorizont gerückt war. Das erste große Kapitel der »Charta von Paris« war überschrieben: »Menschenrechte, Demokratie und Rechtsstaatlichkeit«. Es begann mit dem Satz: »Wir verpflichten uns, die Demokratie als einzige Regierungsform unserer Nationen aufzubauen, zu festigen und zu stärken.«[7]

Das pervertierte kommunistische Demokratieverständnis war verabschiedet. Nun bekannten sich die Regierungen des einstmaligen Ostblocks zu den freiheit-

---

6 Gemeinsame Erklärung von 22 Staaten, 19. November 1990, in: *Europa-Archiv*, Nr. 24/1990, S. 654.
7 Charta von Paris für ein neues Europa, 21. November 1990, in: ebenda, S. 656.

lichen, rechtsstaatlichen und pluralistischen Demokratiekonzepten des Westens. Unveräußerliche Menschenrechte und Grundfreiheiten wurden erwähnt, zu deren Schutz und Förderung die Regierungen verpflichtet seien. Beschworen wurde der Respekt vor dem in regelmäßigen, freien und gerechten Wahlen zum Ausdruck kommenden Volkswillen, der Rechtsstaat, die freie Meinungsäußerung, die Gedanken-, Gewissens- und Religionsfreiheit, die Freiheit vor willkürlicher Haft und Folter, das Recht von nationalen Minderheiten, ihre Identität ohne jegliche Diskriminierung zum Ausdruck zu bringen und weiterzuentwickeln. Die Staaten verpflichteten sich, einander bei der Entwicklung der Demokratie zu unterstützen und darauf zu achten, diese nicht mehr rückgängig zu machen.

Damit war ein Grundthema der kommenden Jahre präzise umrissen. Man könnte nun ausführlich erörtern, wie diese Thematik in jeder einzelnen der neuen Demokratien idealistisch, pragmatisch, mit vielen Kompromissen, strittig auch bei den Verfassungsberatungen, in der Parteipolitik, beim Aufbau von Rechts- und Mediensystemen tatsächlich realisiert wurde. Man müsste – wäre nur dafür Zeit – auch daran erinnern, wie intensiv die westlichen Regierungen, Verwaltungen, Universitäten, die politischen Stiftungen, auch die Europäische Union,[8] den Demokratisierungsprozess durch Experten und durch Finanzhilfen unterstützt haben.

Im Großen und Ganzen lässt sich feststellen, dass sich die in den Grundzügen in der »Charta von Paris« skizzierte politische Evolution in den baltischen Staaten, in Ostmitteleuropa, auf dem Balkan in Bulgarien, Rumänien, Slowenien, Kroatien und Albanien tatsächlich gemäß dieser Modelle vollzogen hat. Nur der westliche Balkan blieb lange eine Problemzone, ebenso wie Russland, Weißrussland, Moldawien und die Ukraine – ich werde darauf noch eingehen.

In den vorhergehenden Jahrzehnten hatte man in einigen Ländern des Westens bereits eine Menge Erfahrungen zum Thema Übergang von der Diktatur und zur Konsolidierung freiheitlicher Demokratien gesammelt: In Spanien, Portugal und Griechenland waren Mitte der 1970er Jahre pluralistische Verfassungsstaaten wieder eingeführt worden. Im gleichen Zeitraum und später hatte die Demokratisierung auch zahlreiche zuvor diktatorisch regierte Staaten Lateinamerikas erfasst. Ältere Politiker, Publizisten und Politologen erinnerten sich auch noch an die Wiedererrichtung der Demokratie in Italien und im westlichen Deutschland in den Jahren unmittelbar nach dem Zweiten Weltkrieg. Nun, in den 1990er Jahren, schien eine »dritte Welle«[9] der Demokratisierung herangerauscht. Die damalige

---

8   Eine informative Zwischenbilanz findet sich in dem Sammelband von Mike Mannin (Hg.): Pushing Back the Boundaries. The European Union and Central and Eastern Europe, Manchester 1999, S. 98–132.

9   Der Begriff wurde geprägt von Samuel P. Huntington: The Third Wave. Democratization in the late twentieth century, Norman 1991.

Politische Wissenschaft stellte zur Konzeptualisierung und später zum Verständnis des Übergangs zur Demokratie wertvolle Beiträge zur Diskussion, die auf einer Analyse der eben angesprochenen vorangegangenen Demokratisierungsprozesse beruhten.[10]

Drittens: Viel weniger Erfahrung als bei der Neueinrichtung von Demokratien bestand bei der Umwandlung einer Zentralverwaltungswirtschaft in eine Marktwirtschaft.[11] Auch diesem Thema war in der »Charta von Paris« ein Kapitel gewidmet: »Wirtschaftliche Freiheit, soziale Gerechtigkeit und Verantwortung für die Umwelt«, hieß es dort, »sind unerlässliche Voraussetzungen des Wohlstands.« Deutlich wurde der Zusammenhang zwischen politischem Pluralismus, Rechtsstaat, Demokratie und einer sozial orientierten Marktwirtschaft herausgearbeitet.

In der Praxis führte an einem vielfach grausamen Experimentieren kein Weg vorbei. Die Erblast der zusammengebrochenen Regime, die auch ökologischen Raubbau betrieben hatten, musste abgearbeitet werden mit den überall in den neuen Demokratien, auch in den neuen Ländern der Bundesrepublik bald wohlvertrauten Schwierigkeiten. Während sich viele noch in Illusionen wiegten, hatte Ralf Dahrendorf, einer der klügsten Beobachter jener Jahre, in einem Vortrag vom November 1990 in den mitten im Umbruch stehenden Ländern Europas bereits »tiefe Enttäuschung« konstatiert und festgestellt: »Da kann es nicht überraschen, wenn viele zu dem Schluß kommen, daß Demokratie hohe Preise, hohe Arbeitslosigkeit, niedrige Einkommen für die meisten und spekulative Gewinne für die wenigen bedeutet«, und er hatte das mit der rhetorischen Frage verbunden:

---

10 Genannt seien aus Sicht Mitte der 1980er Jahre: Samuel P. Huntington: Will more countries become democratic, in: *Political Science Quarterly*, Nr. 2/1984, S. 193–218; Guillermo O'Donnell/Philippe C. Schmitter: Transitions from Authoritarian Rule, Band 4: Tentative Conclusions about Uncertain Democracies, Baltimore/London 1986; Guillermo O'Donnell/Philippe C. Schmitter/Laurence Whitehead (Hg.): Transitions from Authoritarian Rule. Prospects for Democracy, Baltimore 1986; Giuseppe Di Palma: To Craft Democracies. An Essay on Democratic Transitions, Berkeley 1990. In entsprechenden Studien der frühen 1990er Jahre sind bereits die Erfahrungen mit dem Umbruch im Ostblock und bei der Konsolidierung in Lateinamerika eingegangen. Siehe etwa Abraham F. Lowenthal: Exporting Democracy. The United States and Latin America. Themes and Issues, Baltimore 1991; Scott Mainwaring/Guillermo O'Donnell/J. Samuel Valenzuela (Hg.): Democratic consolidation. The New South American Democracies in Comparative Perspective, Notre Dame 1992; Juan J. Linz/Alfred Stepan: Problems of Democratic Transition and Consolidation. Southern Europe, South America, and Post-Communist Europe, Baltimore 1996. Ein erster zusammenfassender Sammelband deutscher Autoren war Wolfgang Merkel (Hg.): Systemwechsel 1. Theorien, Ansätze und Konzeptionen, Opladen 1994. Siehe auch ders.: Systemtransformation, Opladen 1999. Eine kritische neue Bestandsaufnahme stammt von Jessica Fortin: Patterns of Democracy? Counterevidence from Nineteen Post-Communist Countries, in: *Zeitschrift für Vergleichende Politikwissenschaft*, Nr. 2/2008, S. 198–220.

11 Eine frühe Studie zur Problematik eines gleichzeitigen Umbaus des politischen und des ökonomischen Systems war Adam Przeworski: Democracy and the Market. Political and Economic Reforms in Eastern Europa and Latin America, New York 1991.

»Warum zur Wahl gehen, wenn ihr Ergebnis so aussieht? In der Tat, warum sich überhaupt auf Demokratie einlassen?«[12] Der ungarische Ministerpräsident Antall brachte das auf dem Pariser Gipfel mit der Feststellung auf den Punkt: »Von freien Wahlen allein können wir nicht leben!«

Vereinfacht formuliert, entschieden sich die von untereinander zerstrittenen Wirtschaftsexperten beratenen Regierungen zu zwei unterschiedlichen Strategien: Die eine bestand in einer Schocktherapie, wie sie 1990/91 Polen fast ruinierte (bei der Abwendung des Staatsbankrotts spielten dann intensive Stützungsmaßnahmen Brüssels eine wesentliche Rolle), die andere fußte auf unterschiedlich gradualistischen Ansätzen. Vieles war strittig und schwer lösbar oder lange Zeit unlösbar: Wie schnell und in welcher Form sollte die Privatisierung erfolgen? Wie waren die Verkaufspreise für die bisher im Staatsbesitz befindlichen Unternehmungen festzulegen? Wie viele Verlierer unter den arbeitslos gewordenen Arbeitern und Angestellten konnten sich die neuen Demokratien leisten? Wer waren die Gewinner? Wie konnte die Umstrukturierung finanziert werden? Welches Lohnniveau war akzeptabel, wenn die Unternehmungen gegenüber dem Westen wettbewerbsfähig werden sollten? Was und wie viel vom kommunistischen Sozialstaat, was aus dem sozialstaatlichen Instrumentenkasten Westeuropas sollte übernommen werden?

Auch in dieser Beziehung half der Westen – weitschauend, eigennützig zugleich, doch viel zurückhaltender, als die Gesellschaften in den neuen Demokratien dies wünschten. Unser Punkt aber: Von Anfang an ist erkannt worden, dass vor allem der ökonomische Umbau eine Aufgabe auch der westlichen Regierungen war und die sofortige Ingangsetzung umfassender Unterstützungsmaßnahmen erforderte. Die Programme der Europäischen Gemeinschaft[13], der Weltbank, des IWF, der in London angesiedelten Bank for Reconstruction and Development, die von 24 Staaten mit einem Grundkapital von zehn Milliarden ECU ausgestattet wurde, aber auch die wirtschaftlichen Leistungen der einzelnen westlichen Regierungen können hier nicht einmal ansatzweise geschildert werden. Zweifellos erhielten die neuen Demokratien seitens des Westens viel Rat und Tat, oft aber auch schlechten Rat, dies ganz besonders in Russland mit langfristig bedenklichen Folgen.

Eine positive Schlüsselrolle spielte die Europäische Union.[14] Erfahrungen, die zuvor schon bei den Assoziationsabkommen oder bei der Entwicklungshilfe der EU gemacht worden waren, kamen nun den mittelosteuropäischen Ländern (MOE) gegenüber zum Tragen. Sehr früh wurden mit dem so genannten PHARE-Programm für Polen und Ungarn Maßnahmen technischer Hilfe auf den Weg

---

12 Ralf Dahrendorf: Der Wiederbeginn der Geschichte. Vom Fall der Mauer zum Krieg im Irak, München 2004, S. 26.
13 Siehe dazu Mike Mannin (Hg.): Pushing Back the Boundaries, a. a. O., S. 70–97.
14 Dazu Alan Mayhew: Recreating Europe. The European Union's Policy towards Central and Eastern Europe, Cambridge 1998.

gebracht. Vielfältige Partnerschafts- und Kooperationsabkommen wurden geschlossen.

Viertens: Kehren wir nochmals zur »Charta von Paris« zurück. Dort war eine weitere Zielvorstellung angesprochen worden. Sie bestand darin, ein verlässliches Regelwerk für die zwischenstaatlichen Beziehungen zu vereinbaren. Alle Beteiligten in Ost und West brachten Erfahrungen aus den Jahrzehnten des Kalten Krieges mit und wussten, dass die innere Neuordnung und die wirtschaftliche Umstrukturierung ohne einen internationalen Ordnungsrahmen gefährdet waren. So wurden erneut, aber diesmal mit besserer Aussicht auf Implementierung, Prinzipien beschworen, die schon in der UN-Charta und später erneut in der KSZE-Vereinbarung von 1975 festgelegt worden waren, als da sind: Gewaltverzicht, Unverletzlichkeit der Grenzen, Bekenntnis zum Völkerrecht, Entwicklung von Mechanismen zur friedlichen Streitschlichtung, Zusammenarbeit bei der Rüstungskontrolle und Abrüstung, Garantie des Selbstbestimmungsrechts (dies allerdings im Rahmen der UN-Charta und ohne Infragestellung staatlicher Integrität), friedliche und partnerschaftliche Dialogpolitik. Das alles stand unter der Überschrift »Freundschaftliche Beziehungen zwischen den Teilnehmerstaaten«.

Zu welchen konkreten Vereinbarungen die lange Liste programmatisch formulierter guter Absichten im Verlauf der beiden folgenden Jahrzehnte führte, kann gleichfalls nicht einmal ansatzweise beleuchtet werden. Die Neuordnung war kompliziert und musste die verschiedensten Problemzonen erfassen. Jetzt, immerhin bereits 45 Jahre nach dem Ende des Zweiten Weltkriegs, kamen die völkerrechtlich schwer lösbaren, auch Tabu-behafteten Fragen nochmals auf den Tisch, die vielfach noch auf die Kriegszeit zurückführten und zwischen Deutschland, Polen, den Nachfolgestaaten der ČSSR, Rumänien und Russland auszuhandeln waren.[15] Desgleichen sah sich Russland zu einer Vielzahl von Vereinbarungen mit den Republiken veranlasst, die den sowjetischen Staatsverband verlassen hatten und mit denen nun über den Grenzverlauf, über Minderheitenrechte, Militärbasen, den Verbleib von Waffen und über die Entflechtung der Wirtschaft verhandelt werden musste.

Auf einer anderen Ebene ging es im Verhältnis zwischen der Europäischen Union und den so genannten MOE-Ländern um Fragen der Wirtschaft, der Kapital- und technischen Hilfe, auch um die Mobilität von Arbeitskräften. Bald schon begannen die Verhandlungen über Assoziations- und Partnerschaftsabkommen und über den Beitritt der MOE-Länder zur EU.[16] Ähnlich kompli-

---

15 Dazu Dieter Blumenwitz/Gilbert Gornig: Der Beitritt der Staaten Ostmitteleuropas zur Europäischen Union und die Rechte der deutschen Volksgruppen und Minderheiten sowie Vertriebenen, Köln 1997.
16 Dazu Barbara Lippert (Hg.): Osterweiterung der Europäischen Union – die doppelte Reifeprüfung, Bonn 2000.

zierte Probleme warfen die Fragen der Ausgestaltung der KSZE zur OSZE,[17] die NATO-Initiative der »Partnerschaft für den Frieden« (1994) und die Etablierung des »Ständigen Gemeinsamen NATO-Russland-Rats« auf. Erst recht schwierig waren die Verhandlungen über die Ost-Erweiterung der NATO, die zu zwei Erweiterungswellen führten – der ersten im Jahr 1999 mit dem Beitritt von Polen, Tschechien und Ungarn sowie zur zweiten im Jahr 2004, als die drei baltischen Staaten, Bulgarien, die Slowakei und Slowenien beitraten. Dass der verschlungene Prozess der NATO-Osterweiterung zu schweren Belastungen der Beziehungen zu Russland führte,[18] ist uns ebenso geläufig wie die nicht von höchster Staatsklugheit zeugende Politik der NATO-Regierungen, zwei labile, exponierte, im Ernstfall nicht zu verteidigende Länder wie die Ukraine und Georgien als Beitrittskandidaten zu betrachten. Ich kann das alles nur antippen.

Wesentlich war und bleibt auch in dieser Hinsicht: Trotz starker Differenzen und trotz erneuter Zunahme des gegenseitigen Misstrauens, je weiter es in die 1990er Jahre und ins dritte Jahrtausend hineinging, haben sich alle Beteiligten doch fast durchgehend an den in der »Charta von Paris« feierlich bekräftigten Grundsatz gehalten, das neue europäische Staatensystem, wie es hieß, »ohne Androhung oder Anwendung von Gewalt« fortzuentwickeln. Dass es im Kosovokrieg (1999) und in Georgien (2008) »Ausreißer« von dieser Regel gab, ist bekannt. Dennoch muss man dem vereinbarten Regelwerk eine ganz erstaunliche Wirksamkeit bescheinigen, macht man sich nur klar, welch folgenschwere Machtverschiebungen sich seit 1990 vollzogen haben, die früher fast unweigerlich zu Kriegen geführt hätten.

Es stimmt, dass das weit reichende geostrategische Vordringen der NATO-Allianz nicht schon 1990 geplant gewesen ist. Zum Zeitpunkt der Unterzeichnung der »Charta von Paris« war die Sowjetunion noch eine gefürchtete Großmacht, ihre Divisionen standen in Mecklenburg-Vorpommern, Brandenburg, Sachsen und Thüringen. Die Regierungen der Europäischen Union, der USA und genauso die der neuen Demokratien wollten anfangs nicht daran glauben, welche Möglichkeiten das Machtvakuum in Ostmitteleuropa eröffnen würde und was Russland

---

17 Siehe dazu Ralf Roloff: Auf dem Weg zur Neuordnung Europas. Die KSZE-Politik der Bundesregierungen Kohl/Genscher von 1986 bis 1992, Köln 1995; und IFHS (Hg.): OSZE-Jahrbuch 1995 ff.
18 Siehe dazu im Überblick Angela Stent: Russland, in: Siegmar Schmidt/Gunther Hellmann/Reinhard Wolf (Hg.): Handbuch der deutschen Außenpolitik, Wiesbaden 2007, S. 436–454; Katrin Bastian: Die Europäische Union und Russland. Multilaterale und bilaterale Dimensionen in der europäischen Außenpolitik, Wiesbaden 2006; und zur neuesten Entwicklung Lothar Rühl: Die Rolle Russlands als Faktor des transatlantischen Beziehungsgefüges, in: Reinhard C. Meier-Welcker (Hg.): Die Außenpolitik der USA. Präsident Obamas neuer Kurs und die Zukunft der transatlantischen Beziehungen (= Berichte und Studien der Hanns Seidel Stiftung, Bd. 89), München 2009, S. 210–230.

alles zugemutet werden konnte. Dass sich die auf Normalmaß geschrumpfte, bis vor kurzem noch stolze Supermacht im Dezember 1991 auflösen würde, war zum Zeitpunkt der Unterzeichnung der »Charta von Paris« unvorstellbar. Als sich die Auflösung dann aber vollzog und als dauerhaft herausstellte, bestimmte das alle weiteren Planungen. Von nun an rechneten alle Beteiligten mit einem geschwächten, durch den Rückzug aus weiten Regionen des bisherigen Großreichs aber zugleich traumatisierten und somit revisionistischen Russland. Die Partie ist noch nicht zu Ende, und ob die Eindämmungsversuche der russischen Macht nicht ein böses Ende nehmen, weiß niemand. Gegenwärtig ist jedoch zu konstatieren, dass sich zumindest der programmatische Prinzipienkatalog der frühen 1990er Jahre in der langen Übergangsphase bewährt hat.

Fünftens: Nennen wir zum Abschluss dieses Überblicks zur Programmatik einen letzten Hauptpunkt: die Selbstverpflichtung zur multilateralen Problemlösung. Die Pariser KSZE-Konferenz vom 21. November 1990 war ein Beispielfall für das zuvor schon bewährte Konzept multilateraler Problemlösungsstrategien. Der sich zusehends verstärkende Multilateralismus war ein Hauptmerkmal des globalen, ganz besonders aber des europäischen Staatensystems in der zweiten Hälfte des 20. Jahrhunderts. Nicht allein der Westen brachte mit den Europäischen Gemeinschaften, der NATO und vielen anderen Institutionen einen reichen Erfahrungsschatz in die Phase nach dem Kalten Krieg ein. Auch im Osten waren mit dem Comecon, dem Warschauer Pakt, gesteuert durch die Apparate und Zusammenkünfte der kommunistischen Parteiführungen, multilaterale Strukturen entstanden, wenngleich von markant hegemonialer Struktur.

Die Regierungen gingen schon in der Phase des Umbruchs davon aus, dass die anders fast unlösbare Neuordnung der binnenstaatlichen Bereiche, der Wirtschaft und der zwischenstaatlichen Beziehungen nur in multilateralen Netzwerken gelingen würde. Dabei manifestierte sich die Überlegenheit der schon lange bestehenden westlichen Gemeinschaften. Anfangs hatten einige der neuen Demokratien – Polen, Ungarn, die ČSSR – für den steinigen Weg in die unbekannte Geschichtslandschaft des post-kommunistischen Europa einen eigenen multilateralen Zusammenschluss versucht. Die Präsidenten dieser drei Länder vereinbarten im Februar 1991 im ungarischen Visegrád, bei der politischen und wirtschaftlichen Umgestaltung eng zusammenzuarbeiten und gemeinsam einen möglichst baldigen Beitritt zur Europäischen Gemeinschaft zu erreichen. Allerdings stellte sich nach einigen Jahren heraus, dass dieses Bündnis nur von begrenzter Tragfähigkeit war. Auch ein anderer, besonders im deutschen Auswärtigen Amt beliebter multilateraler Ansatz hat sich nicht besonders bewährt. Die KSZE – seit 1994 in OSZE umbenannt – erwies sich als ein eher hybrides Gebilde und spielte nur eine drittrangige Rolle.

Das multilaterale Vorgehen half auch eine der größten Gefahren des Übergangsprozesses zu verhindern: den Versuch der großen und kleineren Mächte des westlichen Europa, sich im Machtvakuum Ostmitteleuropas eigene Einflusssphären zu schaffen. Anfang der 1990er Jahre zeichneten sich überall derartige Tendenzen ab. Entsprechend ausgeprägt waren die Befürchtungen. Doch in diesem Moment, als noch unentschieden war, ob sich wieder eine traditionelle Einflusssphärenpolitik der großen Mächte des westlichen Europa durchsetzen würde, entfaltete der Multilateralismus der Europäischen Gemeinschaft bzw. der Europäischen Union, daneben der NATO, sehr wohltätige Wirkungen, die gar nicht hoch genug eingeschätzt werden können. Die Regierungen sahen sich veranlasst, ihre Außenwirtschaftspolitik gegenüber den OME-Ländern über Brüssel zu konzertieren. Da allen Beteiligten in Ost und West die Langzeitperspektive des Beitritts zur Europäischen Union als einzig sinnvolle Lösung für die wirtschaftliche Neuordnung erschien, wurde die Entstehung von Wirtschaftsblöcken nach Art der Zwischenkriegszeit, beruhend auf bilateral vereinbarten Handelsabkommen, schon im Ansatz verhindert. Die Außenwirtschaftspolitiker der OME-Länder sahen sich von vornherein nach Brüssel verwiesen. Desgleichen schob der Multilateralismus der NATO allen Versuchungen zur bilateralen Sicherheitspolitik von Anfang an einen Riegel vor. Ohnehin wusste man in Tallinn, Vilnius, Warschau, Prag, Budapest, Zagreb und Sofia genau, dass die Regierungen Westeuropas in wichtigen Sicherheitsfragen ersten und letzten Endes doch nach der Pfeife Washingtons zu tanzen hatten. Wenn das zeitweilig vergessen wurde, erinnerten die Kriege und Bürgerkriege in Ex-Jugoslawien daran.

Neben den USA spielte Deutschland bei der Neuordnung des ostmitteleuropäischen Staatensystems die Hauptrolle.[19] Entscheidend war hier die Entschlossenheit der Bundesregierung, prinzipiell auf bilaterale Machtsteigerung zu verzichten und stattdessen die EU und die NATO ins Spiel zu bringen. Um der Frustration Frankreichs entgegenzuwirken, in Warschau nicht mehr als erste Adresse zu gelten, erfand Hans-Dietrich Genscher zusammen mit seinen französischen und polnischen Kollegen Roland Dumas und Krzysztof Skubiszewski das so genannte »Weimarer Dreieck«[20]. So gewöhnten sich alle Beteiligten im neuen europäischen Konzert an die Vorteile multilateralen und partnerschaftlichen Problemlösens. Anders als im Jahr 1919 vermieden es die Westmächte 1990 und danach, als übermütige Sieger aufzutreten, und brachten verschiedenartigste multilaterale Organisationen ins Spiel, um die ehemaligen kommunistischen Länder in ein kooperatives Netzwerk einzubinden. Die heilsame Folge dieses Ansatzes: Alle Unterzeichnerstaaten der »Charta von Paris«, genauer gesagt: fast alle, wirkten zusammen, um den Frieden zu erhalten.

---

19 Dazu Vladimir Handl/Jan Hon/Otto Pick (Hg.): Germany and East Central Europe since 1990, Prag 1999.
20 Siehe dazu Julius W. Friend: Unequal Partners. French-German relations 1989–2000, New York 2001.

II.

Damit bin ich beim nächsten Hauptpunkt, der relativ kurz abgehandelt werden kann. Die Geschichtspessimisten, so meine Feststellung, hatten Unrecht, jedenfalls bis zum heutigen Tage. Es wäre reizvoll, an dieser Stelle eine gemischte Platte von Belegstellen aus der Publizistik jener Jahre zu servieren, doch der begrenzte Umfang dieses Beitrags erlaubt das nicht. Ein paar pauschale Feststellungen müssen daher genügen. Als der Ostblock in sich zusammensank, haben viele Experten und nicht wenige Spitzenpolitiker des Westens in unruhigen Nachtstunden gewissermaßen vier apokalyptische Reiter in das ost- und ostmitteleuropäische Machtvakuum hineingaloppieren sehen: Diktatur, Krieg, Bürgerkrieg und Wirtschaftschaos.[21]

Dass die Demütigungen der Jahre 1989 bis 1991 in Russland eine Diktatur von Militär und KGB oder populistischer Demagogen an die Macht bringen könnten, war eine der großen Sorgen der frühen und mittleren 1990er Jahre. Das ist während zweier Putsche dank der Entschlossenheit Boris Jelzins mit viel Glück verhindert worden. Trübe Erfahrungen der eben angesprochenen Zwischenzeit ließen auch in Bezug auf die ostmitteleuropäischen Staaten und den Balkan ein erneutes Abrutschen in die Diktatur befürchten, wenn die jeweiligen Parteiensysteme bei der Neuordnung versagen würden. Aus den eben angedeuteten Gründen war die Lage aber günstiger als in der Zwischenkriegszeit von 1919 bis 1939 – diesmal überlebten die dortigen Demokratien.

Auch die Gefahren zwischenstaatlicher Kriege waren real. Militärische Reaktionen Russlands auf den Zerfall seines Imperiums waren eigentlich eher wahr-

---

21 Eine der großen Kassandren jener Jahre war Zbigniew Brzeziński. 1993 veröffentlichte er in New York ein Buch mit dem bezeichnenden Titel »Out of Control. Global Turmoil on the Eve of the Twenty-First Century«. Vieles beunruhigte ihn damals, ganz besonders das nach dem russischen Rückzug entstandene geopolitische Vakuum. Amerikanisch-sowjetische Konflikte, Massaker größten Stils, Migrationsströme von Millionen Menschen, Einsatz von Massenvernichtungswaffen – alles schien möglich. Im Sommer 1993 blies Samuel P. Huntington in einem weltweit diskutierten Artikel in *Foreign Affairs*, »The Clash of Civilizations?«, in dasselbe Horn. Ethnische Konflikte, manche auch religiös motiviert, drohten an Bruchlinien zwischen heterogenen Zivilisationen – so auf dem Balkan, im Kaukasus, in Zentralasien. 1996 entfaltete Huntington diese Beobachtungen zu der umfassenden Untersuchung »The Clash of Civilizations« (Der Kampf der Kulturen. Die Neugestaltung der Weltpolitik im 21. Jahrhundert, München 1996). Ähnlich skeptisch zeigte sich Robert Kaplan in seinem Reisebericht »The Ends of the Earth. From Togo to Turkmenistan, from Iran to Cambodia – A Journey to the Frontiers of Anarchy« (Reisen an die Grenzen der Menschheit. Wie die Zukunft aussehen wird, München 1996, S. 147–194), wo er unter anderem Anatolien und Aserbeidschan am Kaspischen Meer als Unheilsregionen identifizierte. Auch ich selbst gehörte damals eher zu den Besorgten, siehe die Kapitel »Handelswelt und Chaos-Welten« und »Gespenster der Vergangenheit« in meiner Studie: Die Zentralmacht Europas. Deutschlands Rückkehr auf die Weltbühne, Berlin 1994, S. 129–152 und S. 189–239.

scheinlich als unwahrscheinlich. War dieses stolze Land wirklich so geschwächt, fragten sich damals viele, dass es das Baltikum, die Ukraine und die unabhängig gewordenen Republiken in der Kaukasus-Region, am Kaspischen Meer und in Zentralasien auf Dauer freigeben würde? Würde es nicht russische Minderheiten in den abgefallenen Republiken aufstacheln, um dann zu deren Schutz zu intervenieren? Könnte es nicht die Abhängigkeit vieler dieser Länder von russischen Öl- und Erdgaslieferungen gnadenlos ausnutzen? Vorwände zur militärischen Intervention finden sich immer. In diesem Zusammenhang sollte man auch nicht ganz vergessen, dass russische Truppen bis zum Sommer 1994 in den neuen Ländern der Bundesrepublik stationiert waren. Unter ungünstigen Umständen, wenn in Moskau durch Putsch eine reaktionäre Clique an die Macht gekommen wäre, hätten mitten in Deutschland gefährlichste Krisen ausbrechen können.

Auch Bürgerkriege – also das, was ich den dritten apokalyptischen Reiter genannt habe – waren nach Lage der Dinge nirgendwo ausgeschlossen. Eine wichtige, vielleicht sogar die entscheidende Determinante beim Zusammenbruch des Ostblocks waren die allerorten aufbrechenden nationalen Unabhängigkeitsbewegungen gewesen. Die voll verständlichen und legitimen, zugleich aber hoch emotionalisierten Nationalbewegungen ließen für die Zukunft nichts Gutes erwarten. Mit bewaffneten Auseinandersetzungen irgendwo in einem tausende Kilometer langen Spannungsbogen, der von der Ostsee über die Ukraine bis zum Balkan und von dort aus weiter bis zur Südflanke Russlands reichte, durchgehend ermutigt von revisionistischen russischen Kräften, rechneten nicht wenige Beobachter viel eher als dass sie solche Szenarien für unwahrscheinlich hielten.

Tatsächlich sind ja auch entsprechende Unruhen in Zentralasien und in Teilen der Kaukasus-Region aufgeflammt. Tschetschenien und die über ein Jahrzehnt andauernden Kriege, Bürgerkriege und Gräuel im zerfallenen Jugoslawien bewiesen jedenfalls, dass die Befürchtungen der Pessimisten nicht unbegründet gewesen waren. Doch es hätte viel, viel schlimmer kommen können. Dass in den 1990er Jahren die Ausweitung verschiedenster ethnisch, religiös und wirtschaftlich motivierter Bürgerkriege zum Flächenbrand vermieden wurde, ist ein ebenso großes Wunder wie der alles in allem friedliche Umbruch 1989 bis 1991. Die Gründe für die ausgebliebene Katastrophe zu untersuchen, wäre einmal eine schöne Aufgabe historischer Konfliktforschung.

Auch der vierte apokalyptische Reiter – Wirtschaftschaos mit schrecklichen Notlagen, gefolgt von politischem Chaos – mochte in vielen Regionen auftauchen. Würden verelendete Massen nicht zur leichten Beute alt-kommunistischer oder sonstiger Demagogen werden? Musste die Preisgabe der nicht mehr sehr leistungsfähigen, auch stark von Korruption belasteten Zentralverwaltungssysteme nicht zu einer höchst kritischen Übergangsperiode führen, wenn nicht zu dauerhafter Wirtschaftsmisere? Die Erwartung eines »Tals der Tränen« wurde schon erwähnt. Es war schon wenige Monate nach dem Sieg der Demokratiebewegungen erreicht.

Zu den schwer erklärbaren Phänomenen im letzten Jahrzehnt des 20. Jahrhunderts gehört deshalb auch die Frage, weshalb Millionen von Menschen in Ost- und Ostmitteleuropa ihre Notlage ohne dramatisches Aufbegehren ertragen haben, obschon das Aufkommen einer neureichen Schicht von Wende-Gewinnlern zusätzlichen Zündstoff zur Empörung aufhäufte. Haben sich dabei vor allem Erschöpfung und Apathie ausgewirkt? Jacob Burckhardt hat in den eingangs erwähnten »Weltgeschichtlichen Betrachtungen« gelegentlich konstatiert, nach der revolutionären Krise mit all ihren Aufschwüngen, Umwälzungen und der Installierung neuer Machthaber folge oft eine nach-revolutionäre Katerstimmung: »Unglaublich ist dann die Ernüchterung, selbst unabhängig von allfalsigem Elend. Mit der größten Geduld läßt man sich auch die erbärmlichsten Regierungen gefallen und sich alles dasjenige bieten, worüber noch wenige Zeit vorher alles in die Luft gesprungen wäre.«[22] Es ist und bleibt aber eine Tatsache: Die Unheilspropheten haben sich getäuscht. Die apokalyptischen Reiter sind zwar da und dort erschienen und auch kürzer oder länger durch die politische Landschaft geritten, sie haben sich aber auch wieder entfernt, und ihr Auftauchen hat nicht zu jenem politischen Chaos geführt, das viele prognostiziert hatten.

III.

Schließlich noch der dritte und letzte Hauptpunkt zum Thema Erwartungshorizonte in den Jahren des Umbruchs. Die friedlichen Revolutionen Ostmitteleuropas, so unsere These, sind vor allem deshalb zustande gekommen, weil die vom Kommunismus enttäuschten Gesellschaften einfach so leben wollten, wie man im Westen lebt, also in bürgerlicher Freiheit, demokratisch, in westlichem Wohlstand und in den aus der Ferne ersehnten westlichen Lifestyles. Daraus resultierte die Bereitschaft zur weitgehenden, anfangs oft nur mit recht vagen Vorstellungen verbundenen Übernahme der politischen Ideen und des Demokratiemodells des Westens, der westlichen Wirtschaft, der europäischen Institutionen und der NATO, der Mediensysteme nach westlichem Vorbild und dessen, was man als westliche Zivilgesellschaften bewunderte. Zum Zeitpunkt des Umbruchs war die »Verwestlichung«[23] vorwiegend noch Erwartung, genährt aus in den Untergrund

---

22 Jacob Burckhardt: Weltgeschichtliche Betrachtungen, a. a. O., S. 181 f.
23 »Verwestlichung« wird hier als ein im weitesten Sinne primär kulturelles Narrativ verstanden, das im platonischen und aristotelischen Griechenland und bei den jüdischen Propheten des Alten Testaments beginnt und über verschiedenste epochale Ausprägungen und Kontroversen – christlich-römisches Abendland, Renaissance, Reformation und Gegenreformation, wissenschaftliches Weltbild des 17. Jahrhunderts, Amerikanische und Französische Revolution, westlicher Kapitalismus, Gewaltenteilungstheorie und Konstitutionalismus, deutsche Rechtsstaatsidee, bürgerlicher Parlamentarismus, demokratische Arbeiterbewegung, westliche Demokratie des 20. Jahrhunderts,

gedrängten historischen Reminiszenzen an bessere Tage, genährt durch Reisen ins westliche Ausland, genährt aus der Lektüre westlicher Autoren und aus den Informationen westlicher Medien. Der Umbruch bedeutete die große Öffnung zum Westen hin, aus dem nun alles hereinströmte, was lange Zeit von den kommunistischen Staatsparteien verteufelt und möglichst ferngehalten worden war.

Dass die Regierungen der post-kommunistischen Gesellschaften den Ratschlägen gewisser westlicher Experten oft viel zu unkritisch Gehör schenkten, ist bald erkannt worden. Enttäuschungen sind gewiss nicht ausgeblieben. Revolutionen sind harte Vorgänge, selbst wenn sie gewaltlos ablaufen. Das dicke Ende folgt häufig, wenn die erste Begeisterung verflogen ist. Dennoch haben die jeweiligen Gesellschaften in schwierigen Lernprozessen über nunmehr zwei Jahrzehnte hinweg die Fähigkeit entwickelt, mit den neuen politischen Institutionen, mit der Marktwirtschaft, mit den neuen Mediensystemen und mit den überstaatlichen Institutionen des Westens zu leben. Heute sind die baltischen Staaten, Polen, Ungarn, Tschechien, die Slowakei, Slowenien, Kroatien, Bulgarien und Rumänien ebenso westliche Gesellschaften wie die so genannten »neuen Länder« in der Bundesrepublik.

In weiterer historischer Perspektive war die erneute Verwestlichung dieser Länder nicht mehr und nicht weniger als die Korrektur einer Getrenntentwicklung. Immer seit dem Hochmittelalter waren sie in die großen Ideenströmungen, in die Sozialgeschichte und die politische Geschichte des westlichen Europa einbezogen gewesen. Katholisches Christentum, Reformation und Gegenreformation, die Aufklärung, die Ideen der Französischen Revolution, der Rechtsstaat nach deutschem Vorbild, die konstitutionelle Monarchie, der bürgerliche Parlamentarismus, die demokratische Arbeiterbewegung – sie alle haben auch Ostmitteleuropa aufgewühlt, verändert und vorangebracht. In den Jahren der kommunistischen Herrschaft war die Entkopplung der genannten Länder von den Entwicklungen im Westen genauso künstlich wie die Abtrennung Thüringens, Sachsens oder der Mark Brandenburg von den westlichen und südlichen Regionen Deutschlands. Weil es um die Korrektur einer von außen auferlegten Trennung ging, hat sich die Angleichung dann auch gleichsam natürlich vollzogen.

(Fortsetzung Fußnote 23)
    westlicher Anti-Totalitarismus – bis in die gegenwärtige Diskussion um die »westlichen Werte« führt. Die originellste Ausarbeitung dieses Konzepts stammt von dem dänisch-amerikanischen Historiker David Gress: From Plato to NATO. The Idea of the West and its Opponents, New York 1998. Heinrich August Winkler hat diese Idee – unter äußerst sparsamem Hinweis auf das bahnbrechende, in Deutschland aber kaum rezipierte Werk von Gress – zur Grundlage seiner jüngst erschienenen Darstellung gemacht: Geschichte des Westens. Von den Anfängen in der Antike bis zum 20. Jahrhundert, München 2009. Der Leser seiner gelehrten Darstellung vermisst eine explizite Vorstellung und Erörterung des grundlegenden Werkes von Gress. Die einzige Referenz auf ihn findet sich deutlich und zugleich versteckt ganz zu Beginn der ersten Sammelanmerkung zur »Einleitung« auf S. 1205.

Zum Schluss jedoch eine wichtige Einschränkung: Die Erwartungen der Umbruchsjahre sind nicht überall umgesetzt worden. Mitteleuropa und Ostmitteleuropa sind dauerhaft verwestlicht, doch in Russland hatte die Verwestlichung zu Beginn der 1990er Jahre nur Teilbereiche erfasst und war seit 1993 wieder rückläufig. Als Gorbatschow die »Charta von Paris« unterzeichnete, war nicht nur im Westen, sondern auch in Moskau, in Leningrad, in Kiew und anfangs sogar in Belgrad die Hoffnung noch groß, westliche Ideen, westliche Marktwirtschaft, Demokratie und Zivilgesellschaft könnten den ganzen einstmaligen Ostblock umstrukturieren, Russland inbegriffen.

Politik und Öffentlichkeit im Westen, aber auch viele Reformer in der Sowjetunion selbst hatten jedoch die jahrhundertelangen Prägungen Russlands vergessen. Viel zu wenig war man sich dessen bewusst, dass die eben skizzierte säkulare Einwirkung der Ideenströmungen, des Wirtschaftens und der politischen Ordnungen des westlichen Europa dort stets auf viel zäheren Widerstand gestoßen war als in den von Anfang an römisch-katholisch geprägten Regionen des Abendlandes. Im Mittelalter und in der frühen Neuzeit hatte das orthodoxe Christentum viele pluralistische Strömungen abgewiesen, die West- und Mitteleuropa vorangebracht hatten. Weder die Reformation noch die Aufklärung noch Vorstellungen eines dem Regierungswillen übergeordneten Rechtsstaates noch die Ideen der Französischen Revolution noch der bürgerliche Parlamentarismus noch das Konzept strenger Gewaltenteilung noch die demokratische Arbeiterbewegung konnten sich im orthodoxen, autokratisch, bürokratisch und feudalistisch geprägten Russland voll durchsetzen. Es fanden sich dort zwar stets mehr oder weniger starke Gruppierungen von »Westlern«, die den attraktiven Ideen des Westens zum Durchbruch verhelfen wollten. Aber Russland war und blieb, so muss man das wohl sehen, eine Art »halbeuropäisches« Land. Das besserte sich nicht, als die Bolschewiki an die Macht kamen. Autokratie, Bürokratie, Repression und Korruption multiplizierten sich nun eher. Der Übermut einer neo-feudalistischen kommunistischen Klasse übertraf den des zuvor ausgerotteten Feudaladels.

Der Abkapselung der sowjetischen Gesellschaften vom Westen folgte die Abkapselung des Satellitenbereichs, als die Rote Armee bis zur Elbe und bis zum Böhmerwald vorstieß. Das von Lenin und Stalin totalitär strukturierte Russland unterwarf sich Ostmitteleuropa und führte selbst in Teilen Mitteleuropas sein autokratisches Modell ein. So war Russland zwar in den Jahrzehnten des Kalten Krieges mit dem Schicksal Europas enger verbunden als je zuvor, aber der Ostblock war eine Zwangsehe. Freilich konnte die kommunistische Nomenklatura das Einströmen westlicher politischer Ideen, westlicher Wirtschaftsphilosophie und westlicher Lifestyles nie völlig unterbinden, es gelang ihr aber doch vergleichsweise lange, den sowjetischen Herrschaftsbereich gegen die zivilisatorischen, ökonomischen und politischen Entwicklungen abzuschotten, die sich zwischen den 1950er und 1970er Jahren im Westen vollzogen hatten. Politisch waren es bleierne

Jahre. Eine Modernisierung nach sowjetischem Vorbild wurde versucht, konnte aber ein relatives Zurückbleiben gegenüber den überlegenen westlichen Modellen nicht verhindern.

Im Dezember 1990 hatte die »Charta von Paris« eine Plattform gebildet, die gewissermaßen von Dublin über London, Paris, Berlin, Warschau, Prag, Budapest und Moskau bis nach Wladiwostok den Umbruch unter einen gemeinsamen Erwartungshorizont rückte. Doch von da an gabelte sich die Entwicklung. Den zuvor im Käfig gehaltenen Völkern Mittel- und Ostmitteleuropas gelang es, sich wieder unauflöslich mit dem Westen zu verbinden, von dem sie zwangsweise getrennt worden waren. Im größeren Kontext der russischen Geschichte zeigte sich aber, dass die wirre Reformbewegung der späten 1980er und frühen 1990er Jahre, die dem Kommunismus ein Ende setzte, nicht mehr war als ein neuer, aber bald wiederum gebremster Anlauf des altbekannten »Westlertums« zur Umgestaltung der russischen Gesellschaft nach westlichem Vorbild. Im Verlauf der 1990er Jahre und in unserem Jahrzehnt haben sich die westlichen Impulse in Russland selbst wieder abgeschwächt. Es war wohl kein Zufall, dass die großen Erwartungen der Umbruchsjahre ausgerechnet in jenen Regionen nicht voll in Erfüllung gegangen sind, in denen seit Jahrhunderten andere kulturelle Bedingungen bestanden – eben in Russland, in der östlichen Ukraine, auch in Serbien. Die Erwartungen des Umbruchs wurden überall dort enttäuscht, wo sich die Widerstände tief eingegrabener Bürokratien, eines traditionellen Nationalismus und jahrhundertealte Prägungen der Geschichte überstark geltend machten.

So viel zum Thema Erwartungshorizonte von 1989 bis 1991 und zur Frage, was sich erfüllt hat und was nicht. Der Umbruch hatte, wie schon verschiedentlich erwähnt, seinen Preis, und er offenbarte allen, die das nicht wussten, dass politische Ideen und ökonomische Theorien immer denen am schönsten erscheinen, die hinter Gittern sitzen und denen es wirtschaftlich nicht gut geht. Sobald sich die Gefängnistore öffnen, findet man sich in der rauen Wirklichkeit der Demokratien und der Marktwirtschaft. Fassen wir den Befund in einem einzigen Satz zusammen: Die Erwartungen waren hoch gespannt, die Prognosen relativ zutreffend, die Programmatik im Großen und Ganzen vernünftig, die Verwirklichung der Transformation schwierig und frustrierend, aber viel von dem, was damals im Erwartungshorizont stand, ist inzwischen doch eingetreten.

Eckhard Jesse

Die neuen Länder und das wiedervereinigte Deutschland

1 Einleitung

Machen wir ein Gedankenexperiment: Hätte man die Menschen in der DDR vor 20 Jahren, am 6. November 1989, danach gefragt, wie sie die heutige Situation in Deutschland beschreiben, wäre wohl eitle Freude gewesen – zu einem Zeitpunkt, als die ökonomische Lage desolat war, als die Kommunisten keineswegs die Waffen gestreckt hatten, als die Mauer noch stand, als auf den Protestdemonstrationen von Wiedervereinigung nicht einmal ansatzweise die Rede war. Hätten hingegen dieselben Menschen in den neuen Bundesländern am 6. November 1990, kurz nach der deutschen Einheit und kurz vor der ersten gesamtdeutschen Wahl, erfahren, die Situation werde in 20 Jahren so sein, wie sie gegenwärtig ist, wäre der Missmut groß gewesen – zu einem Zeitpunkt nämlich, als Euphorie über die Wiedervereinigung herrschte, als viele meinten, innerhalb von fünf bis zehn Jahren gehe es den östlichen Bundesländern ebenso gut wie den westlichen. Wie das Beispiel zeigt, hängt das Urteil über die Entwicklung im Osten unseres Landes stark davon ab, von welchem Zeitpunkt aus jemand urteilt.

Die deutsche Geschichte des 20. Jahrhunderts weist bekanntlich viele Brüche auf.[1] 1918 brach das Kaiserreich zusammen, 1933 die Weimarer Republik, 1945 das Dritte Reich. 1945 erwies sich als ein Scharnierjahr: Im einen Teil Deutschlands wurde eine neue Diktatur errichtet, im anderen allmählich eine Demokratie aufgebaut. Kurz vor 1989 deutete so gut wie nichts auf die historischen Vorgänge hin, die einem Gezeitenwechsel entsprachen. Die DDR war ein Staat, dem es an Legitimität für eine Bestandssicherung fehlte – auf wirtschaftlicher wie politischer Ebene. Ihr Problem lag nicht zuletzt darin, dass ihre staatliche Existenz von der Überlebensfähigkeit des »realen Sozialismus« in der Sowjetunion abhing. Scheiterte dieser, so scheiterte der DDR-Staat.

Das Jahr 1989 war ein Revolutionsjahr, nicht zuletzt dank des Wandels der außenpolitischen Konstellation.[2] Was Michail Gorbatschow wollte, eine Reform des Kommunismus, erreichte er nicht, und was er erreichte, einen Zusammenbruch

---

1 Vgl. Eckhard Jesse: Systemwechsel in Deutschland. 1918/19 – 1933 – 1945/49 – 1989/90, Köln/Weimar/Wien 2010.
2 Vgl. den fulminanten Essay von György Dalos: Der Vorhang geht auf. Das Ende der Diktaturen in Osteuropa, München 2009.

des Kommunismus, wollte er nicht. Dieser Wandel in der Sowjetunion wirkte sich auch auf die DDR aus. Auf der einen Seite setzte eine Fluchtbewegung ein (*exit*), auf der anderen eine Demonstrationsbewegung (*voice*). *Exit* und *voice* ergänzten sich und brachten das System zum Einsturz.³ Der Freiheitsphase der Revolution – »Wir sind das Volk« – folgte nach dem überraschenden Fall der Mauer die Einheitsphase – »Wir sind *ein* Volk«. Freiheit und Einheit ergänzten sich, schlossen sich nicht aus – im Gegenteil. Die Realität hatte die Phantasie überholt.⁴ Kein Jahr nach dem 40. Jahrestag der DDR, dem 7. Oktober 1989, den die Staatsführung noch mit viel Pomp gefeiert hatte, war Deutschland wiedervereint, jedenfalls staatsrechtlich. All das ist zur Genüge bekannt.

Mein Beitrag will die Lage in den neuen Ländern mit Blick auf die Parteien und die politische Kultur im Vergleich zu den alten beschreiben und analysieren, um die Folgen der Friedlichen Revolution 20 Jahre nach dem Ende des Kommunismus zu erfassen. Beide Elemente sind zentral für die Frage der demokratischen Konsolidierung. Wolfgang Merkel unterscheidet in Anlehnung an andere Autoren vier Ebenen der demokratischen Konsolidierung: die konstitutionelle Konsolidierung, die repräsentative Konsolidierung, die Verhaltenskonsolidierung und die Konsolidierung der Bürgergesellschaft. Die Ebenen eins und drei (die konstitutionelle Konsolidierung, die sich auf die Verfassungsinstitutionen wie Regierung und Parlament bezieht, und die Verhaltenskonsolidierung, die auf »informelle« Akteure wie Unternehmer und Gewerkschaften zielt) stehen nach Merkel für ein *minimalistisches Verständnis* von demokratischer Konsolidierung.⁵ Dass dies die neuen Bundesländer erfüllen, wird vorausgesetzt. Deswegen ist zu prüfen, wie es um das *maximalistische Verständnis* von demokratischer Konsolidierung bestellt ist. Es geht also um die Frage nach der Funktionsweise der politischen Parteien und des Parteiensystems sowie um die Frage nach der Entwicklung der politischen Kultur. Der Aufsatz endet mit einigen Thesen, die die Ausführungen zum Teil zusammenfassen, zum Teil darüber hinausweisen.

2 Parteien und Parteiensystem in den neuen Bundesländern

Das Parteiensystem in den alten Bundesländern wurde auf die neuen übertragen. Das lief zunächst relativ reibungslos ab: Die Blockpartei CDU integrierte sich

---

3   Vgl. Albert O. Hirschman: Abwanderung, Widerspruch und das Schicksal der Deutschen Demokratischen Republik. Ein Essay zur konzeptionellen Geschichte, in: *Leviathan*, Heft 3/1992, S. 330–350.
4   Vgl. Klaus Dietmar Henke (Hg.): Revolution und Vereinigung 1989/90. Als in Deutschland die Realität die Phantasie überholte, München 2009.
5   Vgl. Wolfgang Merkel: Systemtransformation. Eine Einführung in die Theorie und Empirie der Transformationsforschung, 2. Aufl., Wiesbaden 2010, S. 112.

neben der »Bauernpartei« (DBD) in die West-CDU, die Blockpartei LDPD neben der NDPD in die West-FDP, Bündnis 90 vereinigte sich 1993 mit den Grünen – die Ost-Grünen hatten bereits am Tag nach der Bundestagswahl 1990 mit den West-Grünen fusioniert.[6] Die Annahme war verbreitet, dass das Parteiensystem sich durch die Vereinigung nur wenig verändert,[7] zumal die Aussichten der PDS Anfang der 1990er Jahre nicht gerade rosig schienen. Doch es kam in mancherlei Hinsicht anders.

Ungeachtet vieler Parallelen zwischen Ost- und Westdeutschland gibt es im Hinblick auf die politischen Parteien einige Spezifika in den neuen Bundesländern. Die Vorprägungen der Wähler sind hier weitaus geringer als in den alten Ländern, wo sie jedoch auch abnehmen. Wer allerdings die »Flatterhaftigkeit« (Wolfgang Gibowski) der ostdeutschen Wähler betont, überschätzt situative Faktoren. Die stärkere Ausrichtung der Wähler auf Parteien, die Gleichheit in den Vordergrund rücken, ist ebenso sozialisationsbedingt. In den neuen Bundesländern ist die Parteidisziplin – trotz vielfacher Angleichungen – insgesamt geringer ausgeprägt als in den alten. Das hat Vor- und Nachteile gleichermaßen. Die deutlichere Orientierung an konsensualen Prozeduren und damit die geringere Lagermentalität ist maßgeblich eine Reaktion auf die als drückend empfundenen Probleme. Rhetorik spielt eine bescheidenere Rolle als im Westen. Unter der geringeren Akzeptanz konkurrenzdemokratischer Mechanismen kommt vielleicht die Gewöhnung an Spielregeln des parlamentarischen Systems zu kurz. Alte Antiparteien-Affekte und neue Fundamentalismen gehen dabei Verbindungen ein. Die PDS (seit 2007 DIE LINKE), die »Partei der östlichen Ressentiments«[8], hat es erfolgreich verstanden, den Ost-West-Konflikt zu kultivieren.[9] Wohl niemand hat mit einer solchen Erfolgsserie der Partei gerechnet, und dieser Erfolg hat viele Ursachen.

Die Zahl der Mitglieder in den Parteien liegt prozentual im Durchschnitt weit unter der in den alten Bundesländern – ein markanter Ausdruck von Parteiverdrossenheit und ein sinnfälliges Zeichen für defizitäre Organisationsstrukturen. In den alten Ländern (einschließlich ganz Berlin) entfallen nach den neuesten Daten

---

6 Vgl. Jürgen Hoffmann: Die doppelte Vereinigung. Vorgeschichte, Verlauf und Auswirkungen des Zusammenschlusses von Grünen und Bündnis 90, Opladen 1998.
7 Vgl. Oskar Niedermayer/Richard Stöss (Hg.): Stand und Perspektiven der Parteienforschung in Deutschland, Opladen 1993; dies. (Hg.): Parteien und Wähler im Umbruch. Parteiensystem und Wählerverhalten in der ehemaligen DDR und den neuen Bundesländern, Opladen 1994.
8 So Wolfgang Schieder: Die Umbrüche von 1918, 1933, 1945 und 1989 als Wendepunkte deutscher Geschichte, in: Dieter Papenfuß/ders. (Hg.): Deutsche Umbrüche im 20. Jahrhundert, Köln/Weimar/Wien 2000, S. 18.
9 Vgl. Eckhard Jesse/Jürgen P. Lang: DIE LINKE – der smarte Extremismus einer deutschen Partei, München 2008.

(Ende 2009)[10] auf Union, SPD, FDP, Grüne und LINKE gut 1.250.000 Mitglieder, in den neuen knapp 140.000. DIE LINKE verfügt in den neuen Bundesländern (ohne Berlin-Ost) über etwa 40.000 Mitglieder, die CDU kommt auf über 60.000, die SPD auf 22.000, die FDP hat keine 10.000 und die Partei der Grünen, man höre und staune, nur gut 3.000. Bundesweit haben die Grünen 48.000 Mitglieder. Die Gründe für diese Diskrepanz sind mannigfach. Angesichts der mitunter wenig optimistischen Perspektiven und einer eher ungesicherten Lebenssituation ist die Motivation für ein Engagement in Parteien nicht sonderlich groß. Viele sehen sich als gebranntes Kind und scheuen – wie nach 1945 – das Feuer. Offenkundig sehen Bürger nicht genügend Gestaltungsmöglichkeiten innerhalb der Parteien. Die Rekrutierungsfähigkeit (gemeint ist der Anteil der Parteimitglieder in Prozent der Parteibeitrittsberechtigten) für Ost und West fällt damit höchst unterschiedlich aus: Die CDU kommt im Westen auf 1,01 Prozent (Ost: 0,4 Prozent), die SPD auf 0,83 Prozent (Ost: 0,19 Prozent). Bei der LINKEN ist das Verhältnis umgekehrt: im Westen 0,06 Prozent, im Osten 0,34 Prozent.[11] Mandate in Kommunalparlamenten können angesichts der geringen Zahl der Parteimitglieder, von denen ein Teil als »Karteileichen« für die politische Mitarbeit ausfällt, manchmal gar nicht angenommen werden. In Thüringen etwa sind nach den Wahlen 2010 520 Bürgermeister Mitglieder von freien Wählergruppen oder unabhängige Einzelbewerber. Die CDU stellt nur 133, die SPD 20 und DIE LINKE sieben Bürgermeister.[12] Damit ergeben sich massive Repräsentationsdefizite.

Bei allem Bestreben um konsensuale Politik gibt es in den Parteien der neuen Bundesländer zahlreiche spezifische innerparteiliche Konflikte. So sind die Frontstellungen aus einer Reihe von Gründen innerhalb der Parteien im Durchschnitt stärker als in den alten Bundesländern. Die Links-Rechts-Dimension ist in fast allen Parteien breiter aufgefächert, unter anderem deshalb, weil es 1989/90 für manche teilweise Zufall war, in welche politische Gruppierung sie gerieten. Die Konflikte zwischen den *alten* (den Mitgliedern der Blockparteien) und den *neuen* Kräften mögen zwar in gewisser Weise unvermeidlich sein, binden aber zahlreiche innerparteiliche Energien. Auch Ost-West-Auseinandersetzungen spielen eine Rolle, hält man sich vor Augen, dass mitunter erfahrene Westpolitiker Ostpolitiker (»Laienspieler«) verdrängt haben. Der nahezu unnachahmliche Erfolg Manfred Stolpes in Brandenburg, ungeachtet seiner offenkundigen Kompromittierung, ließ sich wesentlich damit erklären, dass er es verstanden hat, die Kritik an ihm als westliche Einmischung darzustellen. Als in Sachsen Ministerpräsident Stanislaw Tillich wegen seiner CDU-Vergangenheit 2009 in die Schusslinie der Kritik geriet,

---

10 Sie stammen von Oskar Niedermayer: Die Entwicklung der Parteimitgliedschaften von 1990 bis 2009, in: *Zeitschrift für Parlamentsfragen*, Heft 2/2010, S. 421–437.
11 Vgl. für die Angaben ebd., S. 425.
12 Vgl. Steffen Winter: Schleichende Revolution, in: *Der Spiegel* vom 14. Juni 2010, S. 37.

konnte er mit dem Argument Punkte sammeln, Westdeutsche wüssten zu wenig über das Leben in der DDR.

Erscheinen die intraparteilichen Konflikte in den neuen Bundesländern größer, verhält es sich mit den interparteilichen gerade umgekehrt. So ist die Ost-CDU ebenso wie die Ost-FDP insgesamt stärker durch eine sozialstaatliche Ausrichtung geprägt. Ost-CDU und Ost-SPD sind im Schnitt weniger weit voneinander entfernt als ihre Westparteien. Freilich ebnen sich die Unterschiede zunehmend ein. Ein anderer Politikstil hat sich im Osten nicht herausgebildet. Bürgerrechtler, mutige Leute, spielen heute bei den Parteien kaum noch eine Rolle. Die beiden Volksparteien schneiden im Osten weniger gut ab als im Westen des Landes. Bei der jüngsten Bundestagswahl haben, kaum zu glauben, CDU und SPD in den neuen Bundesländern 47,7 Prozent erhalten und nur in Sachsen mit 50,2 Prozent knapp die absolute Mehrheit erreicht. Die mangelnde Mobilisierbarkeit der Bürger durch die Volksparteien zeigte sich 2009 auch in der stark gesunkenen Wahlbeteiligung, im Osten um ganze 9,5 Prozent, wo der Wahleifer ohnehin niedriger ausfällt.

Wohl nichts verdeutlicht so sehr die gegenwärtige Schwäche der Volksparteien wie folgendes Beispiel: In den Jahren 1972 und 1976 wählten über 90 Prozent die beiden großen Parteien bei einer Wahlbeteiligung von über 90 Prozent. Mehr als 80 Prozent der Stimmberechtigten hatten damit für die beiden großen Parteien votiert. Bei der Bundestagswahl 2009 wählten nicht einmal 40 Prozent die beiden Volksparteien, bezogen auf Ost und West zusammen. Im Osten fällt die Quote mit 31 Prozent noch weitaus schwächer aus.

Das Parteiensystem in den neuen Bundesländern unterscheidet sich zum Teil deutlich von dem in den alten Ländern.[13] Wenn 2002 und 2005 nur im Westen gewählt worden wäre, hätte es eine schwarz-gelbe Koalition gegeben. Den beiden Hauptparteien CDU und SPD steht im Osten mit der LINKEN eine dritte größere Partei gegenüber. Im Jahr 1990 waren sich alle politischen Kräfte darin einig, eine Koalition mit der PDS in den neuen Bundesländern komme nicht in Frage. Umso überraschender fiel der Einschnitt nach der Landtagswahl in Sachsen-Anhalt 1994 aus, wenige Monate vor der Bundestagswahl, als sich die SPD und die Grünen von der PDS tolerieren ließen (»Magdeburger Modell«). Nach der Landtagswahl in Mecklenburg-Vorpommern 1998 kam die erste Koalition mit der PDS auf Landesebene zustande (»Schweriner Modell«), die bis 2006 bestand. Seit 2002 gibt es in Berlin eine rot-rote Koalition, seit 2009 nun auch in Brandenburg. Die SPD hat inzwischen ihre Position gegenüber der linken Konkurrenz

---

13 Vgl. Nikolaus Werz: Parteien in den neuen Bundesländern seit 1990, in: Eckhard Jesse/Eckart Klein (Hg.): Das Parteienspektrum im wiedervereinigten Deutschland, Berlin 2007, S. 49–63; Hans Rattinger/Oscar W. Gabriel/Jürgen W. Falter (Hg.): Der gesamtdeutsche Wähler. Stabilität und Wandel des Wählerverhaltens im wiedervereinigten Deutschland, Baden-Baden 2007.

geändert.[14] Man muss der PDS bzw. der LINKEN keineswegs absprechen, dass sie Integrationsleistungen für das politische System der Bundesrepublik erbringt. Sie dient als Ansprechpartnerin für das antiwestliche Potenzial im Osten, sie repräsentiert vernachlässigte Ziele und Werte im Parteiensystem, und sie signalisiert Art und Ausmaß der Unzufriedenheit. Das mag mehr oder weniger so stimmen.[15] Aber sind das triftige Gründe, DIE LINKE, eine demokratisch unzuverlässige Partei, in eine Koalition einzubeziehen? Denn neben Integrationsleistungen weist diese Partei massive desintegrierende Funktionen auf, profitiert sie doch maßgeblich vom Ost-West-Konflikt, schürt ihn sogar.

20 Jahre nach der deutschen Herbstrevolution sollte nicht in Vergessenheit geraten, dass ein beträchtlicher Teil der heutigen Probleme Ursachen hat, die weit in die Vergangenheit reichen. Wie der Blick auf die Wahlergebnisse in den einzelnen Bundesländern erhellt, ist die PDS bzw. DIE LINKE mittlerweile in vier Bundesländern die zweitstärkste Partei.[16] In Mecklenburg-Vorpommern wäre sie es vermutlich auch ohne die Koalition mit der SPD zwischen 1998 und 2006. Die Gründe für den Erfolg waren und sind vielfältiger Natur. Bei einem Systemwechsel von einer Diktatur zu einem demokratischen Verfassungsstaat fühlt sich ein Teil der Bevölkerung dem früheren System verbunden, sei es aus politischer Überzeugung, sei es wegen des Verlustes von Privilegien. Für die einen war der Kommunismus an sich gut, nur in der Praxis deformiert; die eigene wirtschaftliche Lage spielt für sie weniger eine Rolle. Aber eine andere – nicht homogene – Gruppe hat aus Enttäuschung über den Verlauf der Wiedervereinigung für die PDS votiert. Einige konnten aufgrund der gewaltigen Umstrukturierungen wirtschaftlich nicht Fuß fassen und führten dies auf das »Plattmachen durch den Westen« zurück, andere empfanden sich als Menschen zweiter Klasse und sahen ihr Leben entwertet an. DIE LINKE profitiert somit von einem von der SED maßgeblich verursachten Umstand.

Die Volksparteien haben es allerdings nicht hinreichend verstanden, den Bürgern plausibel zu machen, dass weniger sie für das als unzureichend empfundene Tempo der wirtschaftlichen Angleichung verantwortlich sind. Zudem hatte westliche Arroganz das Selbstwertgefühl vieler Ostdeutscher verletzt. Außerdem: Manche Fehler waren in dem präzedenzlosen Einigungsprozess wohl unvermeidlich.

---

14 Vgl. Eckhard Jesse: Die koalitionspolitische Haltung der SPD gegenüber der SED, der PDS, der Linkspartei und der LINKEN, in: Antonius Liedhegener/Torsten Oppelland (Hg.): Parteiendemokratie in der Bewährung. Festschrift für Karl Schmitt, Baden-Baden 2009, S. 243–256.

15 In diesem Sinne Gero Neugebauer/Richard Stöss: Die PDS. Geschichte – Organisation – Wähler – Konkurrenzen, Opladen 1996; dies.: Die Partei Die Linke. Nach der Gründung in des Kaisers neuen Kleidern? Eine politische Bedarfsgemeinschaft als neue Partei im deutschen Parteiensystem, in: Oskar Niedermayer (Hg.): Die Parteien nach der Bundestagswahl 2005, Wiesbaden 2008, S. 151–199.

16 Vgl. Eckhard Jesse: Bundestags-, Landtags- und Europawahlen in den neuen Bundesländern seit 1990, in: *Deutschland Archiv*, Heft 6/2009, S. 965–972.

Die Unzufriedenheit kam und kommt unter anderem den Kräften links außen zugute, aber nicht nur ihnen, sondern auch den Rechtsextremisten. Wie empirische Untersuchungen zeigen, waren die überdurchschnittlich besser ausgebildeten PDS-Wähler in den 1990er Jahren wirtschaftlich keineswegs schlechter gestellt als die Wählerschaft insgesamt. Viele von ihnen gehörten in der DDR zu den Privilegierten und hatten danach ihr gesellschaftliches Ansehen eingebüßt. Sie hatten sich materiell objektiv verbessert, subjektiv jedoch verschlechtert. Dabei schreiben die Wähler der Partei keine hohe Problemlösungskompetenz zu, mit Ausnahme des Themas »soziale Gerechtigkeit«.

Durch die verbreitete Kritik an der Hartz IV-Gesetzgebung hat sich die Wählerschaft der PDS bzw. der LINKEN auch im Westen erweitert (Bundestagswahl 2009: Ost 28,5 Prozent; West 8,3 Prozent). Damit ist ein sozialstruktureller Wandel einhergegangen. Der Anteil von Wählern mit eher niedriger Bildung, von Arbeitern und Arbeitslosen ist gestiegen. Hatte die PDS zuvor kaum »Modernisierungsverlierer« gewinnen können, so ist deren Quote nun überproportional hoch. Die ideologische Selbsteinstufung dieser Wähler weicht jedoch nicht von jener der früheren Wählerschaft mit Blick auf das linke Selbstverständnis und das höhere Ausmaß an Demokratieunzufriedenheit ab.[17] Die Geschichte der LINKEN in den neuen Bundesländern ist die Geschichte ihrer Aufwertung. Die starken Stimmengewinne förderten Koalitionen unter Einschluss dieser Partei. Sie erwies sich insgesamt als eher bequemer Partner. Unter extremismustheoretischen Gesichtspunkten ist eine enge Zusammenarbeit mit der LINKEN kritikwürdig, weil dadurch der antiextremistische Konsens geschleift wird. Unter funktionalen Aspekten fällt das Urteil hingegen anders aus: Die PDS verlor danach stets Stimmen und zwar deutlich, in Mecklenburg-Vorpommern ein Drittel, in Berlin über 40 Prozent. Die Geschichte der LINKEN ist damit keineswegs ausschließlich eine Erfolgsgeschichte.

Wie wir sehen, weist das Parteiensystem nicht nur Kontinuität, sondern auch beträchtliche Diskontinuitäten auf, ebenso mit Blick auf den parteipolitischen Extremismus, der im Osten, wiewohl auf niedrigem Niveau, ebenfalls stärker ist als im Westen. Das gilt für beide Seiten des politischen Spektrums. Der schwach ausgeprägte Extremismus der LINKEN ist eher stark, der stark ausgeprägte Extremismus der NPD eher schwach. Im Vergleich zu den ostmitteleuropäischen Staaten stehen die neuen Bundesländer jedoch – was die Parteien betrifft – insgesamt gut da.[18]

---

17 Vgl. Oskar Niedermayer: Die Wählerschaft der Linkspartei.PDS 2005, Sozialstruktureller Wandel bei gleich bleibender politischer Positionierung, in: *Zeitschrift für Parlamentsfragen*, Heft 3/2006, S. 523–538.
18 Vgl. unter anderem Hans-Joachim Veen/Ulrich Mählert/Franz-Josef Schlichting (Hg.): Parteien in jungen Demokratien. Zwischen Fragilität und Stabilisierung in Ostmitteleuropa, Köln/Weimar/Wien 2008.

3 Politische Kultur

Trotz einer vergleichsweise schnellen wirtschaftlichen Annäherung an den Westen (u. a. mit Ausnahme des Bereichs der Vermögensverteilung)[19] existieren erstaunliche mentale Unterschiede fort; ja, sie haben sich sogar vergrößert.[20] Gleichheit hat für Ostdeutsche einen höheren Stellenwert als Freiheit. Im Westen ist es umgekehrt, freilich mit rückläufiger Tendenz. Sekundärtugenden wie Ordnung und Fleiß werden im Osten mehr geschätzt als im Westen. Viele Ostdeutsche beklagen Kriminalität im Besonderen und Unsicherheit im Allgemeinen. Die Vorbehalte gegenüber Fremden sind größer. Fremdenfeindliche Gewalttaten gibt es deutlich häufiger als im Westen, obwohl dort zirka fünfmal mehr Ausländer leben. Nicht wenige vermissen die (vermeintlichen) »sozialen Errungenschaften« der DDR und rufen nach »dem Staat« und »dem Betrieb«. In der DDR mussten die Betriebe vielfältige Aufgaben übernehmen:

> »[Sie] hatten in erster Linie das Arbeitsplatzrisiko zu tragen und die faktisch, wenn auch nicht rechtlich fast unkündbaren Arbeitnehmer oft aus sozialen Gründen mitzuschleppen. Den Betrieben wurde zudem durch den Aufbau eines betrieblichen Gesundheitswesens, die Finanzierung von Kuren ihrer Mitglieder, die Unterhaltung betriebseigener Kinderbetreuungsstätten von der Krippe über Kindergärten bis zu Kinderhorten, durch den Bau und den Unterhalt von Betriebswohnungen, Erholungsheimen und Kulturhäusern sowie durch die Betreuung ihrer Rentner erhebliche zusätzliche Kosten aufgebürdet. Der rigorose Abbau dieser zusätzlichen Leistungen nach dem Übergang zur Marktwirtschaft im Gefolge der deutschen Vereinigung ist von vielen Menschen in Ostdeutschland als Verlust an Lebensqualität und sozialer Gerechtigkeit empfunden worden.«[21]

Der vielfältige Umbruch vor über 20 Jahren wirkt sich auf die politische Kultur aus. Das kann gar nicht anders sein.[22] Die politische Partizipationsbereitschaft ist geringer, der Pessimismus ausgeprägter. Was Max Kaase vor einem Jahrzehnt ermittelt hat, trifft heute in der Tendenz weiterhin zu, dass sich nämlich »die Ein-

---

19 Vgl. Karl-Heinz Paqué: Die Bilanz. Eine wirtschaftliche Analyse zur Deutschen Einheit, München 2009.
20 Vgl. Klaus Schroeder: Die veränderte Republik. Deutschland nach der Wiedervereinigung, München 2006.
21 So Gerhard A. Ritter: Die DDR in der deutschen Geschichte, in: *Vierteljahrshefte für Zeitgeschichte*, Heft 2/2002, S. 198.
22 Vgl. Oskar W. Gabriel: Politische Einstellungen und politische Kultur, in: ders./Everhard Holtmann (Hg.): Handbuch politisches System der Bundesrepublik Deutschland, München 2005, S. 457–522.

schätzungen der Ost- durch die Westdeutschen im zeitlichen Verlauf kaum, die der West- durch die Ostdeutschen jedoch prägnant, und zwar durchweg in Richtung einer skeptischeren Bewertung von positiven Eigenschaften verändert haben«[23].

Ist die folgende Paradoxie richtig? Bis zur Einheit lebten die Deutschen getrennt und waren doch vereint, was das Zusammengehörigkeitsgefühl betraf. Nun sind sie wieder vereint – und gleichwohl getrennt. Ist eine DDR-Identität erst nach dem Ende der DDR entstanden? Skepsis gegenüber einer derartigen Diagnose ist angebracht. Zum einen liegt dieser Position eine Idealisierung der Vergangenheit zugrunde; zum anderen dürfen Momentaufnahmen weder verabsolutiert noch mentale Differenzen überschätzt werden. Wie soll eigentlich eine europäische Einheit gelingen, wenn Kritiker ständig mentale Unterschiede auf allen möglichen und unmöglichen Gebieten zwischen Ost- und Westdeutschen »vermessen« und dabei ein Klagelied anstimmen?

Im Übrigen ist das Gerede von *dem* Osten und *dem* Westen angesichts vielfältiger demografischer Durchmischungen irreführend. Von 1949 bis zum Mauerbau 1961 sind etwa 2,5 Millionen Menschen aus der DDR nach Westdeutschland abgewandert. In der Zeit bis Ende 1989 folgte eine weitere Million. Fast 400.000 verließen ihr Land allein im Jahr 1989, die meisten im Revolutionsherbst. Zuzüge in den Osten fielen in den ersten 40 Jahren nicht sonderlich ins Gewicht, obwohl manch einer zwischen Ost und West pendelte (bis 1961). Allein in den 1990er Jahren sind über zwei Millionen Ostdeutsche in den Westen und eine Million Westdeutsche in den Osten gegangen – Rückkehrer nicht eingerechnet. Diese drei Millionen »Wossis« und etwa ebenso viele von vor 1989 lassen sich schwerlich in Ost-West-Kategorien einordnen. Trifft dies zum Teil nicht auch für Pendler zu? Im ersten Jahrzehnt des neuen Jahrtausends sind gleichfalls mehr Bürger vom Osten in den Westen gewechselt als umgekehrt, wobei die Unterschiede stark nachgelassen haben.

Die Motive, die (tatsächlich oder vermeintlich) fehlende »innere Einheit« einzuklagen, sind unterschiedlicher, bisweilen gegensätzlicher Natur. Manche beklagen die gespaltene politische Kultur, weil auf diese Weise Deutschland nicht schnell genug zusammenwachse. Das zur Delegitimierung sich eignende Wort von der (unzureichenden) »inneren Einheit« führen allerdings auch jene im Mund, die vor 1990 an der äußeren nicht sonderlich interessiert waren. Indem sie hohe Hürden für das Gelingen der »inneren Einheit« aufbauen, können sie indirekt den Nachweis führen, diese sei auf keinem guten Weg. Doch ist das stimmig? Der Politikwissenschaftler Hans-Joachim Veen möchte – ganz im Gegenteil – die »innere Einheit« auf die Akzeptanz der Legitimitätsgrundlagen der Verfassung

---

23 So Max Kaase: Art. Innere Einheit, in: Werner Weidenfeld/Karl Rudolf Korte (Hg.): Handbuch zur deutschen Einheit. 1949 – 1989 – 1999, Neuausgabe, Frankfurt am Main 1999, S. 460.

beschränken (im Kern auf die für unabänderbar erklärten Prinzipien der freiheitlich-demokratischen Grundordnung), sodann auf die soziale Marktwirtschaft als regulative Idee, auf die Westbindung Deutschlands (mit der Integration in die EU und die NATO) und auf den Willen zur Einheit:

> »Jede Erweiterung dieses Minimalkonsenses [...] ginge zu Lasten der Offenheit und Freiheit des politischen Prozesses und entspräche weder dem Legitimitätsglauben der zweiten deutschen Republik noch der notwendigen Balance zwischen Konsens und Konflikt in unserem Land.«[24]

Wer diese Maßstäbe zugrunde legt, kommt zu einem differenzierten Ergebnis. Manchen Ostdeutschen fällt es schwer, sich als Bundesbürger zu begreifen. Die soziale Marktwirtschaft ist in den neuen Bundesländern verständlicherweise noch nicht so unumstritten wie in den alten (aber auch hier ist durch die weltweite Finanzkrise der letzten Jahre eine skeptischere Haltung eingekehrt), nicht zuletzt deshalb, weil sie bisweilen in einer Weise »funktioniert«, die den eigenen Prinzipien widerstreitet. Alte Seilschaften aus den neuen Bundesländern und neue Seilschaften aus den alten tragen dafür Mitverantwortung.[25] Außerdem macht es die hohe Arbeitslosigkeit nicht einfacher, mit der sozialen Marktwirtschaft zufrieden zu sein, obwohl der Abbau von Arbeitsplätzen oft ein Gebot marktwirtschaftlicher Notwendigkeit (gewesen) ist. Der »Flurschaden Sozialismus« (Karl-Heinz Paqué) war bittere Realität. Die bundesdeutsche Westbindung dürfte angesichts jahrzehntelangen »Trommelns gegen die Kriegstreiber« ebenfalls nicht tief verankert sein. Aus gegebenem Anlass – etwa beim Kosovo-, Irak- und Afghanistan-Konflikt – lassen sich solche anti-westlichen Affekte »abrufen«. Die Kritiker bieten keine Alternativen – nicht zur deutschen Einheit, nicht zur sozialen Marktwirtschaft, nicht zur Westbindung. Sie wissen: Ein Plädoyer für eine Separation, für eine Planwirtschaft und für eine »Ostbindung« (was immer das heißen mag) stößt auf keinerlei Zustimmung. Das ist beruhigend.

Wie ist es um die demokratischen Legitimationsprinzipien bestellt? Während Westdeutsche die Frage, ob die Demokratie, die wir in der Bundesrepublik haben, die beste Staatsform sei, seit 1990 zu über 70 Prozent (2009: 76 Prozent) bejahen, sieht das in Ostdeutschland anders aus. Die Zustimmungsquote liegt hier seit 1990 nur bei etwa 40 Prozent (2009: 36 Prozent).[26] Diese Werte zeigen eine eher gerin-

---

24 So Hans-Joachim Veen: Vereint, aber doch nicht wirklich eins? Ein Plädoyer wider den völkischen Rückfall, in: *Deutschland Archiv*, Heft 2/2000, S. 275.
25 Vgl. unter anderem Friedrich Thießen (Hg.): Die Wessis. Westdeutsche Führungskräfte beim Aufbau Ost, Köln/Weimar/Wien 2009.
26 Vgl. Renate Köcher (Hg.) Allensbacher Jahrbuch der Demoskopie 2003–2009, Bd. 12, Berlin 2009, S. 116.

ge Identifikation mit dem freiheitlichen System. Allerdings: In Westdeutschland hat es lange bis zu einer solch hohen Zustimmungsbereitschaft gedauert. Zudem ist die Formulierung – »die Demokratie, die wir in der Bundesrepublik haben« – so gewählt, dass manch einer mit der hiesigen Wirklichkeit unzufrieden ist, ohne die Demokratie per se in Frage zu stellen. Außerdem war die Erwartungshaltung vieler Ostdeutscher an den Westen überhöht. Sehen im Westen etwa zehn Prozent eine bessere Staatsform als die der Bundesrepublik (2009: neun Prozent), so liegt die Quote im Osten deutlich höher (2009: 24 Prozent).[27]

Die nachlassende bzw. eher geringe Bejahung der demokratischen Wirklichkeit korreliert mit einer sukzessiven Aufwertung der DDR und einer Verklärung der Diktatur in den letzten 20 Jahren:

> »Auf die Frage, wie sich ihr persönliches (nachträgliches) Bild vom ›Leben in der DDR‹ zusammensetzte, erklärten die Ostdeutschen Vollbeschäftigung, Berufstätigkeit der Frau, soziale Sicherung, billige Lebensmittel, Betriebs- und Kinderferienheime sowie das ›Wohlbefinden im Arbeitskollektiv‹ für besonders bedeutsam; erst an achter Stelle nannten sie die Einschränkung der Reisefreiheit. Die Diktatur wurde erst an fünfzehnter Stelle und von nicht einmal der Hälfte als in hohem Maße prägend erwähnt. Auch andere negative Seiten wurden inzwischen verdrängt, so die ökonomische Rückständigkeit, die Bespitzelung durch Kollegen oder gar die Vernachlässigung der Kinder.«[28]

Die Quote derer, die der DDR mehr positive als negative Seiten bescheinigen, nimmt seit Mitte der 1990er Jahre bis heute zu.[29] Ostdeutsche teilen mehrheitlich die Meinung, die DDR habe mehr gute als schlechte Seiten gehabt. In der Bundesrepublik der 1950er Jahre gab es ähnliche, wenn auch nicht ganz so drastische Auffassungen über den Nationalsozialismus. Viele wollen heute nicht wahrhaben, dass ihr Leben keineswegs durch das Ende ihres Staates, der gar nicht *ihr* Staat war, entwertet worden ist. Der Aussage »Wir waren alle gleich, und wir hatten Arbeit. Darum war es eine schöne Zeit« stimmen fast 50 Prozent der Ostdeutschen zu und nur 25 Prozent nicht.[30]

Insgesamt gibt der empirische Befund ungeachtet mancher problematischer Sichtweisen zu großer Skepsis keinen Anlass. Denn die Menschen schätzen ihre eigene Situation deutlich besser ein als die allgemeine Lage. Jedoch: Vielen

---

27 Vgl. ebenda.
28 So Klaus Schroeder: Der Preis der Einheit. Eine Bilanz, München 2000, S. 217.
29 Vgl. Katja Neller: Getrennt vereint? Ost-West-Identitäten. Stereotypen und Fremdheitsgefühle nach 15 Jahren deutscher Einheit?, in: Jürgen W. Falter/Oscar W. Gabriel/Hans Rattinger/Harald Schoen (Hg.): Sind wir ein Volk? Ost- und Westdeutschland im Vergleich, München 2006, S. 13–26.
30 Vgl. Renate Köcher (Hg.): Allensbacher Jahrbuch der Demoskopie 2003–2009, a. a. O., S. 50.

Ostdeutschen fällt es schwer, sich die deutsche Einheit samt ihren Folgen zuzuschreiben. Warum? Der Aufschwung ist nach wie vor nur teilweise selbsttragend, vielmehr durch Transferleistungen vom Westen befördert. Insofern ist der Stolz auf den Aufschwung nur begrenzt. Das zum Teil verbreitete ostdeutsche Inferioritätsgefühl erscheint jedoch unbegründet. Denn *die* Ostdeutschen sind nicht für die 40-jährige Diktatur verantwortlich, auch wenn sie sich mit dem System arrangiert hatten bzw. arrangieren mussten. Die Diktatur wurde von der Sowjetunion oktroyiert und stabilisiert. In dem Moment, in dem diese den Kontrollverlust erkennen ließ, brach das illegitime System von innen heraus zusammen. Die DDR war ein künstliches Gebilde.

Die Menschen im Osten des Landes hatten ihre Lage immer mit dem Westen verglichen, weil sie sich ihm zugehörig fühlten. Für Ostdeutsche im Jahr 2010 ist damit auch nicht die diktatorische DDR der Vergleichsmaßstab, sondern der Westen in der Gegenwart. Schon gar nicht interessiert, dass der Transformationsprozess bei den ostmitteleuropäischen Staaten, die keinen »großen Bruder« haben, weitaus schwieriger verläuft. Hier kommt es mitunter sogar zu abfälligen Kommentaren. Geben Westdeutsche eher der Freiheit den Vorzug, so Ostdeutsche eher der Gleichheit. Das ist einerseits sozialisations-, andererseits situationsbedingt.

Auch wenn im Osten Deutschlands die Zustimmung zur praktizierten Demokratie zu wünschen übrig lässt: Die politische Kultur Deutschlands signalisiert keine Gefährdung für die Demokratie:

»Solange die Umsetzung von demokratiekritischen Überzeugungssystemen in antisystemisches kollektives Verhalten breiter Bevölkerungskreise nicht erfolgt, verbleibt die geschilderte Inkongruenz daher auf der normativen Ebene, das heißt, sie stellt ein Legitimationsproblem des deutschen politischen Systems dar«.[31]

»Legitimationsproblem« heißt aber nicht, dass die Legitimität der zweiten deutschen Demokratie in Frage steht. Die (demokratische) Konsolidierung der neuen Bundesländer ist auf einem guten Weg.

4 Abschließende Thesen

1. Ungeachtet aller Krisensymptome – mit Blick auf die Parteiendemokratie und die politische Kultur – sind die neuen Bundesländer 20 Jahre nach der deutschen Einheit überwiegend demokratisch konsolidiert. Gleichwohl:

---

31 Oskar Niedermayer: Bevölkerungseinstellungen zur Demokratie: Kein Grundkonsens zwischen Ost- und Westdeutschen, in: *Zeitschrift für Parlamentsfragen*, Heft 2/2009, S. 227.

Der Rückgang in der Zufriedenheit mit der (Parteien-)Demokratie ist im Osten stärker, obwohl der Ausgangspunkt niedriger lag. Die Unterschiede in der politischen Kultur zwischen Ost und West bestehen weiter.
2. Weder Nationalisten noch Antideutsche haben von der Friedlichen Revolution und der deutschen Einheit profitieren können. Durch die deutsche Einheit ist ein unbefangener und vorurteilsfreier Umgang mit den nationalen Symbolen eingekehrt. Wir sind uns heute unserer nationalen Identität stärker bewusst. Daran hat die Friedliche Revolution ihren Anteil.
3. Umbruchsituationen wie die Wiedervereinigung machen es erforderlich, die freiheitliche Demokratie immer wieder neu zu begründen und den antiextremistischen Grundkonsens ständig zu erneuern. Damit ist es zum Teil nicht gut bestellt, wie das Thema Parteien und politische Kultur belegt. Von den materiellen Kosten der deutschen Einheit ist zu viel die Rede, von den immateriellen Lasten der deutschen Teilung dagegen zu wenig. Das gilt für den Osten wie für den Westen.
4. Es hat nichts mit einer Kritik an den Ostdeutschen und deren Lebensleistung vor und nach 1989 zu tun, wie DIE LINKE zu argumentieren versucht, wenn sie die auf sie gemünzte Kritik als Ausdruck westdeutscher Herablassung apostrophiert. Umgekehrt wird ein Schuh draus: Die Partei konterkariert die Leistungen Ostdeutscher – die erfolgreiche Revolution vor 20 Jahren und die seitherige Aufbauleistung unter manchmal schwierigen Umständen.
5. Wie die Ausprägung der Parteien und der politischen Kultur nachdrücklich zeigt, ist die These etwas vereinfacht, das wiedervereinigte Deutschland sei nur eine erweiterte Bundesrepublik, hat sie, bedingt durch die Einheit, doch auch neue Züge angenommen. Das war anfangs so nicht erkennbar. Allerdings ist die Begriffsprägung »Berliner Republik« kühn und im Kern unzutreffend.
6. In den neuen Bundesländern und im wiedervereinigten Deutschland ist im Gegensatz zu vielen ostmitteleuropäischen Staaten kein (alter) Nationalismus entstanden, wohl aber ein (neuer) aufgeklärter und entspannter Patriotismus. Das ist ein Grund zur Zufriedenheit. Die Deutschen haben ihre Lektion gelernt.

Krzysztof Ruchniewicz

Polen zwanzig Jahre nach dem Wendejahr 1989*

Eine stete Präsenz von Geschichte in der öffentlichen Wahrnehmung, die Erinnerung an sie und heftige Streitigkeiten um sie haben wir in Polen 2009 so intensiv erlebt wie selten zuvor in den letzten Jahren. Natürlich ist es naheliegend, die primäre Ursache dafür in den Jubiläen dieses Jahres zu suchen, die das Interesse nicht nur von Historikern, sondern auch breiter gesellschaftlicher Kreis geweckt haben. Sie fühlten sich, wenn auch unter dem Eindruck der vergangenen Jahrzehnte, durch ihre Autorität verpflichtet, die historische Bedeutung der Ereignisse jener Tage zu betonen. In den Vordergrund traten dabei zwei Daten, die wichtige Zäsuren des polnischen Schicksals sind: 1939 und 1989. Weder der für die allgemeine Geschichte so wichtige 200. Jahrestag der Französischen Revolution noch der 90. Jahrestag des Versailler Vertrages, der so wesentlich für die Wiedergeburt der polnischen Nation war, die sich über ein Jahrhundert lang ihren Nachbarn hatte unterordnen müssen, konnten mit diesen Daten konkurrieren. Es gibt viele Gründe dafür, dass es so gekommen ist. Vor allem liegt es natürlich am Charakter der Erinnerung an die neueste Geschichte: Sie weckt Emotionen, und wir fühlen uns mit ihr aufgrund eigener Erfahrungen und derjenigen unserer nahen Verwandten fest verbunden.

Die Erinnerung an den Zweiten Weltkrieg ist in der polnischen Gesellschaft dauerhaft lebendig und viel stärker als in den westlichen Gesellschaften präsent. Das beruht nicht nur auf den beispiellosen Zerstörungen und Leiden, die durch diesen Krieg verursacht worden sind, sondern auch auf seinen tiefen und lang anhaltenden politischen Folgen. Diese Folgen konnte die vom 1. September 1939 an kämpfende polnische Nation, die ein beharrliches und wichtiges Mitglied in der Anti-Hitler-Koalition war, nicht als die süße Frucht ihrer Zugehörigkeit zum alliierten Lager sehen und schon gar nicht als eine Art Wiedergutmachung für die erlittenen Opfer.[1] Und gerade darin besteht die Verbindung zwischen den Ereignissen der Jahre 1939 und 1989: hier Niederlage und Unterdrückung, dort Sieg

---

* Für die sprachliche Überarbeitung meines Aufsatzes bedanke ich mich bei Dr. Markus Krzoska (Gießen) sehr herzlich.
1 Vgl. Edmund Dmitrow: Pamięć i zapominanie w stosunkach polsko-niemieckich, in: *Przegląd Zachodni*, Nr. 1/2000, S. 1–18; Robert Traba: Symbole pamięci: II wojna światowa w świadomości zbiorowej Polaków. Szkic do tematu [Gedächtnissymbole: Der Zweite Weltkrieg im kollektiven Bewusstsein von Polen], in: ebenda, S. 52–67; Klaus Ziemer: Stosunek powojennego społeczeństwa niemieckiego do drugiej wojny światowej, in: ebenda, S. 18–32.

und Befreiung; hier das bittere Gefühl der Einsamkeit, dort das Bewusstsein, sich auf den Weg zu der, um ein großes Wort zu gebrauchen, »Familie der europäischen Nationen« zu machen; hier die Erinnerung an sinnlos vergossenes Blut, dort mit der Besonderheit, dieses Ziel fast ohne Menschenleben zu opfern erreicht zu haben. Das Jahr 1989 ist aus polnischer Sicht das lange aufgeschobene Ende des Krieges; es ist kein Pyrrhussieg, sondern das reale und tragfähige Versprechen einer tatsächlichen positiven Veränderung. Es ist die Freiheit, die man zu Beginn der 1940er Jahre so vergeblich mit dem ersehnten Kriegsende verbunden hatte.

2009 wurden in Polen die offiziellen Entwürfe und Vorbereitungen zu den Feierlichkeiten dieser Jahrestage heftig kritisiert. Man monierte das Fehlen einer guten Konzeption, des notwendigen Elans, der entsprechenden Überzeugungskraft, insbesondere einer internationalen. Es bestand Einvernehmen darüber, dass es Polens letzte Chance sei, seine Sicht auf die Vergangenheit in die Strömungen des europäischen Gedächtnisses einzuflechten, seine Verdienste und Opfer gegenüber der Welt hervorzuheben – einer Welt, die diese nicht kennt oder, was noch schlimmer ist, diese leugnet. So ärgerten sich viele Beobachter und einfache Bürger über die Unfähigkeit der politischen Klasse Polens, das Kriegsbeil für die Zeit der Feierlichkeiten zu begraben und den aktuellen politischen Streit aus dem historischen Feld herauszuhalten. Die großen Worte zum Patriotismus oder zur historischen Bedeutung dieser Daten, zur Verpflichtung ihrer zu gedenken, waren in der Praxis schwächer als die Verlockung, auf diese Weise die Tagespolitik mit entsprechend vorbereiteten historischen Argumenten zu stützen. Beim Blick in die polnische Medienlandschaft konnte sogar der Eindruck entstehen, dass sich die Politik sehr häufig nur auf den aktuellen Kampf um die eigene Sichtweise konzentrierte, anstatt der Geschichte zu gedenken. Fakten wurden von einer Diskussion über die Entstehung dieser Fakten überdeckt, was nicht selten zu Schwierigkeiten führte, diese Debatte einer breiteren Öffentlichkeit nahezubringen. So waren für viele Polen – und sicher nicht nur für sie – die Scharmützel im Umfeld des Gedenkens an die Wahlen vom 4. Juni 1989 unverständlich. Infolgedessen verlegte Ministerpräsident Donald Tusk die Feierlichkeiten von Danzig, der Wiege der Solidarność, nach Krakau, einer Stadt gewissermaßen aus einer anderen historischen Erzählung. Das geschah unter dem Einfluss der Ankündigung der Gewerkschaft Solidarność, diese Feierlichkeiten zu torpedieren, da sie sich als Erbin der Bewegung der 1980er Jahre sieht.[2] Im Scheinwerferlicht kämpfte nun die III. Polnische

---

2   PiS chce zawojować Gdańsk, in: *Gazeta Wyborcza* vom 3. Juni 2010 [http://www.rp.pl/artykul/ 314665_PiS_chce_zawojowac_Gdansk.html, 25.2.2010]; »Solidarność« ma nowego idola. To Kaczyński, in: *Dziennik* vom 4. Juni 2009 [http://dziennik.pl/polityka/article393665/Solidarnosc_ma_nowego_idola_To_Kaczynski.html, 25.2.2010]; Magdalena Kursa: Kraków. Tusk: Wolność i Solidarność była i jest potrzebna, in: *Gazeta Wyborcza* vom 6. Juni 2009 [http://wyborcza.pl/1,75478,6686956,Krakow__Tusk__Wolnosc_i_Solidarnosc_byla_i_jest_pot rzebna.html, 25.2.2010].

Republik gegen die bereits mythische IV., obwohl beide eigentlich ausreichend Gründe hatten, um der Umbrüche des Jahres 1989 gemeinsam und würdig zu gedenken. Die erlangte Freiheit war doch ein hinreichender, um nicht zu sagen der einzig hierfür nötige Anlass.

Im Gegensatz dazu entfachten die letzten Vorbereitungen für den Jahrestag des Kriegsausbruchs eine Diskussion darüber, ob die Anwesenheit des russischen Ministerpräsidenten Wladimir Putin willkommen, was uns zu sagen er verpflichtet sei und was er von uns zu hören bekommen sollte. Grundsätzlich herrschte die allgemeine Überzeugung vor, dass er ohnehin nicht das sagen würde, was wir als erforderlich erachteten. In Jahrestagsreden werden komplexe historische Ereignisse ohnedies häufig nur grob, schematisch und auf Schulbuchniveau skizziert und erreichen in der Berichterstattung der Medien dann auch nur sehr begrenzt Aufmerksamkeit. Bei den Jahrestagsdebatten 2009 hatte man jedoch eher den Eindruck, als gehe es um einen Live-Bericht über *den* großen politischen Kampf um die Geschichte. Zuhörer und Zuschauer mit weniger belastbaren Nerven konnten sogar den Eindruck gewinnen, uns drohe ein allgemeines Verwischen historischer Tatsachen, und wenn wir nicht aufmerksam sind, werde der Welt die Überzeugung vermittelt, wir hätten den Krieg angezettelt und keinerlei Beitrag zum Sturz sowohl des Nationalsozialismus als auch des Kommunismus geleistet.

Ich habe mir diese persönliche Bewertung der Debatten des Jahres 2009 aus folgendem Grund erlaubt: Wenn man sich mit der Situation in Polen zwanzig Jahre nach dem Kommunismus beschäftigt, wie der Titel dieses Beitrages verspricht, kann man dabei die gesellschaftliche Situation, die aktuellen Bewertungen und nicht selten auch die Emotionen nicht außer Acht lassen. Natürlich beeinflusst der gesellschaftliche Standort eines Beobachters seine Wahrnehmung der gegenwärtigen, aber auch der vergangenen Realität. Ich erinnere nur deshalb daran, weil wir in unseren polnischen Debatten häufig diese triviale Wahrheit zu Gunsten von Sehnsüchten ignorieren, ein so genanntes objektives Bild entstehen lassen zu können, das wahr und vollständig ist, und zu Gunsten der Überzeugung, unser Standpunkt erfülle eben diese Bedingungen. Zudem wird die Bewertung zeitgeschichtlicher Ereignisse zu häufig durch aktuelle Problemlagen verzerrt. Hier wird natürlich die von Historikern stets betonte Notwendigkeit zur Distanz, verstanden als ein zumindest teilweises Sich-Befreien vom Druck des Augenblicks, ebenso deutlich wie die damit verbundene Möglichkeit eines breitestmöglichen Zugangs zu den Quellen. Können wir sagen, dass zwei Jahrzehnte polnischer Unabhängigkeit ausreichen, um eine solche Distanz zu erreichen? Mit Sicherheit nicht. Wir befassen uns noch immer mit Zeiträumen, in denen wir bewusst gelebt und die wir häufig auch aktiv mitgestaltet haben. Es sind dies zumeist Zeiten unserer Jugend, in denen wir Entscheidungen treffen mussten, deren Folgen sich in unseren Augen auf die Beurteilung der gesamten Epoche auswirken. Es soll nicht der Eindruck entstehen, ich bezweifelte den Sinn sämtlicher historischer Analysen seit der

Zwischenkriegszeit – als Historiker wünschte ich mir jedoch, wir alle würden mit mehr Ruhe an diese Fragen herangehen und auf die jüngsten Kapitel der Geschichte unserer Nationen in historischer Perspektive blicken, in der Perspektive der langen geschichtlichen Linien.

Wenn wir den polnischen Fall betrachten, ist es schwer, die Ergebnisse der Umbrüche von 1989, unabhängig davon, ob man sie »eine große historische Veränderung«, »Refolution«, »Evolution des Systems«, »eine reglementierte Revolution« oder auch ein »politisches Abkommen mit den ›Kommunisten‹« nennt, kleinzureden oder gar anzuzweifeln. Was also scheint aus der Perspektive dieser beiden Jahrzehnte Unabhängigkeit das Wichtigste zu sein? Wie hat sich Polen nach dem Überschreiten dieser Zäsur im Jahre 1989 verändert? Stellt dieses Datum einen Grenzpunkt in der gesellschaftlichen Wahrnehmung dar? Wie schätzen die Polen selbst die Entwicklung ihres Landes und ihre eigene Situation ein?

Der bekannte polnische Historiker Antoni Dudek gab seinem Buch über die Veränderungen in den Jahren 1988 bis 1990 den Titel »Reglementierte Revolution« und brachte darin mehrfach sein pessimistisches Urteil über das Ende der Volksrepublik Polen und die Geburt der III. Polnischen Republik zum Ausdruck:

»Nur für einen Tag im Juni [dem 4. Juni, d. Verf.] verließ der Geist der Geschichte die Warschauer Arbeitszimmer und Salons, um mit Hilfe von Millionen Polen, die in ihren Händen die Abstimmungskarten hielten, der kommunistischen Diktatur das Rückgrat zu brechen. Dieser Tag war lang genug, um erfolgreich die Mauern der Festung der Volksrepublik Polen niederzureißen. Er war jedoch viel zu kurz, um das zu zerstören, was sich beharrlich dahinter verbarg.«[3]

Aus diesen Worten kann man trotz des wissenschaftlichen Charakters dieser Studie Spuren der Enttäuschung und ein Echo des persönlichen Schmerzes ihres Autors lesen. Hier drängt sich die Frage auf, was dieser »Geist der Geschichte« ist und warum der Autor hier die Begriffe »Arbeitszimmer« und »Salons« wählte? Aus der Metapher einer zur Hälfte zerstörten Festung kann aber auch der Schluss gezogen werden, dass es um die Sehnsucht nach einer klaren und scharfen Abgrenzung von dem geht, was war und was ist. Die Veränderungen in Polen, die sich über mehrere Monate hinzogen, verliefen in ihrer Außendarstellung ohne solche spürbaren dramatischen Spannungen wie sie im Fall der Berliner Mauer, den blutigen Ereignissen der Revolution in Rumänien oder bei den späteren Barrikaden auf den Straßen von Vilnius sichtbar waren. Einige mögen diese Veränderun-

---

3 Antoni Dudek: Reglamentowana rewolucja. Rozkład dyktatury komunistycznej w Polsce 1988–1990, Krakau 2004, S. 489 f.

gen als ruhig, fließend und gleichsam evolutionär beschreiben – sie waren jedoch so andersartig, dass wir einfach Schwierigkeit hatten, sie angemessen zu beschreiben und historisch einzuordnen.

Wir Polen haben ein Identitätsproblem, wir haben Schwierigkeiten bei der Aussöhnung mit dem, was wir aus eigener Kraft erreicht haben. Dabei denke ich an den unblutigen und friedlichen Umsturz und daran, was die Polen täglich auf dem nationalen Altar opferten: den Kampf bis zum letzten Blutstropfen, entgegen den realen Chancen und sogar der einfachen Hoffnung zum Trotz. Man kann den Eindruck gewinnen, dass die Polen, um einen bekannten Karikaturisten zu zitieren, 1989 riefen: »Wir haben diese moralischen Siege satt!«, um aber gleich nach Erlangung des besonders realen und konkreten, von der Welt anerkannten Sieges in Scham zu verfallen, dass dies nicht entsprechend der kultivierten nationalen Tradition erfolgte, die während der Unfreiheit im 19. Jahrhundert geschmiedet worden ist.[4]

Was ist aus der Perspektive der beiden Jahrzehnte der polnischen Unabhängigkeit als das Wichtigste zu betrachten? Allgemein kann man sagen, das Wichtigste war das sprichwörtliche *window of opportunity* bzw. die geopolitische Situation, die die polnischen Hoffnungen nicht etwa stoppte, sondern ihnen sogar zu Hilfe kam. Das Zeitfenster öffnete sich, und wir machten beherzt und erfolgreich von den damit verbundenen Chancen Gebrauch. Hier denke ich nicht nur an den Fall des Kommunismus, sondern auch an die dadurch geschaffene Möglichkeit, friedliche und kooperative Beziehungen zu anderen Staaten, insbesondere zu unseren Nachbarn pflegen zu können, sowie an die Chance, diese Beziehungen durch die Teilnahme am europäischen Integrationsprozess zu vertiefen. Um diese Frage detailliert zu beantworten, möchte ich im Folgenden unter Bezugnahme auf die Arbeiten des polnischen Soziologen Piotr Sztompka vier Herausforderungen näher beleuchten, die die revolutionären Umbrüche des Jahres 1989 für Polen, aber zum Teil auch für ganz Europa und die globale Welt mit sich brachten. Das waren und sind noch immer: Systemtransformation, Modernisierung, Globalisierung und europäische Integration.[5] Natürlich kann man den Standpunkt vertreten, die Auseinandersetzung mit diesen Herausforderungen sei unvermeidlich gewesen, weil sie Polen in jedem Fall – ob früher oder später – getroffen hätten. Das betrifft insbesondere die beiden ersten Problemfelder Systemtransformation und Modernisierung. Wir hätten die Bewältigung dieser Mammutaufgaben hinauszögern oder uns, was noch schlimmer gewesen wäre, auf die

---

4 Krzysztof Ruchniewicz: »Noch ist Polen nicht verloren« – Das historische Denken der Polen, Münster 2007.
5 Nach Aleksander Smolar: Władza i geografia pamięci, in: Piotr Kosiewski (Hg.): Pamięć jako przedmiot władzy, Warschau 2008, S. 61 [http://www.batory.org.pl/doc/pamiec_jako_przedmiot_wladzy.pdf, 25.2.2010].

Konservierung überkommener Wertvorstellungen beschränken können, wie es sie hinter den Mauern der gefallenen kommunistischen Festung mancherorts noch gab. Doch eingedenk seiner Größe und seines Bevölkerungspotenzials hing davon, wie wir Polen mit diesen Aufgaben fertig wurden, das Schicksal großer Teile des postsowjetischen Mittel- und Osteuropa ab. Erschwert wurden unsere Bemühungen durch die Tatsache, dass Polen alle vier Problemfelder praktisch zeitgleich bewältigen musste. Man konnte sich nicht nur einem Thema widmen und die anderen ignorieren oder gleichsam auf Zeit spielen, indem man die Beschäftigung mit ihnen aufschob. Die Entscheidung zum Aufbau einer freien Marktwirtschaft von Grund auf konnte nicht von anderen Entwicklungen wie der europäischen Integration oder dem Globalisierungsdruck abgegrenzt werden. Mit dem Beschreiten des Pfades einer verhältnismäßig schnellen Modernisierung, mit der der polnischen Wirtschaft die Chance gegeben werden sollte, konkurrenzfähig zu werden, fiel die Entscheidung zur Isolierung der inländischen, nicht modernisierten Enklaven, die sich rasch in eine Art Freilichtmuseen verwandelten, welche für die Gesellschaft nur noch von geringem Nutzen waren.

Mit der Modernisierung der Wirtschaft vollzog sich unter demokratischen Bedingungen auch eine Modernisierung der gesellschaftlichen Verhältnisse, und viele alte Gewohnheiten änderten sich. Schon bei der Errichtung der neuen staatlichen Souveränität Polens musste zugleich an deren Begrenzung in Gestalt einer Einladung zur Teilnahme am europäischen Integrationsprozess gedacht werden. Denn eine erfolgreich betriebene Modernisierung konnte sich nicht ausschließlich auf eigenes Kapital und nationale Ressourcen stützen – diese waren nicht ausreichend vorhanden. Der Integrationsprozess setzte darüber hinaus auch Modernisierungsimpulse in Form von Finanzhilfen und zahlreichen Anpassungen in der Gesetzgebung samt deren Durchsetzung. Die Liste solcher Angleichungen könnte sicher noch um einige Punkte erweitert werden.[6]

In der politischen Sphäre ist der Begriff »gesellschaftliche Kosten« sehr populär. Nach Meinung des bereits erwähnten Piotr Sztompka waren diese so hoch, dass wir in deren Folge von der Entstehung eines tiefen Traumas der gesamten Gesellschaft wie der einzelnen Bürger sprechen können. Die Überwindung dieses Traumas ist noch nicht abgeschlossen und wirkt sich auf die Wahrnehmung sowohl der letzten beiden Jahrzehnte als auch der bedeutenden Persönlichkeiten dieser Zeit aus. Für die Freiheit musste mit dem Verlust des Gefühls sozialer Sicherheit gezahlt werden – eines wichtigen Wertes, unabhängig davon, wie ambivalent und selektiv sie sich in den Jahren des Kommunismus darstellte. Die Massenar-

---

6 Siehe Piotr Pysz: Ordnungspolitische Umwandlungen in der Wirtschaft Polens 1990–2007, in: Dieter Bingen/Krzysztof Ruchniewicz (Hg.): Länderbericht Polen. Geschichte – Politik – Wirtschaft – Gesellschaft – Kultur, Frankfurt am Main/New York 2009, S. 239–257; dort auch weiterführende Literatur.

beitslosigkeit zu Beginn der 1990er Jahre war ein schmerzhafter Schock. Ein Teil der Polen, insbesondere Geringqualifizierte, wurde auf Dauer aus der Mitte der Gesellschaft verdrängt. Es gab aber auch Impulse, die in Verbindung mit der neuen Wirtschaftsgesetzgebung eine ungeahnte gesellschaftliche Energie freisetzten. Öffentlich teils pathetisch und mit großer Zufriedenheit verzeichnet, erzielte Polen im Jahr 2009 beachtliche wirtschaftliche Ergebnisse, die nicht nur im Kontrast zu den anderen postkommunistischen Volkswirtschaften stehen, sondern auch zur wirtschaftlichen Lage der »alten Union«, die mit der weltweiten Wirtschaftskrise kämpfen muss. Auf Details dieses Sachverhalts kann ich an dieser Stelle leider nicht näher eingehen.[7] Zweifelsohne ist diese Situation für Polen ein Prüfstein seiner wirtschaftlichen Transformationsleistungen. Denkt man einige Jahre zurück und erinnert sich an das alltägliche Schlangestehen nach Waren des täglichen Bedarfs, an den Zusammenbruch von tausenden Unternehmen sowie an die Hyperinflation, die von einem Tag auf den anderen die Ersparnisse ganzer Familien vernichtete, dann konnte doch kaum ernsthaft angenommen werden, dass der Umbau der polnischen Wirtschaft in so kurzer Zeit gelingen würde. Dass die viel gescholtene und nur als Verwandte »richtigen Geldes« zutiefst verachtete polnische Währung schnell konvertierbar und dass eine Anlage in dieses Geld gewinnbringender sein würde als eine in den ach so verherrlichten Dollar, war kaum vorstellbar. Diese Leistung wird noch deutlicher, wenn wir an die schwierige Entwicklung der polnischen Wirtschaft während der II. Polnischen Republik denken. Selbstverständlich waren das andere Zeiten, eine andere Situation Polens, und es verhielt sich anders mit der Bereitschaft des Auslandes, uns Hilfe zu gewähren. Dennoch verdient das Tempo, in dem die Polen in den letzten Jahren solch gravierende Veränderungen in ihrem Land umgesetzt haben, Anerkennung. Auch dann, wenn unsere Selbstbestätigung durch die Feststellung gedämpft wird, dass wir weiter hinter den europäischen Ländern zurückliegen, die in den 1930er Jahren ein Entwicklungsniveau aufwiesen, das unserem ähnelte. Die wirtschaftliche Transformation ist im Allgemeinen also gelungen, obwohl es in Polen eine relativ starke Abneigung gegen Wohlhabende und, was paradox klingen mag, gegen die Privatisierung staatlichen Vermögens gibt.

Die Systemtransformation ist ebenfalls gelungen, wenngleich durch die Unzufriedenheit eines Teils der polnischen Bevölkerung der postkommunistischen Partei eine große Bedeutung zukam und noch immer zukommt. Wir haben ein demokratisches System, einen Rechtsstaat und eine Zivilgesellschaft errichtet – häufig mit Schwierigkeiten, da wir nicht viele Erfahrungen damit aus dem 20. Jahrhundert einbringen konnten, aber dennoch beharrlich. Ernsthafte und anhaltende

---

7 Vgl. Ireneusz Krzemiński: Gesellschaftliche Zusammenbrüche und Wendepunkte. Die Bürgergesellschaft in Polen, in: ebenda, S. 347–359.

Gefahren für die Demokratie lassen sich sogar für die Zeit der PiS-Regierung[8] vorerst nur schwer ausmachen, auch wenn es schwer fällt, von einer Stabilisierung der politischen Szene zu sprechen. Darum bleibt die Entwicklung einer Zivilgesellschaft, die sich ihrer Rechte, aber auch ihrer Pflichten bewusst ist, die außerhalb der privaten Sphäre wirkt und auf ein starkes gesellschaftliches Verantwortungsbewusstsein hinweist, ein ehrgeiziges Ziel. Aus der Sicht des Historikers lässt sich dieses nicht durch den Import von Technologien und Experten erreichen. Hier helfen nur Praxis und Zeit sowie das Gefühl, dass die Freiheit, um hier die Worte Johannes Paul II., der für die Polen so wichtigen Autorität, zu bemühen, nicht nur *gegeben*, sondern auch *auferlegt* wird. Sie ist nicht nur ein Geschenk, in dessen Genuss wir häufig ohne eigene persönliche Leistung kommen, sondern immer auch ein Handlungsauftrag. Man kann übrigens hinzufügen: Auch die Westeuropäer sollten die Freiheit in diesem Sinne verstehen, insbesondere die jüngere Generation, die nicht mehr im Schatten der Angst vor einem Krieg oder einer Diktatur leben muss, wie es noch bei der Gründergeneration der Europäischen Gemeinschaften der Fall war.

Schwieriger ist die Bewertung des Fortschritts der polnischen Modernisierung, worunter mehr zu verstehen ist als nur der Zugang zu modernen Technologien. Nur Reste des staatlichen Vermögens erinnern heute noch an das ehemalige Volkseigentum. Das Bruttoinlandsprodukt wird vor allem vom privaten Sektor gebildet. Somit haben wir eine mäßig modernisierte Industrie, teilweise auf allerneuestem Stand, aber eine nur wenig modernisierte Landwirtschaft (mit Ausnahme vereinzelter großer Landwirtschaftsbetriebe) und eine im Hinblick auf das Angebot an modernen und funktionalen Lösungen leider sehr vernachlässigte Infrastruktur.[9] Vielerorts geben polnische Straßen demnach Beispiele für die Unzulänglichkeiten der Modernisierung ab, ähnlich wie das dauerhaft niedrige Niveau der Ausgaben für einen effektiven Staatsapparat oder für eine »Allerweltstechnologie« wie die Computer- und Internetversorgung. Dennoch schreitet die Informationsrevolution auch in Polen voran, und die alltägliche Nutzung des Internet scheint für Jugendliche bereits selbstverständlicher zu sein als ein Spaziergang in der Natur oder die Pflege traditioneller sozialer Kontakte.

Unsere Sozialstruktur behielt zumindest teilweise die ihr während des Kommunismus aufgezwungene Form, insbesondere was den Anteil der Landbevölkerung angeht, der von Einkünften aus der Landwirtschaft lebt. Fast 40 Prozent der Polen leben ständig auf dem Land – ein Niveau, das viele europäische Länder bereits seit Jahrzehnten nicht mehr kennen. Zusätzlich ist das Lebensniveau auf dem

---

8   PiS – Prawo i Sprawiedliwość (Recht und Gerechtigkeit).
9   Zur Frage der polnischen Landwirtschaft siehe ferner: Marcin Kwasowski/Sebastian Zaleski: Die Landwirtschaft in Polen fünf Jahre nach dem Beitritt zur Europäischen Union, in: *Polen-Analysen*, Nr. 51/2009 [http://www.laender-analysen.de/polen/pdf/PolenAnalysen51.pdf, 25.2.2010].

Dorf deutlich niedriger als in städtischen Zentren. Die wirtschaftliche Transformation hat bisher keine schnelle Urbanisierung mit sich gebracht, jedoch können wir auf diesem Feld in Zukunft wohl mit den größten Veränderungen rechnen. Die wirtschaftlichen Umwälzungsprozesse unterminierten die Position der Großindustrien und übertrugen Phänomene nach Polen, die in den westlichen Ökonomien bereits sehr viel früher bekannt waren. Hier bestätigte sich der Ausspruch, dass die Revolution ihre eigenen Kinder frisst, denn Hauptkraft der Solidarność waren ja gerade die Arbeiter der größten Industriebetriebe. Die wechselvolle Geschichte der Danziger Werft ist sicher das bekannteste Beispiel des bitteren Schicksals der Arbeiter während der Transformationszeit. War aber das Schicksal der massenhaft aus den Textilbetrieben in Łódź entlassenen Frauen nicht ebenso bitter? Über die Existenz und die zahlenmäßige Stärke der polnischen Mittelschicht, die als willkommener Ausweis moderner demokratischer Gesellschaften gilt, streiten die Gelehrten. Unzweifelhaft können ihr eine große Zahl von Kleinunternehmern und Teile der Intelligenz zugerechnet werden. Dem entgegen steht jedoch das niedrige Lohnniveau in staatlichen Anstellungsverhältnissen. Von den 14 Millionen beschäftigten Polen arbeitet ein Viertel als selbstständige Unternehmer. Zählt man die Eigentümer privater landwirtschaftlicher Betriebe hinzu, sind es sogar 40 Prozent.[10]

Einen weiteren Modernisierungsaspekt kann man in dem stark gewachsenen Ehrgeiz der Polen sehen, für sich selbst oder ihre Kinder eine höhere Bildung zu erlangen.[11] Im Vergleich mit der Zeit des Kommunismus stieg der Anteil der Menschen mit höheren Bildungsabschlüssen deutlich von sechs auf 17 Prozent an. Zwar wurde nach einiger Zeit klar, dass die höhere Zahl an Hochschulabsolventen Einfluss auf Qualität der Ausbildung hatte, jedoch kann allgemein angenommen werden, dass ein Diplomabschluss bessere Lebens- und Berufschancen bietet und ein gutes Bildungsniveau auch der Gesellschaft insgesamt zugute kommt. Schade nur, dass die steigende Zahl der Lernenden so sehr im Kontrast steht zur sinkenden Zahl von Lesern bzw. bewusst am kulturellen Leben Beteiligten. Die Massenkultur wird stark mit dem Leben in »reichen Ländern« assoziiert; sie hatte und hat großen Einfluss insbesondere auf junge Polen.

Es stellt sich nun die Frage, ob nicht auch unsere Mentalität modernisiert wurde. Zwar verkörperten Polen früher sicher nicht das Idealbild des *Homo Sovieticus*, aber ebenso wenig erlauben wir es uns heutzutage, ganz uneingeschränkt Europäer zu sein. Entgegen den Befürchtungen von Säkularisierungsgegnern sind die Werthaltungen und Denkmuster der meisten Polen auch weiterhin religiös geprägt.

---

10 Maria Piotrowska: Die soziale Lage, in: Dieter Bingen/Krzysztof Ruchniewicz (Hg.): Länderbericht Polen, a. a. O., S. 282–293; Małgorzata Szylko-Skoczny: Arbeitsmarktlage und Arbeitsmarktpolitik, in: ebenda, S. 294–308.
11 Sonja Steier: Bildungspolitik und Bildungssystem, in: ebenda, S. 477–495.

Diese Religiosität bedeutete allerdings zu keiner Zeit eine absolute Treue gegenüber den Dogmen des Katholizismus. Ich kann diese Fragen hier nicht weiter vertiefen, weise jedoch darauf hin, dass wir es häufig mit einer Spaltung zwischen der öffentlichen Meinung, wo die Stimme der katholischen Kirche von großer Bedeutung ist, und den (Gewissens-)Entscheidungen des Einzelnen zu tun haben. Außerdem steht der Katholizismus in Polen für ein traditionelles Familienleben, was zur Folge hat, dass gewisse Teilaspekte auch von religiös weitgehend indifferenten Menschen übernommen werden.

Ein weiterer Maßstab moderner Gesellschaften ist das Niveau der gesellschaftlichen Offenheit und Toleranz. Nach dem Fall des Kommunismus wurden die Polen mit vielen Fragen konfrontiert, die ihre Toleranz auf eine harte Probe stellten. Dazu ein Beispiel: Eine populäre Parole des Solidarność-Programms war der politische Pluralismus. Ein Teil der Gesellschaft fühlte sich inmitten der Vielzahl neuer politischer Parteien und Ansichten rasch verloren, die es in den 1990er Jahren im Überfluss gab. Nur schwer verständlich war für sie die Notwendigkeit der persönlichen Mitwirkung am politischen Willensbildungsprozess durch ihre Stimmabgabe bei allgemeinen Wahlen, und bis heute ist die Beteiligung an Parlaments- bzw. Kommunalwahlen beunruhigend niedrig. Die ständigen Wechsel auf der politischen Bühne werden von den Bürgern nicht als selbstverständlicher Teil eines demokratischen politischen Prozesses verstanden, der sich nach der Überwindung des Monopols der kommunistischen Partei auf offizieller Seite und dem Zerfall eines geeinten Oppositionslagers, das für den damaligen politischen Kampf unumgänglich war, erst herausbilden musste. Das heißt, der so genannte Krieg an der Spitze, den verschiedene Solidarność-Gruppierungen während der Kampagne vor den ersten freien Präsidentschaftswahlen 1990 geführt haben, war für viele ein Schock – auch für die Sympathisanten der eben noch existierenden Opposition. Er trug erheblich zur Selbstzerstörung des positiven Bildes von der Solidarność-Bewegung und zur Abkehr eines Teils der Gesellschaft von den »Schreihälsen« und »Schwindlern« bei. Eine traurige und beschämende Fortsetzung fand dieser »Familienkrieg« der ehemaligen Opposition in den Attacken gegen Lech Wałęsa im Jahr 2009 von Seiten des rechten Lagers, angeführt von den Kaczyński-Brüdern, seinen einstigen engen Mitarbeitern.[12]

Die generelle Bewertung der politischen Verhältnisse kann jedoch positiv ausfallen. Vom gelungenen Aufbau eines demokratischen Systems zeugt unter anderem die Tatsache, dass die zweimalige Rückkehr einer postkommunistischen Partei an die Macht, wie sich rasch herausstellte, keine Gefährdung der jungen polnischen Demokratie nach sich zog. Abgesehen von der kritischen Bewertung ihres Einflusses in Wirtschaft und Politik, wurden die Postkommunisten Teil des

---

12 Zum Streit um die Person Lech Wałęsas siehe ferner: http://wyborcza.pl/0,91249.html, 25.2.2010.

neuen Systems. Sie wurden Sozialdemokraten mit einer beschämenden Vergangenheit, sie wurden Politiker, die ihre oberflächlichen Dogmen der Vergangenheit hinter sich ließen und die diversen Möglichkeiten nutzten, die die neue politische Ordnung bot. Ihre Prioritäten bei der Wirtschafts- und Außenpolitik unterschieden sich nicht von denen der Post-Solidarność-Parteien. Freiwillig oder unter dem Druck der Verhältnisse schlugen sie in den Jahren 1989/90 den westlichen Weg ein und blieben ihm treu. Die Unterschrift unter den Beitrittsakt zur Europäischen Union leistete ihr damaliger Parteichef Leszek Miller, den ältere Polen noch gut als hochrangigen Funktionär der PVAP im alten Regime in Erinnerung haben. Die Präsidentschaft eines anderen Postkommunisten, Aleksander Kwaśniewski, schätzt die Mehrheit der Polen hoch, wohingegen nicht mit Kritik an den Präsidenten Lech Wałęsa und Lech Kaczyński gespart wird, die aus der ehemaligen Opposition hervorgegangen waren. Auf der neuen politischen Bühne Polens tauchten auch populistische oder nationalistische Strömungen auf, die zeitweise beträchtliche Unterstützung erhielten. Sie hatten jedoch keinen maßgeblichen Einfluss auf die Entwicklungen in Polen und wurden mit der Zeit an den Rand gedrängt. Ein Teil von ihnen fand bei der PiS eine neue Heimat, aber der Misserfolg dieser Partei bei den Parlamentswahlen 2007 nach einigen Regierungsmonaten hat deutlich gezeigt, dass zumindest die Mehrheit der Polen sich von einer solchen Vision der gesellschaftlichen Verhältnisse und der Rolle Polens in der Welt, wie sie die radikale Rechte anbietet, distanziert.

Mehr Probleme hat die eher traditionell geprägte polnische Gesellschaft allerdings mit dem Pluralismus der Lebensentwürfe und Weltanschauungen, die die Öffnung zur (westlichen) Welt mit sich brachte. Nationale, sexuelle und religiöse Minderheiten waren von der kommunistischen Propaganda als Randerscheinungen bezeichnet oder gänzlich aus dem öffentlichen Leben verbannt worden. Unter kommunistischer Herrschaft hatten die Polen keine Chance, ihre Haltungen hierzu kritisch zu reflektieren und für demokratische Gesellschaften charakteristische Positionen herauszuarbeiten. Aus den noch heute erkennbaren Unterschieden zwischen der polnischen und anderen europäischen Gesellschaften lassen sich unterschiedliche Schlüsse ziehen: Einige sprechen von der Rückständigkeit Polens, von geistiger Enge und einem Mangel an Toleranz, als Abwehrreaktion sehen andere wiederum im gottlosen und demoralisierten Europa eine Bedrohung der polnischen Traditionen und Werte. Wie bei anderen Problemen auch wird eine Praxis ungezwungener Kontakte auf Dauer Vertrauen schaffen und ausgleichend wirken.

In ihrem individuellen Verhalten, aber auch als staatliche Gemeinschaft treten bei Polen oft Spuren eines Minderwertigkeitskomplexes auf. Häufig wird dieser Komplex mit Argumenten einer angeblichen moralischen Überlegenheit und der Notwendigkeit einer geistigen Mission Polens in einer laizistischen Europäischen Union maskiert, worauf sich der rechte Rand spezialisiert. Eine sich festigende wirtschaftliche Position, die Anhebung des Lebensstandards und das bessere Kennenlernen westlicher Gesellschaften in ihrer ganzen Differenziertheit sollten es den Polen erlauben, sich selbst besser zu verstehen und daraus resultierend ihre Traditionen nüchterner zu betrachten, ohne diese hintanzustellen oder zu idealisieren. Wir Polen müssen noch Antworten auf viele Fragen finden: Was heißt es, modern zu sein? Wie sind traditionelle Identität und die Anforderungen eines Lebens in der Welt des 21. Jahrhunderts in Einklang zu bringen? Wie kann Patriotismus in einer Zeit des Friedens und der Kooperation gelebt werden? Wie kann es unter den Bedingungen von Marktwirtschaft und Konkurrenz gelingen, die nach Meinungsumfragen für Polen sehr wichtigen Werte – wie ein gelungenes Familienleben, Zufriedenheit im Job oder gute soziale Kontakte – nicht aus den Augen zu verlieren? Und letztlich: Wie können andere Weltanschauungen und Lebensstile respektiert werden? Das Verhältnis der Bürger zum Staat, die nationale Einheit und nicht zuletzt die Beziehungen zu den europäischen Nachbarn sind Problemfelder, mit denen wir uns immer wieder neu befassen müssen.

Polen hat die schwierige Prüfung bestanden, sich der eigenen Geschichte kritisch zu stellen und sich mit seinen Nationalmythen auseinanderzusetzen. Für eine eingehende Bewertung dessen ist an dieser Stelle leider kein Raum, nur so viel: Im Vergleich zu den kontrollierten und gefälschten Geschichtsdebatten in volksrepublikanischer Zeit ist es heute im demokratischen Polen möglich, historische Debatten frei zu führen und dabei vielfach schmerzhafte Tabugrenzen zu überschreiten. Im Zentrum stand dabei aber nicht die Abrechnung mit dem Kommunismus und seinen Nutznießern, sondern vielmehr unsere Beziehungen zu anderen Nationen. Erinnert sei an dieser Stelle besonders an die Kontroversen über die Flucht, Vertreibung und Aussiedlungen von Deutschen nach dem Zweiten Weltkrieg und an das deutsche Kulturerbe in den nord- und westpolnischen Gebieten, an die Diskussion über die polnisch-ukrainischen Konflikte im 20. Jahrhundert und insbesondere an die unangenehme, schmerzhafte und emotionsgeladene Debatte über die polnisch-jüdischen Beziehungen, über den Antisemitismus und über die Beteiligung von Polen an der Judenverfolgung.[13] Ich will nicht behaupten, dass diese Fragen in der Öffentlichkeit immer vollständig, offen und tiefschürfend diskutiert wurden oder dass der so genannte kritische Patriotismus keine Kontroversen erzeugte und sogar die komplette Ausblendung unangenehmer historischer Tatsachen provozierte. Dennoch stimmen mich die Perspektivvielfalt dieser Diskussionen, ihre Dauer und das ehrliche Engagement vieler Teilnehmer optimistisch. Ein weiterer Punkt verdient ebenfalls Würdigung: die Fähigkeit der Polen nämlich, insbesondere in den Nord- und Westgebieten Teile der fremden

---

13 Siehe Krzysztof Ruchniewicz: Der Zickzackkurs der polnischen Geschichtspolitik nach 1989, in: *Neue Politische Literatur*, Nr. 2/2008, S. 205–223; dort auch weiterführende Literatur.

historischen und kulturellen Traditionen in ihre eigene lokale Identität einzubeziehen. So wirkt das Interesse an der Vergangenheit als ein zusätzliches Instrument der Integration lokaler Gemeinschaften, die wertvolle Keimzellen der erwähnten Bürgergesellschaft sind.[14]

Hingegen kann nicht akzeptiert werden, dass nach zwanzig Jahren die Aufarbeitung der kommunistischen Zeit, der Haltung der Gesellschaft und ihrer damaligen Eliten, beendet sein soll. Ihr umstrittenstes und schmerzhaftestes Fragment bildet der Streit um den so genannten »dicken Strich« und die Lustration. Die Akten des ehemaligen Staatssicherheitsdienstes sind mit dem Nimbus einer feindseligen Geheimniskrämerei umgeben – für die einen sind sie eine offenbarte Wahrheit, obwohl sie im Alltag vom Lug und Trug des gesamten kommunistischen Systems überzeugt sind, und für die anderen lediglich unglaubwürdige und überdies angeordnete Übermittlungen. Wegen der Verstrickung vieler Zeitgenossen mit dem alten Regime kann eine solche Diskussion nicht ruhig und sachlich geführt werden. Sie lässt sich auch nicht systematisch betreiben, sondern wird immer wieder unterbrochen, zum Beispiel durch Enthüllungen über die Spitzeltätigkeit bekannter Persönlichkeiten. Andererseits schreckt es viele Menschen ab, sich mit diesen Problemen auseinanderzusetzen, wenn sie sehen, wie ein verbitterter Teil der Fürsprecher der Lustration in einigen Fällen belastende Fakten aus volkspolnischer Zeit zutage fördert, die früheren Momenten persönlicher Schwäche entstammen, aber heute geeignet sind, sogar allergrößte spätere Verdienste zu schmälern und Personen zu diskreditieren. Auch die katholische Kirche, deren Stimme in vielen moralischen Angelegenheiten in Polen von enormer Bedeutung ist, vertritt ihren Standpunkt zur Lustration nicht zurückhaltend, sondern setzt auf eine offene Abrechnung mit kommunistischen Verstrickungen. Fassen wir zusammen:

Wie hat sich Polen nach dem Überschreiten der Zäsur im Jahre 1989 verändert?

Polen hat sich ganz unzweifelhaft radikal verändert. Diese Veränderungen vollzogen sich so schnell wie nie zuvor in unserer Geschichte, was jedoch nicht bedeutet, dass Tempo und Umfang uneingeschränkt positiv zu bewerten sind. Der Erfolg der Polen, sich ihre Souveränität erkämpft zu haben, gab dem Land einen großen Entwicklungsimpuls. Die erlittene Not in der Endphase der Volksrepublik führte dazu, dass die Polen zu Opfern und Anstrengungen bereit waren. Die rückwärtsgewandte Sehnsucht nach einer vermeintlich besseren Vergangenheit und sozialen Sicherheit jener Jahre wurde nicht zu einem die gesellschaftliche

---

14 Zbigniew Mazur (Hg.): Das deutsche Kulturerbe in den polnischen West- und Norgebieten, Wiesbaden 2003; Marek Zybura: Der Umgang mit dem deutschen Kulturerbe in Schlesien nach 1945, Görlitz 2005.

Stimmung dominierenden Phänomen. Zwar ruft man in Polen traditionell schnell nach dem Staat, setzt jedoch in konkreten Fällen auch auf individuelle Vorsorge und eigenen Unternehmergeist. Zweifellos vollzogen sich die Veränderungen in Polen nicht gleichförmig: Die polnische Gesellschaft kann unterteilt werden in Nutznießer der Transformation und in jene Gruppen, die auf dem Abstellgleis gelandet sind. Der große Anteil der Landbevölkerung bleibt ein Problem, obwohl sich hier nach dem Beitritt zur Europäischen Union schon vieles bewegt hat und der Wunsch nach höherer Bildung bei Jugendlichen aus ländlichen Gegenden nicht geringer ist als bei Städtern.

Polen hat sich außerdem von den geopolitischen Bedingungen befreit, die seine Entwicklung seit dem 18. Jahrhundert negativ beeinflusst haben. Große Errungenschaften sind die Zugehörigkeit zur NATO und zur Europäischen Union sowie die sehr guten, guten oder zumindest korrekten Beziehungen zu seinen Nachbarn – zeitweilige Schwankungen natürlich ausgenommen. Polen hat die Chance zu einer positiven Außenpolitik, worunter ich nicht nur die Umsetzung nationaler Interessen verstehe, sondern auch die Beteiligung an internationalen Projekten, die Möglichkeit, sich mit Vorschlägen einzubringen sowie Hilfe für schwächere Länder zu leisten. Denn Polen ist nicht mehr nur Hilfsempfänger, und es ist an der Zeit, sich für die erfahrene Unterstützung bei der eigenen Entwicklung nun zu revanchieren. Polen ist ein wichtiger Staat innerhalb der Europäischen Union, wenngleich Warschau noch immer nach einem eigenen Konzept sucht, das seinem Potenzial und seinen realpolitischen Ambitionen in einem vereinten Europa entsprechen würde. Gegenwärtig befinden wir uns wie andere ostmitteleuropäische Länder auch an einem Scheideweg: Die Zeit der Transformation ist abgeschlossen, das Ziel einer Rückkehr nach Europa erreicht. Für eine fortschreitende Modernisierung und die Anhebung des Lebensstandards werden sich sowohl die Regierung als auch die Bürger weiterhin einsetzen, aber sind das nicht allzu »langweilige«, selbstverständliche Ziele, ohne den mitreißenden Reiz der historischen Herausforderung?

Stellt das Jahr 1989 eine Zäsur in der gesellschaftlichen Wahrnehmung in Polen dar?

Unbestreitbar stellt das Jahr 1989 aus dem Blickwinkel des Historikers eine Zäsur dar. In der politischen Geschichte finden sich dafür ebenso zahlreiche Belege wie in der Wirtschafts- und Sozialgeschichte. Die Sichtweise der Bürger kann von dieser wissenschaftlichen jedoch durchaus abweichen. Häufig hört man in Polen Klagen darüber, es gebe kein klar abgrenzbares Einzelereignis, an dem die Überwindung des Kommunismus festgemacht werden kann und das die Zeit eindeutig in ein Davor und ein Danach teilt. Aber haben wir es nicht eher mit einer Überzahl solcher Ereignisse zu tun? Die Beratungen des Runden Tisches, die Wahlen vom 4. Juni 1989, die eine Art Volksabstimmung gegen die damaligen Machthaber waren, der Tag, an dem der erste nichtkommunistische Ministerpräsident gewählt wurde, der Anblick des gestürzten Denkmals von Feliks Dzierżyński, das Zeichen der Versöhnung zwischen dem polnischen Ministerpräsidenten und dem deutschen Bundeskanzler, die Rückkehr zum traditionellen Wappen und Staatsnamen, die Selbstauflösung der kommunistischen Partei, die Übergabe der Präsidenteninsignien aus der Zeit vor dem Krieg an den neu gewählten Präsidenten Lech Wałęsa und schließlich die Abfahrt des letzten Transportes mit Soldaten der Sowjetarmee, der Anblick der Märkte und Basare als Ausdruck des pulsierendes Lebens einer noch in den Kinderschuhen steckenden Marktwirtschaft ... Vielleicht kann der Charakter unserer friedlichen Revolution, die tatsächlich schon 1980 begann, treffend als pragmatisch bezeichnet werden, aber ihre Folgen waren gewiss revolutionär, wurde sie doch nicht massenhaft und gewaltsam zerschlagen. Im Laufe der Jahre hat sich in Polen diese Auffassung verfestigt, und langsam bildet sich nun auch eine Hierarchie dieser Wendeereignisse heraus. Umfragen ergaben, dass für 40 Prozent der polnischen Bevölkerung die Beratungen des Runden Tisches das wichtigste Ereignis darstellen. Der Umbruch wird von den befragten Polen mit den Gesichtern von Lech Wałęsa und Jacek Kuroń verbunden, dem bedeutenden Oppositionellen und Arbeitsminister der ersten nichtkommunistischen Regierung. Ihre positive Rolle beim Systemwechsel würdigen sogar 80 Prozent der Befragten, was wiederum nicht zu den Auffassungen eines Teils der politischen Szene Polens passt.[15]

Wie also sehen die Polen die Entwicklung ihres Landes und ihre eigene Situation?

Seit dem Umbruch beobachten die Meinungsforschungsinstitute die Entwicklung der Einstellungen zu dieser Frage. Unzweifelhaft hatte die schlechte materielle Situation vieler polnischer Familien Einfluss auf die Bewertung der Veränderungen, die 1989 begonnen hatten. Die großen Hoffnungen zu Beginn der Unabhängigkeit prallten rasch und mit voller Wucht auf die reale Transformationssituation. Dennoch wuchs mit der Verbesserung des Lebensstandards auch die Akzeptanz der Wende. Ich muss allerdings anmerken, dass es grob vereinfacht wäre, eine direkte Verbindung zwischen der eigenen Not bzw. dem eigenen Wohlstand und einer generellen Bewertung der historischen Veränderungen herzustellen. Denn auch unter den so genannten Wendeverlierern gibt es Menschen, die an der Entwicklung Polens Anteil nehmen. Werfen wir an dieser Stelle einen Blick auf einige Umfragen des Centrum Badania Opinii Społecznej (Zentrum zur Erforschung

---

15 Kuroń i Wałęsa najbardziej zasłużeni, in: *Gazeta Wyborcza* vom 11. Februar 2009 [http://wyborcza.pl/1,76842,6258625,Kuron_i_Walesa_najbardziej_zasluzeni.html, 25.2.2010].

der gesellschaftlichen Meinung) vom Februar 2009.[16] Zu den Errungenschaften der letzten beiden Jahrzehnte nach dem Umbruch zählen die meisten Befragten volle Regale und die vielfältige Warenversorgung in den Geschäften. Diese Einschätzung ist ein Hinweis darauf, dass in den polnischen Familien die Erinnerung an die alltägliche Not während der Zeit des Kommunismus noch sehr präsent ist. Unter den Jüngeren nimmt dieser Aspekt allerdings schon nicht mehr den Spitzenplatz ein. Zum Vergleich: 1999 nannten sogar 42 Prozent der Polen als wichtigste Errungenschaft gute Einkaufsmöglichkeiten. Als weitere positive Veränderungen führen die Befragten Meinungs-, Reise- und ökonomische Freiheiten, die Zugehörigkeit zur Europäischen Union und die selbstbestimmte Wahl des persönlichen Lebensweges an. Der Wiedergewinn der Freiheit bzw. die Freiheit überhaupt gilt bei Personen aller Altersgruppen und Bildungsschichten als eine der wichtigsten Veränderungen zum Besseren. Das wiederum lässt den Schluss zu, dass die Freiheit den wichtigsten Wert für die polnischen Bürger darstellt, der mit den Folgen der Ereignisse des Jahres 1989 am stärksten assoziiert wird. Als größte negative Veränderung sieht ein Drittel der Polen die gestiegene Arbeitslosigkeit. Noch vor zehn Jahren waren aber 59 Prozent dieser Meinung – ein Indiz dafür, dass die Polen sich an dieses Phänomen gewöhnt haben. Ein Teil von ihnen kommt aufgrund eigener Erfahrungen mit Arbeitsplatzverlust oder aufgrund von Beobachtungen anderer zu dem Schluss, dass dies kein Zustand ist, der zu dauerhaftem sozialem Abstieg verurteilt. Über 80 Prozent der Befragten sind der Meinung, es sei wert gewesen, die Gesellschaft zu verändern und den Transformationsprozess zu durchlaufen, da sich das Land zum Guten entwickelt habe. Bemerkenswert jedoch: Die Hälfte der Befragten schließt sich der Meinung an, dass sie durch diese Veränderungen weder gewonnen noch verloren hat, was aber eine sehr subjektive Einschätzung zu sein scheint. Die Hälfte der Befragten glaubt auch, dass die Kosten dieser Transformation zwar hoch gewesen sind, es sich aber gelohnt habe, diese zu tragen. Im letzten Jahrzehnt hat sich die Zahl der Personen beinahe verdreifacht, die der Auffassung sind, dass sie persönlich von den Veränderungen profitiert haben, und um das Dreifache hat sich die Zahl derer reduziert, die eine Verschlechterung ihrer Situation feststellten. Nach Meinung von Experten haben Polen nie zuvor die jüngste Vergangenheit so positiv gesehen. Hier muss hinzugefügt werden, dass der starke und ständige Anstieg der guten Bewertungen besonders ab Mai 2004 bzw. nach dem Beitritt zur Europäischen Union beobachtet wurde. Und bei einer solchen Bilanz der Entwicklungen der letzten zwanzig Jahre in Polen und ganz Ostmitteleuropa, deren anfängliche Zäsur dieses Annus mirabilis bildet, darf sich sogar der Historiker ein wenig Optimismus erlauben.

---

16 Bilans zmian w Polsce w latach 1989–2009, in: http://www.cbos.pl/SPISKOM.POL/2009/K_032_09.pdf, 25.2.2010.

*In Lakitelek waren Äpfel auf den Tischen und in den Körben.
Bedenkt nur, was für ein Leben wir führten,
wenn uns schon dies zutiefst rührte.*
Erzsébet Tóth, Lakitelek, 1989

Mária Schmidt

Zwischen Hoffnung und Enttäuschung: Zwanzig Jahre Demokratie in Ungarn

Als wir Ungarn die so genannte *weiche* Diktatur hinter uns ließen und den abenteuerlichen Weg der Transformation einschlugen, waren wir voller Hoffnung. Wir wollten das Neue, denn unsere Kultur konditionierte uns regelrecht auf die große Begeisterung für alles Neue, darauf, dass, wie es in *der Internationalen* heißt, »reiner Tisch« gemacht werden konnte und auch musste. Fast ein halbes Jahrhundert lang lebten Ungarn dank der Informationspolitik der diktatorischen Staatspartei in einer Welt von Falschinformationen. Wir wussten und erlebten es tagtäglich: Die Machthaber belogen uns morgens, mittags und abends. Und so glaubten wir, dass alles, was die Kommunisten über den Westen, die USA und über die Entwicklungen in der Welt verkündeten, ebenso reine Verleumdung sei. Wir hielten also das genaue Gegenteil davon für zutreffend und meinten, die USA und Westeuropa seien ein wahres »Schlaraffenland«, wo ein jeder Mercedes fahre und seinen Urlaub auf den Bahamas verbringe. In uns wuchs eine starke Sehnsucht nach dem Westen, nach seiner Freiheit und seinem Wohlstand. Zugleich wuchs die Überzeugung, dass wir Ungarn es verdient hatten, ebenfalls auf die Sonnenseite des Lebens zu gelangen; der Westen, der uns so oft allein gelassen und verraten hatte, schuldete uns das einfach. Dabei hatten wir ihn doch vor Tataren, vor Türken beschützt, haben auch für ihn unter Nazis und Sowjets gelitten und den Eisernen Vorhang letztendlich ebenso für ihn abgerissen.

1990 taumelten wir nun in die Freiheit und Unabhängigkeit hinein, in die Demokratie und Marktwirtschaft. Die Ernüchterung folgte jedoch alsbald.[1] Die Westler kamen nämlich als neue Eroberer. Sie führten sich als Sieger auf, sie hatten den Kalten Krieg gewonnen. Mit uns gingen sie um, wie man es mit Besiegten zu tun pflegt: Für ein Butterbrot kauften sie unsere funktionstüchtigen Betriebe

---

1 Im Januar 1990 waren lediglich 23.000 Personen als arbeitslos registriert. Im Zeitraum zwischen 1989 und 1992 wurden rund 30 Prozent der Arbeitsplätze gestrichen, beinahe eine Million Menschen verloren ihre Anstellung.

auf,² in erster Linie kommunale Unternehmen, ansonsten brauchten sie nur die Märkte. Berater und Anlage-Gurus, die gerade in ihren Zwanzigern waren, verteilten Weisheiten im Akkord darüber, wie man Geschäfte machen, an der Börse spekulieren, leasen, feindlich übernehmen, investieren kann und muss. Sie und ihre Auftraggeber verdienten gut, so wie auch die wenigen ungarischen Mitbürger, über die sie ihre Angelegenheiten abwickelten.

Der Sozialismus war zusammengebrochen, die Wirtschaft lag am Boden. Die neue ungarische Demokratie erbte etwa 21 Milliarden US-Dollar Schulden – bei einem äußerst bescheidenen Währungsvorrat von insgesamt 600 Millionen US-Dollar sowie einer steigenden Inflation. Es bestand Konsens darüber, dass Ungarn eine auf Privateigentum basierende funktionierende Marktwirtschaft benötige. Die den Systemwechsel vollziehenden Eliten waren sich darüber im Klaren, dass es eine Privatisierung jenes Ausmaßes, die eine ganze Volkswirtschaft betrifft, noch nie zuvor gegeben hatte. Trotzdem entschieden sie sich dafür, mit einer der wichtigsten ungarischen nationalstrategischen Grundeinstellung – der Trägheit – zu brechen und unverzüglich mit der Umwandlung des Gemeinbesitzes in Privateigentum zu beginnen.³ Darüber aber, wer die neuen Eigentümer sein würden und wie sich diese Transformation konkret vollziehen sollte, gab es nicht nur keinen allgemeinen Konsens, sondern darüber wurde auch kaum gesprochen. Im Gegensatz zu den anderen ehemaligen sozialistischen Ländern ließ das ungarische Verfassungsgericht Reprivatisierungen nicht zu.⁴ Es gab zwar Bestrebungen zur Entschädigung, man experimentierte auch mit verschiedenen spitzfindigen Ersatzlösungen, wie Entschädigungskupons oder Vorzugsaktien,⁵ das Wesentliche war jedoch, dass jene, die einst ihres Eigentums beraubt worden waren, dieses

---

2   1995 wurden 30 Prozent der Aktien des ungarischen Ölkonzerns (MOL) weit unter realem Wert verkauft, ebenso die Aktienpakete von fünf regionalen Gas-Dienstleistern und sechs Stromversorgungsunternehmen, darunter 47 Prozent der Kraftwerke *Mátra* und *Donau*, wobei die Vermarktungsrechte schon inbegriffen waren. Auch 37 Prozent des ungarischen Telekommunikationsunternehmen *Matav* wurden verkauft. Bei der Privatisierung des Energiesektors sicherte man den ausländischen Käufern acht Prozent Gewinn zu, ohne dies an Entwicklungsinvestitionen zu koppeln. Über umfangreiche Privatisierungsanträge konnte die ungarische Treuhand (APV Rt.) gar innerhalb von nur vier Tagen entscheiden.
3   Zwischen 1990 und 1994 privatisierten die zuständigen Ämter rund 310 Milliarden Forint Staatseigentum: 55 Prozent der Einnahmen stammten von ausländischen, 45 Prozent von einheimischen Investoren. Der Bargeldanteil der Inlandseinnahmen betrug nur etwa 44 Milliarden Forint, 94 Prozent beruhten nämlich auf stark subventionierten Finanzinstrumenten wie Existenzgründerkrediten oder Entschädigungskupons.
4   Das die Regelung kirchlichen Eigentums betreffende Gesetz (Ges. XXXII., 1991) wurde vom Verfassungsgericht nicht als Reprivatisierungsgesetz eingestuft, da die betroffenen Gebäude der Pflege des kirchlichen Glaubenslebens und anderen gemeinnützigen Aufgaben dienten.
5   Die Entschädigung ist als wichtiger Teil der Privatisierung zu betrachten, denn sie ermöglichte den Kauf von Staatseigentum im Wert von etwa 250 bis 300 Milliarden Forint.

nicht zurückhielten.[6] Für die Transformation des staatlichen Eigentums in Privatbesitz standen zwei Möglichkeiten zur Wahl: Entweder würden kapitalstarke ausländische Investoren alles an sich bringen, oder es bliebe auch etwas für jene Mitglieder der Elite übrig, die in der Nähe der Fleischtöpfe saßen. Kein Zweifel: Da der Privatisierungsprozess noch vor den ersten freien Wahlen,[7] im Rahmen der so genannten spontanen Privatisierung begonnen hatte, besaß die kommunistische Führungsschicht die beste Startposition. Genossen waren sie, zu Kapitalisten wurden sie.

Die neue ungarische Demokratie entstand als Ergebnis eines Verhandlungsprozesses zwischen Staatspartei und ihrer sich formierenden Opposition, was wir »Systemveränderung durch Verhandlung« genannt haben. Die Rahmenbedingungen der auf einem demokratischen Mehrparteiensystem basierenden Marktwirtschaft wurden durch eine provisorisch konzipierte Verfassung sowie ein Verfassungsgericht gesichert, welches seine Tätigkeit schon vor Amtsantritt der ersten freien Regierung aufnahm. Dieses Verfassungsgericht verhinderte nicht nur die Reprivatisierung, sondern auch die Bestrafung all jener, die im kommunistischen System Kapitalverbrechen begangen hatten. Als damaliger Präsident des Verfassungsgerichts blockierte der spätere Staatspräsident Ungarns László Sólyom bewusst die Durchsetzung von Gerechtigkeit und untergrub dadurch elementar den Gerechtigkeitssinn und die moralische Werteordnung der ungarischen Bürger. Sólyom brachte das neue System in eine moralisch unmögliche Lage, denn ein Leben ohne Gerechtigkeit und Wahrheit[8] ist für den Menschen nicht lebenswert. Ohne Menschen gibt es keine Wahrheit, ohne Wahrheit gibt es keinen Menschen. Wie José Ortega y Gasset es formulierte: »Den Menschen kann man so bestimmen, dass es jenes Wesen ist, welches absolut die Wahrheit benötigt, wie auch umgekehrt: Die Wahrheit ist das Einzige, das den Menschen absolut benötigt.« Als Verfassungsgerichtspräsident stieß László Sólyom durch die bewusste Aufhebung der Verbindung zwischen Recht und Gerechtigkeit die gerade entstehende ungarische Demokratie in eine moralische Krise.

Vergeblich stimmten Abgeordnete mehrfach für eine moralische Wiedergutmachung. Sólyom berief sich auf die »rechtsstaatliche Revolution« und hielt die den Ausbau der totalitären kommunistischen Diktatur krönende 1949er Verfassung,

---

6 Im September 1990 erklärte die von József Antall geführte Koalitionsregierung in ihrem »Programm zur nationalen Erneuerung«, die Regierung unterstütze eine Rückgabe früheren Eigentums im Allgemeinen nicht; die Regierung empfehle, statt der Reprivatisierung von Eigentum (wie Fabriken, Betriebe, Geschäfte oder Werkstätten) Entschädigungszahlungen zu leisten. Diese Entschädigungen könnten aufgrund der Belastungen der öffentlichen Haushalte (durch ungarische Auslands- und Inlandsschulden sowie eine deformierte Wirtschaftsstruktur) jedoch nur partikular erfolgen.
7 Im Sommer 1987 trat das Privatisierungsgesetz in Kraft.
8 Igazság – Wahrheit, igazságosság – Gerechtigkeit.

die in Wirklichkeit nur die Übersetzung der sowjetischen Verfassung war (Ges. XX., 1949), für wertvoller als die Durchsetzung von Naturrecht, Wahrheit und Gerechtigkeit. Er verteidigte die Kontinuität jener Verfassung, die zuerst 1972, dann 1989 (Ges. XXXI.) modifiziert worden war, und deren bis auf den heutigen Tag gültiger Text (Ges. XL., 1990) festschreibt, dass der Gesetzgeber diese lediglich als provisorische Lösung vorgesehen hat. Die Präambel erklärt nämlich: »Zur Unterstützung des friedlichen politischen Übergangs zum Rechtsstaat, der ein Mehrparteiensystem, eine parlamentarische Demokratie und eine soziale Marktwirtschaft realisiert, legt das Parlament den Text der Verfassung Ungarns – bis zur Annahme der neuen Verfassung unseres Landes – wie folgt fest ...«

In Ungarn folgte also dem Zusammenbruch des kommunistischen Systems kein Elitenwechsel, und sowohl die Reprivatisierung als auch eine moralische Wiedergutmachung blieben aus. Personen des öffentlichen Lebens wurden keiner Überprüfung auf Geheimdiensttätigkeit unterzogen, die für die innere Abwehr arbeitenden Agenten wurden nicht enttarnt. Die Diktatureliten konnten ihr Netzwerkkapital als Profiteure der Privatisierung zu Geldkapital konvertieren. Mit Hilfe ihrer wirtschaftlichen Macht haben sie auch ihre politische Macht restlos zurückerobert, auf die sie nur einige Jahre – zwischen 1990 und 1994 bzw. 1998 bis 2002 – verzichten mussten. Infolgedessen ist die wirtschaftliche und politische Elite in Ungarn zum großen Teil identisch, und ihre Netzwerke sind Brutstätten der Korruption. Heutzutage gibt sich die politische Elite bei der Vergabe öffentlicher Aufträge nicht mehr mit einem Aufpreis von zehn bis zwanzig Prozent zufrieden, sondern arbeitet mit Aufschlägen von mehreren hundert Prozent.[9] Auf Grund der Verflechtung von Privatinteressen (Wirtschaft) und Staatsinteressen (Politik) wird das Allgemeinwohl immer stärker in den Hintergrund gedrängt. Nachdem diese Eliten Wirtschaft und Politik durch mafiöse Strukturen miteinander verknüpft haben, ist das in den Staat, die Rechtsprechung und in die politische Klasse gesetzte Vertrauen der Gesellschaft fundamental erschüttert. Dieses Glaubwürdigkeitsdefizit versucht die politische Elite mit unnachgiebiger und hemmungsloser Gewalt sowie mit Hilfe fortgesetzter Wählertäuschung – einer Zirkusshow nicht unähnlich – auszugleichen. Die Meinung, dass die ungarischen Eliten unmoralisch und korrupt sind und das Land zudem schlecht führen, ist allgemein verbreitet. Doch damit nicht genug: Vieles deutet darauf hin, dass auch die junge Generation der ungarischen politischen Elite sich dieses Muster angeeignet.[10]

---

9 So explodierten die Kosten für die seit Jahrzehnten überfällige Renovierung der 660 m langen Budapester Margarethenbrücke, unter Berufung auf den hohen Zeitdruck, plötzlich von geplanten 13 Milliarden auf beinahe 40 Milliarden Forint. Zum Vergleich: Der Bau der 2007 fertig gestellten und 4,1 km langen Rügen-Brücke über den Strelasund kostete etwa 125 Millionen Euro (33 Milliarden Forint).
10 Zuschlag-Affäre, Hagyó-Affäre.

Keine Systemveränderung kann bedeuten, dass die Gesellschaft austauschbar oder umtauschbar sei. Nur unter kommunistischer Herrschaft wurde nach 1945 die gesamte ungarische Elite entfernt, indem man sich auf das Prinzip der Kollektivschuld stützte und diktatorische Mittel anwandte. Aber selbst im Falle einer friedlichen Systemveränderung wäre es nötig gewesen, die exponiertesten Vertreter der Diktatur im neuen demokratischen Ungarn zur Verantwortung zu ziehen – jene, die das Leben unschuldiger Menschen auslöschten, an Folter und Erniedrigungen beteiligt waren, kurzum: die solche Kapitalverbrechen begangen hatten, für die sie in der Zeit der Diktatur mit Privilegien belohnt worden waren. Man hätte demonstrieren können, dass die ungarische Gesellschaft es nicht zulässt, dass Machthaber ihre politischen Gegner umbringen. Hierzu kam es aber nicht. Es gelang nicht, die Verbrechen der Vergangenheit aufzudecken; die Täter wurden nicht benannt, ihre Taten nicht öffentlich verurteilt. Die historische Rechtsprechung und die mit ihr Hand in Hand gehende Katharsis blieben aus, wofür jeder einzelne Bürger in Ungarn einen hohen Preis zahlt. Weil wir die Verbrecher des alten Systems nicht bestraft haben, ist nicht klar entschieden, ob das Gute über das Böse gesiegt hat. Dies hat vielen Millionen Menschen gezeigt: Es lohnt sich nicht, anständig zu sein. Diejenigen, die der Diktatur keine Handlangerdienste geleistet hatten, haben nach der Systemtransformation keine Genugtuung erfahren, weshalb sie heute vielen als töricht und lebensfremd erscheinen. Die ausgebliebene moralische und materielle Wiedergutmachung hat deutlich gemacht, dass die Anständigen auch weiterhin echte *loser* sind, während die Mörder und Verräter unbehelligt wieder auf der Sonnenseite stehen. Sie mussten nicht einmal um Verzeihung bitten.

Die Entwertung der Moral hat den ungarischen Staat bis auf die Grundmauern zerfressen. Korruption und moralische Krise haben die öffentliche Verwaltung, die für die Aufrechterhaltung der öffentlichen Ordnung verantwortlichen Organe und die (Un-)Rechtsprechung funktionsunfähig gemacht. Unlängst hat ein sozialistischer Parlamentsabgeordneter, der zugleich auch evangelischer Geistlicher ist, im öffentlich-rechtlichen Fernsehen betont: »Es sei an der Zeit, dass wir endlich zur Kenntnis nehmen, weder die Politik noch die Rechtsprechung hat etwas mit der Wahrheit zu tun«.[11] Tatsache ist, dass ein beträchtlicher Teil der Straftäter in Ungarn juristisch nicht zur Verantwortung gezogen und bestraft wird, weshalb sich auch die Mehrheit nicht gezwungen fühlt, sich an Gesetze zu halten. Selbst in einfachsten Prozessen dauert es zehn bis zwölf Jahre, bis ein rechtskräftiges Urteil gefällt wird. Nichts unterstützt die Verbreitung von Gesetzlosigkeit stärker als der Umstand, dass die mehrheitlich der Elite nahe stehenden Schurken sich der Verantwortung entziehen können, von ihrer »Beute« hervorragend leben und obendrein der Öffentlichkeit ins Gesicht lachen. Das Fehlen gesetzestreuen

---

11   László Donáth am 3. Februar 2009 im ungarischen TV-Sender MTV1.

Verhaltens, die Aushöhlung moralischer Werte und mangelndes individuelles Verantwortungsbewusstsein untergraben das bürgerlich-demokratische System.

Dass wir an diesem Punkt angelangt sind, dafür tragen die meinungsbildenden Intellektuellen eine besonders große Verantwortung. Verständlicherweise waren jene, die während der Diktatur Schuld auf sich geladen hatten, nicht daran interessiert, dass die Systemveränderung zu einer echten Zäsur wird. Doch war es überraschend, dass die ungarischen Liberalen, auch einstige Oppositionelle, sich letztendlich neben denen aufreihten, die während der Zeit des Parteienstaates Kapitalverbrechen begangen hatten. Schlimmer noch, sie drohten jeden bloßzustellen, der für die Notwendigkeit einer moralischen und materiellen Wiedergutmachung eintrat. Wegen seines damaligen Verhaltens hat ein bedeutender Teil der ungarischen Intelligenz seine moralische Autorität eingebüßt, gegen die alles überwuchernde Korruption und den moralische Niedergang aufzutreten. In einem gesellschaftlichen Klima nämlich, in dem Kapitalverbrechen nicht juristisch verfolgt werden, in dem der Mörder nicht vom Opfer zu unterscheiden ist, in dem man ungestraft Landesverrat begehen kann und ebenso ungestraft in Wort und Schrift zum Mord aufrufen kann – muss man sich in so einem gesellschaftlichen Klima gerade an Diebstahl oder Lügen stoßen? Die Gewinner des Systemwechsels sind eindeutig die Profiteure des Parteienstaats: Sie sind damals heil und mit allem davongekommen, warum sollte es heute anders sein?

Im Jahr 2009 scheinen die Ungarn enttäuscht und ohne Hoffnung zu sein.[12] Die moralische Krise gefährdet die Legitimität des Systems. Innerhalb der Gesellschaft haben Respekt und Achtung aufgehört zu existieren. Gegenüber denen, die ein öffentliches Amt bekleiden, den Politikern, den Personen des öffentlichen Lebens, verspüren die Bürger keinerlei Vertrauen mehr.[13] Alte Reflexe aus der Zeit des Parteienstaates kehren wieder zurück, nach denen Politik *uncool* und gefährlich ist und es besser sei, sich gar nicht mit ihr zu befassen, da der einfache Bürger sie ohnehin nicht beeinflussen könne. Der Geist des Kádár-Regimes durchdringt das gesamte öffentliche Leben. Wir sind nicht nur gegenüber der Elite argwöhnisch, sondern auch untereinander. Wir helfen anderen nicht gern, kommen auch

---

12 Erschütternde Daten publizierte Róbert Manchin, Direktor von Gallup Europe, darüber, wie sich die Gesellschaften der Welt ihre Zukunft, genauer gesagt, ihr Leben in fünf Jahren vorstellen. Gallup WorldPoll stellte anhand eines repräsentativen Querschnitts die Frage in 120 Ländern. Das Ergebnis für Ungarn ist niederschmetternd: Wir sind auf Platz 117 gelandet, 34,2 Prozent der erwachsenen Bevölkerung schätzen ihre Zukunft als hoffnungslos oder beinahe hoffnungslos ein. Lediglich in Simbabwe sehen die Menschen ihre Zukunft noch düsterer (40,3 Prozent). In der Ukraine, in Lettland und Portugal sind es zirka 20 Prozent, in Polen nur etwa zehn Prozent, die derart hoffnungslos in die Zukunft blicken. In: Elemér Hankiss: Döbbenetes fegyverletétel a jövő előtt [Erschütternde Kapitulation vor der Zukunft], [www.hvg.hu, 29.09.2009].

13 Der Popularitätsindex ungarischer Politiker liegt dauerhaft unter 50 Prozent, und die Zahl jener, die keine Partei wählen wollen oder können, ist auf über 50 Prozent angestiegen.

mit unseren Nachbarn kaum mehr zusammen, ziehen uns lieber zurück und sehen fern. Wir halten uns von politischen, aber auch anderen gesellschaftlichen Organisationen fern. Dieser Vertrauensverlust ist eine der schwersten Erblasten des Sozialismus. Die ständige Anwesenheit von Spitzeln und die Politisierung des Privatlebens hat bei den Ungarn solch bleibende Traumata verursacht, dass zu deren Überwindung mehrere Generationen aufwachsen müssen.

Auch die politische Elite greift auf das Kádársche Modell zurück, wenn sie die Gesellschaft bewusst entpolitisiert und die Menschen wieder glauben macht, es sei die Aufgabe des Staates, für sie zu sorgen, sie müssten keinerlei Anstrengungen unternehmen, sie müssten für nichts Verantwortung übernehmen. Die Menschen zeigen sich also entsprechend den alten sozialistischen Reflexen überwiegend risikoscheu und bevorzugen staatliche Lösungen: Sie erwarten vom ungarischen Staat, dass dieser für sie sorgt. Die politische Elite wiederum hält im Interesse der Bewahrung ihres politischen Einflusses die Steuern und Abgaben auf hohem Niveau, um auch über die Neuverteilung alle Fäden in der Hand halten zu können. Eigenverantwortung, Arbeitsmoral und Leistungsbereitschaft scheinen wieder in den Hintergrund gedrängt zu werden, ebenso wie einst in der »lustigsten Baracke«. Es ist nur zwanzig Jahre her, seit man im Gegenzug dafür, die Diktatur über sich ergehen zu lassen, eine Wohnung im Plattenbau, einen Trabant, ein Wochenendhaus und alle drei Jahre eine Westreise in Aussicht gestellt bekam. Nichts belegt die Passivität und Insel-Mentalität der ungarischen Bürger besser als der Umstand, dass drei Viertel der Bevölkerung keine einzige Fremdsprache beherrschen und auch gar nicht erlernen wollen. Die Menschen in Ungarn sind auch davon überzeugt, dass das persönliche Vorankommen eines jeden davon abhängt, in welche Familie er hineingeboren wird, während sie die Rolle von Qualifikation und Leistung nicht für entscheidend halten.[14]

Die 2004 an die Macht gekommene sozialistisch-liberale Koalition unter der Führung von Ferenc Gyurcsány[15] hielt es bei der am 5. Dezember 2004 abgehaltenen Volksabstimmung über die doppelte Staatsbürgerschaft für gerechtfertigt,

---

14 István György Tóth: Bevezetés [Einleitung], in: TÁRKI Európai Társadalmi Jelentés [TÁRKI Europäischer Gesellschaftsreport] 2009.

15 Ferenc Gyurcsány schloss durch seine Ehe engste Kontakte zu einer der berüchtigsten Familien der kommunistischen Nomenklatur, der Familie Apró. Diese wohnt bis heute in der gleichen Villa, aus der die einstigen jüdischen Besitzer 1944 vertrieben worden waren und die auch deren Nachkommen, die den Holocaust überlebt hatten, erneut verloren, als die Villa von den Kommunisten enteignet wurde. Während der Diktatur wurde die Villa der Familie Apró zur Verfügung gestellt. Nach dem Systemwechsel erwarb sie das Gebäude samt Grundstück zu einem stark ermäßigten Preis und günstigen Zahlungsbedingungen, wie sie damals nur jenen eingeräumt wurden, die eine Immobilie zum Zeitpunkt des Erwerbs auch selbst nutzten. Ferenc Gyurcsány wohnt auch heute noch in dieser Villa und fuhr als Ministerpräsident jeden Morgen von hieraus zum Gebäude des demokratischen ungarischen Parlaments, wo sich sein Arbeitszimmer befand.

die Karte des Wohlstands-Chauvinismus auszuspielen. Die Wähler entschieden über die Möglichkeit, jenen Brüdern und Schwestern die ungarische Staatsbürgerschaft zu gewähren, die in den durch den Friedensvertrag von Trianon abgetrennten Teilen der Nation leben. Die sozialistisch-liberalen Regierungsparteien stachelten mit einer bewussten Lügenkampagne die Ungarn gegeneinander auf. Sie drohten den Bürgern in Ungarn, sie würden im Falle eines positiven Wahlausgangs ihre Pensionsansprüche und Arbeitsplätze verlieren und ihren Lebensunterhalt gefährden.[16] Damit haben sie die Solidarität mit unseren außerhalb der Landesgrenzen lebenden Brüdern und Schwestern aufgekündigt und dem Herzen unserer Nation eine schwere Wunde zugefügt. Zwar haben schließlich die Ja-Stimmen überwogen, doch hat die Kampagne das öffentliche Leben in Ungarn vollends vergiftet und den Diskurs zwischen den sich gegenüberstehenden politischen Lagern unmöglich gemacht. Der moralische Niedergang, der Glaubwürdigkeitsverlust der sozialistischen Partei (MSZP) und der liberalen Freien Demokraten (SZDSZ) datiert auf diesen Zeitpunkt.

Die politische Elite versucht ihr eigenes Vertrauensdefizit auszugleichen, indem sie Neid unter verschiedenen Gruppen schürt. Denn in Ungarn – auch dies eine postkommunistische Eigenheit – vertragen die Menschen Ungleichheit nur schwer und unterstellen viel größere Unterschiede als sie tatsächlich bestehen. Nach dem Zusammenbruch des die Gleichheit postulierenden kommunistischen Systems hatten nur scheinbar alle dieselben Startchancen in die Marktwirtschaft. Sehr schnell stellte sich jedoch heraus, dass nur wenige ihr Glück machen konnten, und die Zahl derer, die die sich bietenden Möglichkeiten nicht nutzen konnten, deutlich höher war. Manchen boten sich auch kaum neue Chancen. Für die Erfolglosen bedeutet es eine kaum zu ertragende Last, dass jene, mit denen sie zeitgleich in die Demokratie aufgebrochen waren, inzwischen sowohl finanziell als auch hinsichtlich des damit einhergehenden Prestiges uneinholbar aufgestiegen sind. Wo überwiegend ererbte Unterschiede tradiert werden, findet man sich leichter damit ab, dass die mit größeren Chancen Gestarteten erfolgreicher sind, als zu akzeptieren, dass von zwei ehemaligen Habenichtsen nur der eine auch ein solcher geblieben ist.

---

16 Einige Zitate von Ministerpräsident Ferenc Gyurcsány: »Es sollte dem ein Ende gesetzt werden, dass wir auch die Rente der [im Ausland lebenden, d. Verf.] rumänischen Staatsbürger bezahlen.« »Es ist keineswegs in Ordnung, dass diese Leute dort in die Rentenkasse eingezahlt haben, und dann hier ihre Rente verlangen.« »Die Einführung der doppelten Staatsbürgerschaft hätte gravierende Folgen für die ungarische Wirtschaft, für unsere Renten und das gesammte Gesundheitssystem.« »Es werden Konflikte zwischen Ungarn und Ungarn entstehen und dies auf der Basis ethnischer Zugehörigkeit.« »Es wird sich herausstellen, dass sich für einen Job drei Leute bewerben […] dass die Rente der neuen Staatsbürger von den ungarischen Steuerzahlern bezahlt werden muss.« »Die doppelte Staatsbürgerschaft lässt uns das Schicksal von Jugoslawien teilen […] die doppelte Staatsbürgerschaft steigert das Risiko des Nationalismus.« TV-Sender MTV1 vom 4. Dezember 2004.

Im Herbst 2006 geriet die ungarische Demokratie in die größte Krise ihrer bisherigen Geschichte. Ministerpräsident Ferenc Gyurcsány, der im Mai 2006 mit einer überzeugenden Mehrheit die Wahlen gewonnen hatte, schockierte wenig später seine Parteigenossen und damit die gesamte sozialistische Partei auf einer geschlossenen Fraktionssitzung mit einem Geständnis. In dieser berüchtigten Rede gestand er ein, »anderthalb Jahre gelogen und nicht regiert zu haben […] er habe jedoch die notwendigen Maßnahmen bewusst nicht ergriffen, habe mit hunderten von Tricks die Wirtschaftsdaten im Interesse des Wahlsieges gefälscht.« Die Tonaufnahme der Rede, die wahrscheinlich von dem von seiner rhetorischen Leistung berauschten Ministerpräsidenten selbst in die Öffentlichkeit lanciert worden war, schockierte die Bürger Ungarns am 17. September. Sie fühlten sich durch Ferenc Gyurcsány in ihrer Würde verletzt, da er bewusst die öffentliche Meinung des Landes getäuscht hatte. Es kam zu spontanen Demonstrationen, die die Polizei unter Anwendung gesetzwidriger Mittel gewaltsam niederschlug. Die Erstürmung des Gebäudes des öffentlich-rechtlichen Fernsehens, den das ganze Land an den Fernsehbildschirmen verfolgen konnte, werteten viele als Provokation des Geheimdienstes. Einige Wochen später, am 23. Oktober 2006, am 50. Jahrestag der Revolution von 1956, griff dann die Polizei die von einer Festveranstaltung des oppositionellen FIDESZ (Ungarischer Bürgerbund) nach Hause ziehenden Gruppen friedlicher Bürger an und zerschlug sie auf brutale Weise. Von diesem Moment an waren der Ministerpräsident, seine Regierung und die regierenden Parteien moralisch völlig delegitimiert – sie sind allesamt zur *persona non grata* geworden. Doch sie griffen nun zu altbewährten Ablenkungsmanövern und brachten verschiedene gesellschaftliche Gruppen – in diesem Fall Ungarn und Sinti und Roma – gegeneinander auf. Ihre Politik der sozialen Spaltung vertiefte die moralische Krise in Ungarn weiter, zerrieb aber auch die Partei selbst immer stärker. Im Laufe von zwei Jahren ist sie so an den Rand der Selbstauflösung gelangt. Der liberale SZDSZ (Bund Freier Demokraten) hat sich praktisch aufgelöst, und die MSZP (Ungarische Sozialistische Partei) erlebt die krisenhaftesten Stunden ihres Bestehens. Man kann mit großer Wahrscheinlichkeit voraussagen, dass sie das Schicksal ihrer polnischen Genossen teilen wird.

Zwanzig Jahre nach dem Fall des Kommunismus befinden sich die Ungarn in einem Zustand fehlenden Selbstvertrauens. Die Systemveränderung selbst beurteilen die Bürger als Debakel, und immer mehr Leute – vor allem rechte Stimmen – behaupten, es habe gar keine Systemtransformation gegeben. Die Liberalen sprechen von einer Demokratie ohne Demokraten und begreifen sich selbst auch weiterhin als »Zivilisatoren« der ungehobelten und ungebildeten Ungarn. All diese Meinungen widerspiegeln das Weiterleben des für das 20. Jahrhundert so typischen linken Gedankenguts, das seinen Glauben an die Verwirklichung der vollkommenen Gesellschaft sowie seine krankhafte Intoleranz bis auf den heutigen Tag nicht aufgegeben hat. Dabei war der ungarische Transformationsprozess durchaus kein Fiasko: Die politischen Institutionen der Demokratie sind ausgebaut worden, das Staatseigentum wurde vom Privateigentum abgelöst.[17] Trotz der schwachen Leistung der Elite hat das Land an Wohlstand hinzugewonnen. Die Städte sind schöner geworden; Infrastruktur und Verkehrswege wurden ausgebaut. Von Budapest kann man heute in Rekordzeit an die kroatische Adriaküste gelangen, wo mehr Ungarn ihren Sommerurlaub verbringen als am heimischen Plattensee. Über eine Million Handys benutzen Alt und Jung, um miteinander zu sprechen. Unsere Kinder können sich gar nicht mehr vorstellen, welche Anstrengungen ihre Großeltern früher unternehmen mussten, um einen Telefonanschluss oder ein Auto zu erhalten. Die besten jungen Leute studieren an ausländischen Universitäten und machen Erfahrungen – in fernen Ländern.

Nach dem Sturz des Kommunismus geriet Ungarn auch hinsichtlich seiner geopolitischen Lage in eine bessere Situation als es bis zum Ende des 20. Jahrhunderts gewesen war. Infolge des Zerfalls der Tschechoslowakei, Jugoslawiens und der Sowjetunion ist es heute von mehreren selbstständigen und unabhängigen, aber im Vergleich zu Ungarn auch kleineren Staaten umgeben. Die unabhängige Ukraine zum Beispiel mindert unsere Ängste vor Russland. Wir sind Mitglied sowohl der NATO als auch der Europäischen Union. Selbstverständlich hat keine der beiden Organisationen unsere in sie gesetzten Hoffnungen erfüllt, aber auch das beweist nur, dass unsere Erwartungen zu hoch gesteckt waren. In den vergangenen beiden Jahrzehnten, bis zum September 2009, gehörte unsere Region zur Interessensphäre der USA.[18] Indem US-Präsident Barack Obama ohne Abstimmung mit den betroffenen Ländern die in Tschechien und Polen geplante Stationierung von Komponenten des angekündigten Raketenabwehrschildes stoppte, hat er unsere Region in die deutsche und russische Interessensphäre zurückbefohlen. Dorthin, wohin wir schon zwischen 1938 und 1990 gehörten. Mit der deutsch-russischen Zusammenarbeit hat unsere Region schon ausreichend Erfahrungen sammeln müssen. Niemand kann außer Acht lassen, dass der frühere deutsche Bundeskanzler Gerhard Schröder nach Ende seiner Dienstzeit für das russische Erdgasunternehmen *Gazprom* bzw. andere russische Firmen in Europa tätig war und ist. Wir mussten auch erfahren, wie 2008 in der Zeit des russisch-ukrainischen Gaskonflikts, als Mitteleuropas Erdgasversorgung in den kritischen Wintermonaten ausgesetzt wurde, weder die EU noch Deutschland im Interesse der Länder dieser Region auftreten wollten oder konnten (was letztlich auch einerlei ist). All das muss uns die Augen öffnen. Wir brauchen eine abgestimmte Politik, eine gemein-

---

17 80 Prozent des BIP werden schon seit 1997 im privaten Sektor erwirtschaftet, und es gibt über eine Million Unternehmen.
18 Beide Präsidenten Bush haben Ungarn besondere Beachtung geschenkt. George H. W. Bush war der erste amtierende amerikanische Präsident, der im Sommer 1989 Ungarn besuchte. George W. Bush kam ebenfalls nach Budapest, um des 50. Jahrestages der Revolution von 1956 zu gedenken.

same Interessenvertretung und -durchsetzung. Ungarn und ganz Mittelosteuropa muss erkennen, dass die Region nur auf sich selbst zählen kann. Nur gemeinsam kann es gelingen, die Erfolge von 1989 zu bewahren.

Die hier lebenden Völker, so auch die Ungarn, vereinigen nämlich die besten Eigenschaften von Ost und West. Wir können festhalten: So groß unsere Probleme auch sind, wir stehen dennoch nicht schlechter da als die als entwickelt geltenden westeuropäischen Länder, wo Freizeit höher bewertet wird als Arbeit (etwa in den Niederlanden, im Vereinigten Königreich, in Schweden, in Irland und Finnland; interessanterweise alles, von den Iren abgesehen, einst durch ihren Fleiß berühmt gewordene protestantische Gebiete).[19] In westeuropäischen Ländern wurde die nationale Identität zu einem guten Teil durch eine Wohlstandsidentität ersetzt, das Unterrichtswesen liegt in Trümmern, das Familienleben scheint ausgehöhlt zu werden, die Bereitschaft Kinder zu bekommen sinkt, die Aussichten auf gute Jobs sind für Jugendliche gering. Im Mittelpunkt ihrer Lebensplanung steht bei vielen der Wunsch nicht zu altern, weil dies in der westlichen Hälfte Europas, wie in den USA, als *uncool* gilt, obwohl beide Gesellschaften immer stärker überaltern. Und so gibt es keine kosmetisch-chirurgischen Eingriffe, die nicht gegen die Zeichen des Älterwerdens eingesetzt werden.

2009 wurde auch Ungarn von der weltweiten Wirtschaftskrise getroffen. Nicht wenige Besserwisser spekulierten bereits über das Ende des Kapitalismus. Es ist noch kein Jahr vergangen, seit das Zerplatzen der amerikanischen Immobilienblase das stehende Gewässer der Weltwirtschaft aufwirbelte. Und obwohl wir uns daran gewöhnt haben, dass uns Wirtschaftsexperten auf Basis ihrer vermeintlich sicheren Prognosen oberklug belehren, konnte diese Krise jeden davon überzeugen, dass ihr Fachwissen auf Grundlagen basiert, die keineswegs sicherer sind als die jeglicher Gesellschaftswissenschaften. Das exakte Datum für Entstehung und Ende des Kapitalismus hat bisher nur das Kommunistische Manifest konkret angeben können – mit der bekannten Treffgenauigkeit. Begnügen wir uns damit, dass das 20. Jahrhundert zu Ende zu gehen scheint. Die Welt bereitet sich auf neue geopolitische Konstellationen und eine Verschiebung der Kräfteverhältnisse vor, an die sich auch die Wirtschaft wird anpassen müssen.

So werden auch wir uns auf die veränderten Bedingungen einstellen. Wir müssen endlich aufhören, uns in der Opferrolle zu gefallen und zur Kenntnis nehmen, dass auch das 21. Jahrhundert kein größeres Interesse für die Leiden der Ungarn zeigen wird als es das 20. getan hat. Wir müssen die Kultur des Klagens und Jammerns aufgeben und stattdessen auf Tugenden wie Leistungs- und Lernbereitschaft,

---

19 István György Tóth: Bevezetés, a. a. O. Der Arbeit wird in den osteuropäischen Ländern – in Rumänien, Ungarn, Bulgarien, in der Slowakei und in Polen – eine größere Bedeutung beigemessen als der Freizeit.

Verantwortungsbewusstsein, Flexibilität, Begabung und Kreativität setzen. Wir brauchen mehr Problemlösungskompetenz statt Politisierung und Emotionalisierung, wir brauchen Realpolitik und zielorientierte Interessendurchsetzung. Alle Möglichkeiten stehen uns dafür zur Verfügung. 1989, vor zwanzig Jahren, sind wir frei und unabhängig geworden. Wir müssen daran arbeiten, die damals geschaffenen Rahmenbedingungen schrittweise und überlegt mit unseren traditionellen Werten und Tugenden zu füllen. Ungarns politische Elite und seine Parteien mögen in einer tiefen Krise stecken – doch nicht sie sind die Nation.

Jan Sokol

Tschechien zwanzig Jahre nach der Samtenen Revolution

Die vergangenen zwanzig Jahre größter politischer, wirtschaftlicher und sozialer Umwälzungen in einem Kurzbeitrag umfassend zu analysieren, scheint mir schlechterdings unmöglich; was ich im Folgenden deshalb im besten Falle bieten kann, ist etwas viel Bescheideneres: nämlich die (notwendig einseitige) Sicht eines engagierten Teilnehmers, der dieses Geschehen mehr miterlebt als beobachtet hat. Die Entwicklungen in den Ländern Ostmitteleuropas, die mit den demokratischen Revolutionen am Ende der 1980er Jahre begannen, weisen auf den ersten Blick sicher zahlreiche Gemeinsamkeiten auf, auf den zweiten Blick erscheint das Bild jedoch sehr viel differenzierter und komplexer. Um nun das Spezifische meines Landes, der damaligen Tschechoslowakei, einigermaßen verständlich schildern zu können, beginne ich mit den spezifischen Zügen des alten Regimes, die uns von den Nachbarländern unterschieden.

Der »eigene Weg zum Sozialismus«, auf den die tschechoslowakischen Kommunisten so stolz waren, wurde zumindest am Anfang auch von innen getragen. Die kommunistische Partei hatte schon in der Vorkriegszeit viele Anhänger, darunter auch zahlreiche, nicht unbedeutende Intellektuelle. Bereits während des Krieges pflegte die Londoner Exilregierung, mit dem damaligen Präsidenten Edvard Beneš an der Spitze, gute Kontakte nach Moskau – in der festen Überzeugung, die Sowjetunion werde nach Kriegsende eine entscheidende Rolle in Mitteleuropa spielen. Diese Sicht der Dinge wurde mehrheitlich auch vom einheimischen Widerstand geteilt. Als schließlich im Frühling 1945 in Košice ein gemeinsames Regierungsprogramm beschlossen wurde, das den demokratischen Pluralismus unter kommunistischer Federführung stark beschränkte, stimmten dem auch Demokraten zu. Ähnlich verhielt es sich mit der Vertreibung der Deutschen, gegen die nur besonders mutige Einzelne ihre Bedenken äußerten.

Bald nach Kriegsende verließen die sowjetischen Streitkräfte das Land, und im Herbst beschloss das Parlament die Verstaatlichung der Großindustrie, was freilich noch nicht zwingend einen Anschluss an die Sowjetunion bedeuten musste. Doch unter dem Eindruck der Befreiung durch die Sowjetunion fanden sich die Kommunisten in einer Führungsrolle wieder, die sie geschickt auszunutzen wussten. Mit einem scharfen Kurs gegen »die Deutschen und ihre Kollaborateure«, mit einer teils sehr eigenwilligen Neubesiedlung der Grenzgebiete und mit dem Versprechen einer radikalen Bodenreform profilierten sie sich als die einzigen wirklichen Gegner des NS-Regimes und erschlossen sich zugleich eine neue Anhängerschaft. Auf diese Weise gewannen sie am 26. Mai 1946 auch im westlichen Teil des Landes, im heutigen Tschechien, die ersten Wahlen – besonders auf dem Lande und in den Sudeten, wohingegen sie in der Slowakei hinter den vereinigten Demokraten zurückblieben.

Trotzdem wurde bald klar, dass die Kommunisten diesen Sieg bei der nächsten Wahl im Mai 1948 nicht würden wiederholen können, was sie dazu veranlasste, auf eine Gelegenheit zum »friedlichen« Staatsstreich hinzuwirken. Eine solche bot die Regierungskrise vom Februar 1948; der damals bereits schwer kranke Beneš leistete in dieser Situation keinen Widerstand, sondern nahm das Rücktrittsangebot der nichtkommunistischen Minister an und ermöglichte so die uneingeschränkte Alleinherrschaft der Kommunisten in der Tschechoslowakei. Diese errichteten nun allmählich eine wahre Schreckensherrschaft und beseitigten schonungslos alle auch nur vermeintlichen Konkurrenten. Sie gingen gegen unabhängige Intellektuelle, die katholische Kirche und insbesondere gegen selbstständige Bauern vor. Die gewaltige Kollektivierung der Landwirtschaft brachte fast 100.000 Bauern in die Lager und beseitigte eine ganze soziale Schicht. Etwas später traf Ähnliches Handwerker und Händler, dann begüterte Bürger, Juristen und andere freie Berufe, soweit diese sich nicht stark angepasst hatten.

Diese Schreckensherrschaft der 1950er Jahre wurde jedoch noch immer von überzeugten Kommunisten getragen, darunter ehemaligen KZ-Insassen und namhafte Intellektuelle. Der drohende Staatsbankrott im Mai 1953 rief erste massive Proteste der Arbeiter hervor, so etwa in Pilsen, die brutal niedergeschlagen wurden. Der Ungarnaufstand im Jahr 1956 wurde in den tschechoslowakischen Medien kaum thematisiert, bedeutete jedoch eine erneute Verschärfung der politischen Kontrolle auf allen Ebenen. Erst seit Anfang der 1960er Jahre – wohl zeitgleich mit einem Generationswechsel – war eine zaghafte Lockerung des Regimes spürbar: Es wurden keine Todesstrafen mehr verhängt, hier und da ließ man gemäßigte Kritik zu, und es wurden sogar einige politische Häftlinge entlassen; westliche Filme kamen in die Kinos, und es wurde ein breiteres Spektrum an Literatur veröffentlicht.

Diese Tauwetterperiode hielt unter kommunistischer Führung zwar weiter an, doch geriet das Regime in dieser Zeit in immer größere wirtschaftliche Schwierigkeiten, was gerade junge Parteikader verstärkt kritisierten. Immer deutlicher wurde sichtbar, wie das Land hinter dem wirtschaftlichen und technologischen Fortschritt des Westens zurückblieb. Während in der weitgehend landwirtschaftlich geprägten Slowakei die rücksichtslose und unbeholfene Industrialisierung noch als ein gewisser Fortschritt verkauft werden konnte, bedeutete sie für den westlichen Teil des Landes einen klaren Rückschritt. Auch deshalb musste die Partei die ideologischen Zügel etwas lockern, und infolgedessen spielten die – zunächst meist kommunistischen – Intellektuellen eine immer größere öffentliche Rolle. Als gegen Ende 1967 die Parteiführung keinen Konsens mehr finden konnte, kam als Kompromiss ein junger, wenig bekannter Mann an die Spitze: Alexander

Dubček. Der überzeugte Kommunist mit tadellosem Lebenslauf hatte sich den Reformern angeschlossen und im innerparteilichen Machtkampf Unterstützung in der Öffentlichkeit gesucht. Im Frühling 1968 fand schließlich eine echte Liberalisierung der Verhältnisse im Land statt, besonders sichtbar in den Medien und der Kulturpolitik – nebenbei bemerkt, sehr ähnlich wie zwanzig Jahre später Michail Gorbatschow mit seiner Politik von Glasnost und Perestroika.

Die anfängliche Zurückhaltung der Sowjets, die dem »Internationalismus«, das hieß der Selbstdisziplinierung der tschechoslowakischen Kommunisten, vertrauten, wandelte sich spätestens im Frühsommer in eine wachsende Furcht vor den kaum absehbaren politischen Veränderungen. Als dann die einheimischen Kommunisten ihre Unfähigkeit einräumten, etwa die Medien unter ihrer Kontrolle zu halten, und den Moskauer Genossen gegenüber sogar eine (wohl sehr beschränkte) Autonomie des öffentlichen Lebens ins Spiel brachten, zogen diese die Notbremse und besetzten das Land im August 1968. Den Anteil, den andere, ebenso ängstliche »brüderliche« Parteiführungen an dieser Entscheidung hatten, sollte man hierbei keinesfalls unterschätzen.

Während des Einmarsches und bald danach zeigte die Bevölkerung einen ganz unerwarteten Grad an Loyalität der politischen Führung gegenüber und legte einen tatkräftigen Erfindungsreichtum an den Tag. Unmittelbar nach der Besatzung hatte Dubčeks Führung den Gipfel an Popularität erreicht, nur wenige Tage später jedoch enttäuschte er schwer. Die unrühmliche Rückkehr der Gefangenen aus Moskau bedeutete für viele Bürger nicht nur eine Niederlage, sondern schamvollen Verrat. Das hoffnungslose Agieren in den nächsten Monaten bis zum Tode Jan Palachs im Januar 1969 kann man eher als verzweifelten Versuch begreifen, das Gesicht zu wahren, als darin wirksames politisches Handeln zu sehen. Ab April 1969 kam Gustáv Husák an die politische Spitze, und die Proteste wurden im August 1969 mit Hilfe eines neuen Sondergesetzes, »Lex Dubček« genannt, brutal unterdrückt. Den Weg über die Grenzen, die noch bis Herbst 1969 offen waren, nutzten mehr als 100.000 Tschechen und Slowaken zur Flucht ins Exil, was einen schmerzhaften Verlust für die gesamte Gesellschaft bedeutete.

Dieses scharfe Urteil über Dubčeks Führung soll jedoch nicht bedeuten, dass man ihn und seine Genossen für feige oder gar charakterlos halten darf. Zwanzig Jahre später konnte ich Dubček durch den täglichen Umgang im Parlament näher kennenlernen und habe seine persönlichen Qualitäten bewundert. Er war jedoch ebenso wie seine Mitkämpfer schier unfähig, über seinen kommunistischen Schatten zu springen. Die Idee des internationalen Kommunismus unter sowjetischer Führung galt für sie damals mehr als alles andere.

Der Prager Frühling hatte also zwei sehr unterschiedliche Seiten: Für das Land war es zwar eine wichtige Freiheitserfahrung, wenn auch eine beschränkte, zugleich aber auch eine schreckliche Erniedrigung, eine handfeste Widerlegung nicht nur des Kommunismus, sondern auch jedes Vertrauens in eine politische Führung und jeder Möglichkeit eines sinnvollen öffentlichen Engagements. Diese tiefe Skepsis gegenüber der Regierung, dem Staat und letztlich auch gegen alles Öffentliche – eine Folge der Enttäuschung von 1968 – hinterlässt bis heute ihre Spuren in der tschechischen Gesellschaft. Nicht zuletzt die negativen Erfahrungen mit all den schamlosen Karrieristen, Spitzeln und Verrätern der vergangenen zwei Jahrzehnte haben uns alle ein allgemeines Misstrauen gelehrt und den traditionellen tschechischen Zynismus wiederbelebt. Andererseits darf man die Bedeutung des Prager Frühlings auch nicht unterschätzen. Wie schon erwähnt, lernten durch ihn zumindest zwei Generationen den bisher unbekannten Geschmack der Freiheit kennen, wenn auch nur für kurze Zeit und in begrenztem Umfang. Vielleicht noch wichtiger ist die Tatsache, dass ihn Tausende Touristen aus unmittelbarer Nähe erlebten und – dank des Massenmediums Fernsehen, das während des Ungarnaufstandes 1956 noch nicht flächendeckend verfügbar war – von Millionen Menschen am Bildschirm verfolgt werden konnte. Der alte Zauber des sowjetischen Kommunismus war gebrochen; seine frühere Anziehungskraft konnte er nicht wiederherstellen. Dies war ein wichtiger Schritt im Prozess des Verfalls der gesamten kommunistischen Bewegung.

Die Zeit des »realen Sozialismus«, wie die neue Parteiführung unter Husák halb zynisch ihr Regime nannte, bedeutete zunächst eine enorme Schwächung der Partei selbst. Eine halbe Million Menschen verließ sie nun mehr oder weniger freiwillig. Die alten Parolen von Klassenkampf, Arbeiterklasse und internationaler Solidarität wurden inhaltsleer und ritualisiert, kommunistische Überzeugungen wurden rar und vom Regime auch nicht wirklich mehr verlangt. Die politische Stigmatisierung der führenden Eliten der 1960er Jahre, ihr Ausschluss aus dem öffentlichen und wirtschaftlichen Leben sowie die massenhafte Flucht ins Exil lähmten das Land beinahe vollends. Das neue Regime konzentrierte sich darauf, einen gewissen Lebensstandard aufrechtzuerhalten und allen einen neuen »Gesellschaftsvertrag« anzubieten: Ihr Bürger haltet euch aus den öffentlichen Angelegenheiten heraus, dafür lassen wir euch in Ruhe eure Wochenendhäuser pflegen.

Der logisch folgende Verfall der Gesellschaft rief zunächst die Dissidentenbewegung auf den Plan. Sie bestand freilich aus einem kleinen Haufen von Intellektuellen sehr verschiedener Orientierungen, doch wurde sie dank günstiger Umstände im Westen wahrgenommen und war – zeitversetzt durch ausländische Rundfunksender – auch in der Tschechoslowakei zu hören. Doch seit Anfang der 1980er Jahre beobachteten auch die jüngeren Parteikader diese Lage mit Besorgnis. Nach dem Aderlass des Jahres 1969 waren sie aber zu schwach, um sich wirksam durchzusetzen. In den späten 1980er Jahren konnten dann immer mehr Menschen in den Westen reisen und im Vergleich sehen, wie weit der Verfall im eigenen Land bereits fortgeschritten war.

Trotzdem war das tägliche Leben für die meisten noch erträglich, Massenunruhen wie in Polen waren nicht zu erwarten, und keiner konnte sich eine friedliche Veränderung der Lage vorstellen. Darin unterlagen wir derselben Täuschung wie die meisten westlichen Osteuropaforscher. Die Pilgerfahrt nach Velehrad 1985 entwickelte sich zwar zu einer massiven Unzufriedenheitsbekundung gegen das kommunistische Regime, blieb jedoch noch ohne sichtbare Folgen. An der Kerzendemonstration für Religionsfreiheit und Menschenrechte im März 1988 in Bratislava nahmen etwa 10.000 Menschen teil, bevor sie von der Polizei brutal niedergeschlagen wurde. Während der Palach-Woche im Januar 1989 demonstrierten Tausende am Wenzelsplatz, einige Kreise der Parteiführung suchten auch schon behutsam erste Kontakte zu Dissidenten, freilich konnte sich zu diesem Zeitpunkt kaum jemand einen positiven Fortgang der Ereignisse vorstellen. Im Rückblick erscheinen die Zeichen des Umbruchs eindeutig – wie die Glasnost-Politik Gorbatschows, die im Land über den Fernsehkanal der Roten Armee zugänglich war, oder die rasanten Entwicklungen in Polen –, der sowjetische Machtblock mit seiner Armee schien jedoch immer noch unerschüttert und vom Westen anerkannt.

Wir Prager konnten den Exodus unserer DDR-Nachbarn über die Prager Botschaft miterleben und dann sogar den Fall der Mauer. Es zeigte sich aber, wie die kommunistische Politik des *divide et impera* in und zwischen den ostmitteleuropäischen Ländern noch immer wirkte: Uns schien es, als befinde sich Berlin auf einem anderen Planeten. Das erste eindeutige Zeichen des Umbruchs kam von der kommunistischen Regierung selbst: An der feierlichen Heiligsprechung der Königstochter Agnes von Böhmen in Rom konnten tausende Pilger teilnehmen, und die Zeremonie wurde sogar im Fernsehen übertragen. In diesem Moment spürten plötzlich viele, dass sich wirklich etwas bewegt.

Die Studentendemonstration am 17. November, dem Jahrestag des Nazi-Übergriffs auf tschechische Hochschuleinrichtungen und Studenten im Jahre 1939, wurde offiziell genehmigt. Sie verlief mit ihrer scharfen Kritik an den Verhältnissen jedoch von Anfang an unabhängiger und regimekritischer als erwartet. Die Parteiführung hatte schon den Überblick verloren oder resigniert, und die brutalen Auseinandersetzungen mit der Polizei waren wohl auch Spiegel eines Konflikts zweier verfeindeter Parteiflügel gewesen. Vor der parlamentarischen Kommission, die die Ereignisse später untersuchte, gaben mehrere Polizeioffiziere an, sie hätten vergeblich versucht, ihre Vorgesetzten anzurufen, doch niemand habe den Hörer abgenommen.

In den ersten Tagen nach dem 17. November gab es noch Gerüchte über Vorbereitungen zur gewaltsamen Unterdrückung der Protestbewegung. Aber es geschah nichts – wahrscheinlich deshalb, weil kaum jemand ein echtes Interesse daran hatte. Die Geheimpolizei (StB) begann damit, kompromittierende Dokumente zu verbrennen, die Kommunistische Partei (KSČ) gab schrittweise ihre Positionen auf, und die Veränderungen der nächsten Wochen verliefen wie im Traum: Am 19. November wurde das Bürgerforum (Občanské fórum, OF) unter der Führung Václav Havels gegründet, ab dem 20. November verhandelte es mit der Regierung.

In den nächsten Tagen gab es immer größere Demonstrationen in Prag, Brünn, Bratislava und anderen Städten. Am 24. November trat die bisherige KSČ-Führung zurück. Am 25. November versammelten sich etwa 750.000 Menschen am Prager Letná, wo neben Václav Havel und anderen auch Premierminister Ladislav Adamec sprach; die Kundgebung wurde im Fernsehen live übertragen. Am 27. November kam es zum Generalstreik, am 29. wurde die Führungsrolle der KSČ in Staat und Gesellschaft aus der Verfassung gestrichen. Die neue Regierung, die Premier Adamec am 3. Dezember mit nur geringfügigen Änderungen vorschlug, wurde vom Bürgerforum abgelehnt. Am 4. Dezember wurde die Staatsgrenze zu Österreich geöffnet, am 7. Dezember trat Adamec zurück und Marián Čalfa wurde neuer Premier. Am 8. Dezember erklärte das Bürgerforum Václav Havel zum Präsidentschaftskandidaten. Am 10. Dezember ernannte Staatspräsident Husák die neue »Regierung der Nationalen Verständigung« mit elf nicht-kommunistischen Ministern und gab im Anschluss daran selbst seinen Rücktritt bekannt. Am 28. Dezember 1989 wählte die Bundesversammlung der ČSSR Alexander Dubček zu ihrem Präsidenten und am nächsten Tag Václav Havel unter öffentlichem Jubel zum neuen Staatspräsidenten.

Mit der Wahl Havels wurde die erste und eher symbolische Phase des Umbruchs erfolgreich abgeschlossen. Im Rahmen dieser Ereignisse konnte die scheinbar so unbedeutende Dissidentenbewegung die Früchte ihrer Mühen ernten: Aus ihren Reihen kamen Personen, die in der Öffentlichkeit bekannt waren und Vertrauen genossen, sodass sie nun als Sprecher der gesamten nichtkommunistischen Opposition verhandeln konnten. Sowohl die Entschlossenheit Havels als auch sein bescheidenes Auftreten während der Verhandlungen ließen seine Autorität über alle Grenzen hinweg wachsen; große Sympathien im Ausland trugen zu diesem positiven Bild selbstverständlich bei.

Anfang 1990 wurde beschlossen, schon im Juni die ersten freien Wahlen abzuhalten und innerhalb einer verkürzten Legislaturperiode eine neue Verfassung auszuarbeiten. Der unerwartet glatte, gleichsam »samtene« Verlauf der ersten Phase hatte nämlich manche Protagonisten zu der trügerischen Meinung verführt, man könne auch weiterhin alle Probleme so reibungs- und konfliktlos lösen. Doch schienen schon im Frühjahr 1990 die beiden größten politischen Herausforderungen als beinahe unlösbar: das schwierige Verhältnis zwischen Tschechen und Slowaken sowie die notwendige wirtschaftliche Modernisierung des Landes.

Das tschecho-slowakische Problem, obwohl schon in anderen Krisen der Vergangenheit – etwa 1939, 1945 oder 1968 – ein Stolperstein, wurde von den Tschechen kaum wahrgenommen, was manche slowakische Politiker sogar persönlich kränkte. Mit dem Kompromiss der »Tschechischen und Slowakischen föderativen Republik« wurde es zwar zeitweilig entschärft, keineswegs jedoch gelöst. Das Hauptanliegen der tschechischen Bevölkerung, die Wirtschaftsreform, hatte sich als ein gordischer Knoten von sehr verschiedenen Teilproblemen entpuppt, der nicht ohne schmerzhafte Einschnitte zu lösen war. Gerade weil Verstaatlichung und Zentralisierung so gründlich durchgeführt worden waren – de facto einer Kriegswirtschaft ähnlich, die nun zugleich ihren politischen Schutz und ihre östlichen Absatzmärkte verlor –, musste man schnell handeln und wusste doch gar nicht wie. Adam Michnik bemerkte treffend: Es ist viel einfacher, aus Eiern eine Omelette zu machen, als umgekehrt.

Am unkritischsten verlief noch die Liberalisierung von Handel und Gewerbe. Es wirkte fast wie ein Wunder, dass binnen Jahresfrist bereits über eine Million Kleinunternehmen entstanden. Ein zweiter und nach 40 Jahren durchaus gewagter Schritt war die Rückübertragung von Häusern und anderen Immobilien; trotz vieler Gerichtsprozesse verlief aber auch diese im Großen und Ganzen erfolgreich. Viel problematischer waren die veralteten und vernachlässigten Industrieanlagen, deren Koordinierung, Umstrukturierung und Finanzierung zur politischen Herausforderung ersten Ranges wurde. Wo immer es an etwas fehlte, wurde das zuständige Ministerium angefragt, das aber seine einstmalige Allmacht bereits endgültig verloren hatte.

Unsere kleine und sehr exportabhängige Wirtschaft, die früher über die Hälfte ihrer Produkte im »sozialistischen Ausland« abgesetzt hatte, verlor nun einerseits ihre Partner (bzw. ihre Zahlungsfähigkeit) und hatte andererseits auch meist nur veraltete Produkte anzubieten, zu einem Großteil militärischer Herkunft. Die stark auf die energieintensive Schwerindustrie umgerüstete Tschechoslowakei wurde zugleich vom verspäteten Ölschock mit sprunghaft steigenden Energiepreisen getroffen. Andererseits war die traditionelle Leichtindustrie lange vernachlässigt worden und nun nur begrenzt am freien Markt konkurrenzfähig. Nicht zuletzt wurde die Gesamtwirtschaft durch einen riesigen Kapitalmangel gelähmt, der in einer Kriegswirtschaft bekanntlich nur eine sekundäre Rolle spielt.

Es gelang in der ersten Phase der wirtschaftlichen Transformation, einige gut funktionierende, nur schlecht verwaltete Großunternehmen an erfolgreiche ausländische Investoren zu verkaufen, die bis heute eine wichtige Rolle für die Gesamtwirtschaft Tschechiens spielen; als Beispiel sei der Verkauf von *Škoda* an *Volkswagen* erwähnt. Der Niedergang der vorrangig in der Slowakei angesiedelten Rüstungsindustrie wurde hingegen für ganze Landstriche zur Katastrophe und trug zur Teilung des Landes 1993 wesentlich bei. Der kaum verkäufliche Rest wurde in dem berüchtigten Voucher-Verfahren an die Bevölkerung verteilt: ein politisch kluger, wenngleich wirtschaftlich zumeist verheerender Prozess. Der Staat wurde diese wert- und wehrlosen Betriebe los, und die Bürger fühlten sich wie Lottogewinner; ein erheblicher Teil des ehemaligen Staatseigentums wurde jedoch gestohlen oder von findigen Geschäftemachern zweckentfremdet.

Bei aller Unzufriedenheit mit dem Voucher-Verfahren gilt es zu bedenken, dass der Regierung unter dem Zugzwang der frühen 1990er Jahre kaum eine bessere Alternative zur Verfügung stand. Was ohne Zweifel scharf zu kritisieren bleibt, sind die rechtlichen Unzulänglichkeiten, die der Korruption freien Lauf ließen, sowie die Entscheidung, Großbanken nicht zu privatisieren. An der Korruption waren auch politische Parteien beteiligt, sie gewannen dadurch Anhänger und Mäzene, was die politische Landschaft Tschechiens bis heute prägt.

Interessant ist der Blick auf die Entwicklung des Bankwesens: Private Banken wurden zwar bald zugelassen, doch mit einem sehr unzureichenden Gesetz, welches das so genannte »Tunnelieren« ermöglichte: Den Inhabern wurde nicht verboten, bei der eigenen Bank Kredite aufzunehmen. Ob dieser Fehler lediglich auf mangelnder Sorgfalt beruhte, bleibt ungeklärt. Auf der anderen Seite war die Lage »ehrlicher« kleiner Privatbanken nahezu aussichtslos, und fast alle mussten bald wieder schließen. Die nicht privatisierten Großbanken wurden von der Regierung Václav Klaus bedrängt, marode Großbetriebe mit Krediten künstlich über Wasser zu halten, um die lokale Arbeitslosigkeit in den industriell geprägten Gegenden zu begrenzen. Diese problematischen Schritte riefen gegen Ende der 1990er Jahre eine tiefe Finanzkrise hervor, in mancher Hinsicht ähnlich derjenigen von 2009, freilich in kleinerem Maßstab.

Auch die Landwirtschaft stand nach 1989 vor gravierenden Veränderungen: Die privilegierten landwirtschaftlichen Großbetriebe (im Durchschnitt mit etwa 3.000 ha Ackerflächen) beschäftigten damals zirka zwölf Prozent der Bevölkerung. Es gehört zu den Wundern der Wende, dass sich zwei Drittel davon neue Jobs in teils völlig anderen Beschäftigungsfeldern suchen mussten und dies ohne gesellschaftliche Unruhen auch geschafft haben. Die sozialistischen Großbetriebe wurden zumeist in Aktiengesellschaften umgewandelt, überstanden die schwierigen Jahre »freien« Wettbewerbs mit der subventionierten westeuropäischen Landwirtschaft und genießen heute endlich ihre Gleichstellung in der Europäischen Union. Die Träume einiger Konservativer von einer Rückkehr zum landwirtschaftlichen Familienbetrieb sind heute kein Thema mehr, auch weil dies nur sehr wenige Landwirte selbst wollen.

Im Gegensatz zu der mehr oder weniger erfolgreichen Entwicklung des wirtschaftlichen Lebens, des Lebensstandards und des Umweltschutzes kann man mit der Entwicklung des politischen Lebens in Tschechien kaum zufrieden sein. Entgegen der realitätsfernen Tendenz der ersten Jahre, die Rolle politischer Parteien zu unterschätzen, beherrschen die Parteien nach 1992 die Landschaft. Sie haben alles versucht, um den öffentlichen Sektor zu monopolisieren, staatliche Institutionen zu instrumentalisieren bzw. unter sich aufzuteilen. So ist es bis heute nicht gelungen, einen nicht politischen Staatsdienst zu etablieren: Jeder Regierungswechsel betrifft damit immer auch die Beamten der Ministerien. Selbst die öffentlichen Medien leiden unter der dauernden Einflussnahme durch die großen Parteien, die keine Gelegenheit auslassen, sie immer stärker zu kontrollieren oder aber sie zu privatisieren.

Die Parteienlandschaft formierte sich nach 1989 schnell zwischen links und rechts, mit zwei großen und zwei bis vier kleinen Parteien im Parlament; die politische Führungsschicht des Landes ist inzwischen weitgehend professionalisiert. Damit einher gingen zahlreiche Skandale und Korruptionsaffären, die dem Ansehen nicht nur der Parteien, sondern des gesamten Parlaments sehr schadeten. Um die Wahlbeteiligung bei den häufig abgehaltenen Lokal-, Bezirks-, Parlaments-, Senats- und Europawahlen einigermaßen aufrechtzuerhalten, betreiben die Parteiführer in der Öffentlichkeit einen ununterbrochenen Wahlkampf mit Kampagnen und Parolen. Diese Strategie hat verheerende Folgen: An die Parteispitzen können sich nur sehr ehrgeizige und rücksichtslose Politiker kämpfen, die die Öffentlichkeit abschrecken und die Parteien als korrupte Cliquen erscheinen lassen. Während der Sinn einer Parlamentswahl in der Bildung einer stabilen Regierung bestehen sollte, geht es heute auch den Regierenden in erster Linie darum, wiedergewählt zu werden, und dem entspricht auch ihr Regierungsstil. Gerechtigkeitshalber soll jedoch anerkannt werden, dass die Politik heute in der breiten Öffentlichkeit keine besonders große Aufmerksamkeit erregt, dass ihr wirksame Themen fehlen – wie es den Politikern überhaupt an Phantasie und Erfindungsreichtum mangelt. Die meisten Bürger sehen in der Politik nicht mehr als das, was sie auch vom Fußball erwarten: ein mehr oder weniger spannendes Spiel und eine Show.

Eine Besonderheit der tschechischen politischen Landschaft ist noch zu erwähnen: die Kommunisten im Parlament. Die KSČM hat sich nicht zu einer mehr oder minder demokratischen Linkspartei verwandelt, wie in den Nachbarländern, hauptsächlich deshalb, weil die Sozialdemokraten dies mit großem Nachdruck verhindert haben. So blieb den heutigen Kommunisten die nicht unangenehme Rolle einer Protestpartei, die sie mit Geschick und folgerichtig spielen und damit bei Wahlen auf 13 bis 16 Prozent kommen. Vereinzelte Stimmen für ein Verbot der KSČM gibt es zwar in jedem Wahlkampf, sie verhallen jedoch schnell wieder. Übrigens ist bis heute keine rechtsextreme Partei im tschechischen Parlament vertreten, was wirklich positiv zu bewerten ist.

Zum Abschluss möchte ich noch kurz auf die tschechische Außenpolitik zu sprechen kommen, die heutzutage ein eher trauriges Bild abgibt. Wenn in den ersten Jahren nach 1989 Václav Havel das Land in einem unverdient guten Licht erscheinen ließ, haben heutige Politiker dieses Bild vielleicht allzu gründlich ins Gegenteil verkehrt. Ebenso wie die tschechischen Parteien auch außenpolitische Themen für Wahlkämpfe instrumentalisieren, versucht der amtierende Staatspräsident Václav Klaus die mediale Aufmerksamkeit in diesem Feld auf sich zu lenken, um sich im eigenen Land als Kämpfer für die vermeintlichen Interessen der Nation zu profilieren. Dass dabei jedoch fast ausschließlich innenpolitische Anliegen im Spiel sind, scheint mir eindeutig. Erstens sind die tschechischen Wähler weitgehend pro-europäisch gestimmt, von der Wirtschaft ganz zu schweigen. Sogar der letzte Versuch des Präsidenten, die sudetendeutsche Karte auf eine peinliche Art auszuspielen, hat keinen nennenswerten und schon gar keinen positiven Nachhall hervorgerufen. Auf der anderen Seite ist völlig klar, dass ein kleines Land wie Tschechien chancenlos ist, wenn es im Alleingang versucht, Sonderinteressen in der Europäischen Union durchzusetzen. Eine vernünftige Europapolitik, wenn es wirklich um die EU gehen sollte, müsste sich an erster Stelle Verbündete suchen und sich als ein verlässlicher Verhandlungspartner profilieren, um dann für eigene Belange eventuell auch mit einer breiteren Unterstützung rechnen zu können. Leider versucht dies die heutige tschechische Außenpolitik nur am Verhandlungstisch, sozusagen hinter verschlossenen Türen, während der europäischen Öffentlichkeit etwas ganz anderes serviert wird.

Andrei Marga

Rumänien zwanzig Jahre nach den demokratischen Umbrüchen von 1989

Nach 1989 wurde Europa, genauer gesagt: Ostmitteleuropa, von einer neuen Demokratisierungswelle[1] erfasst; demokratische Strukturen und offene Gesellschaften ersetzten Autoritarismus und Totalitarismus. Man kann mit Fug und Recht behaupten, dass die demokratischen Revolutionen von 1989 erfolgreich waren, und die turbulenten Ereignisse jener Monate verdienen durchaus die Bezeichnung »historische Wende«. Denn die politischen Entscheidungsprozesse veränderten sich in den ostmitteleuropäischen Ländern grundlegend: Sie basierten jetzt auf dem Wettbewerb politischer Parteien, auf regelmäßigen freien Wahlen, repräsentativen Parlamenten, auf dem Prinzip geteilter und kontrollierter Macht und nicht zuletzt auf der Souveränität der Bürger. Die Demokratie hatte gesiegt, und der Beitritt Polens, Tschechiens, der Slowakei, Ungarns, Rumäniens und Bulgariens zur Europäischen Union war die politische Bestätigung dieses Demokratisierungsprozesses.

Doch konnten nicht alle Probleme der ostmitteleuropäischen Gesellschaften durch die Demokratisierung gelöst werden. Tatsächlich gibt es noch immer arme Regionen mit einer unterentwickelten Infrastruktur, in einigen Ländern wurden angestoßene Reformen nicht zu Ende geführt, die wirtschaftliche Modernisierung verlief in manchen Fällen nur stockend, die Leistungsfähigkeit von Politik und Verwaltung ist vielfach ungenügend, und der kulturelle Horizont wird noch allzu stark von der Vergangenheit bestimmt. Aber auch die Fragen nach der Ausgestaltung der Demokratie selbst, die wiederum Folgen für ihre Funktionsfähigkeit haben, wurden längst nicht alle beantwortet. Interessierte Beobachter, aber auch die internationalen Medien sehen in einigen gegenwärtigen Tendenzen Gefahren für die demokratische Entwicklung der Region: so etwa in den Bestrebungen gewisser Warschauer Kreise, die Geschichte zu instrumentalisieren; im Rückfall einiger ungarischer Gruppierungen in überkommene Ideologien; im Aufstieg der Inkompetenz in die Bukarester Führungsetage[2] oder in der Korruption in Sofia und anderen Großstädten. Solche Entwicklungen können nicht mehr als

---

1 Vgl. Larry Diamond/Marc F. Plattner (Hg.): The Global Resurgence of Democracy, Baltimore/London 1993, S. 4. Die Transformation habe ich umfassend analysiert in: Andrei Marga: Die Kulturelle Wende. Philosophische Konsequenzen der Transformation, Cluj 2004, im Rahmen einiger an den Universitäten München und Wien gehaltenen Vorträge.
2 Vgl. *The Economist* vom 23. Oktober 2008.

Nachwirkungen der Vergangenheit oder unerwünschte Nebeneffekte der Demokratisierung interpretiert werden; sie deuten vielmehr auf Probleme der Demokratisierung selbst in Ostmitteleuropa hin und sind letztlich Folgen unvollendeter Reformen.

In vielen Aspekten ähnelten die Reformen in Rumänien nach 1989 jenen anderer Länder der Region. Auch wir mussten die Kernelemente des kommunistischen Regimes überwinden – wie das System einer Monopolpartei, die Staatswirtschaft oder die Überwachung der Bürger durch die politische Polizei – und unverzüglich Wirtschaftsliberalismus und Marktwirtschaft, das Recht auf Privateigentum und Eigeninitiative, bürgerliche Freiheiten und rechtsstaatliche Strukturen einführen.

Rumänien wies aber auch Eigenarten auf: Von 1965 bis 1971 hatte das Land einen eigenen politischen Kurs eingeschlagen, der von relativer innerer Liberalisierung geprägt war und sich in der Freilassung politischer Häftlinge, in einer erneuten Integration der Intellektuellen und einiger Werte der Nachkriegszeit oder auch in der Anerkennung des Rechts auf kritische Meinungsäußerung widerspiegelte. Dieser rumänische Sonderweg wurde aber nach 1971 von einer nationalkommunistischen Politik vereinnahmt, was sich nach der Unterzeichnung der KSZE-Schlussakte von Helsinki 1975 und vor allem nach dem Machtantritt Michail Gorbatschows noch vertiefte. Die rumänischen Kommunisten setzten wieder vermehrt auf Verstaatlichung, schränkten die Möglichkeiten der Eigeninitiative ein, zentralisierten Entscheidungen, beschränkten Freiheiten und verstärkten die Kontrolle des Staates über das öffentliche und private Leben.[3]

---

3 Ich möchte hier einen Teil meiner veröffentlichten Artikel und Studien erwähnen, vor allem diejenigen, welche deutschen und englischen Lesern zugänglich sind: Andrei Marga: Cultural and Political Trends in Romania before and after 1989, in: *East European Politics and Societies*, Band 7, Nr. 1/1993, S. 14–32; ders.: Explorări în actualitate, Cluj 1994, S. 162–178; ders.: The Culture of Scholarship in Europe Today, in: *Daedalus. Journal of the American Academy of Arts and Sciences*, Sommer 1994, S. 171–184; ders.: The Policy of Democratization and the Perils of Restoration, in: ders.: Philosophy in the Eastern Transition, Cluj 1995, S. 263–280; ders.: The Modern World and the Individual. From the Metamorphosis of Eastern European Marxism to the Errors of Marx, in: Bernd Magnus/Stephen Cullenberg (Hg.): Whither Marxism? Global Crises in International Perspective, Routledge/New York/London 1995, S. 79–107; ders.: Rumänische ethnische Identifizierung, in: *Zeitschrift für Siebenbürgische Landeskunde*, Nr. 1/1995, S. 35–45; ders.: Limits and Dilemmas of the Transition, in: Elzbieta Matynia (Hg.): Grappling with Democracy. Deliberations on Post-Communist Societies (1990–1995), Prag 1996, S. 92–100; ders.: Grenzen und Dilemmata der Transformation, in: Armin Nassehi (Hg.): Nation, Ethnie, Minderheit. Beiträge zur Aktualität ethnischer Konflikte, Köln/Weimar/Wien 1997, S. 409–426; ders.: Über die kulturellen Ressourcen der Demokratisierung – der Fall Rumänien, in: Emeritierung von Georg Weber, Westfälische Wilhelms-Universität zu Münster, Münster 1997, S. 21–32; ders.: Reforming the Postcommunist University, in: *Journal of Democracy*, Nr. 2/1997, S. 159–167; ders.: Sprache als Machtinstrument, in: Krista Zach (Hg.): Rumänien im Brennpunkt. Sprache und Politik, Identität und Ideologie im Wandel, München 1998, S. 271–281; ders.: Die Universität als Forum des Kulturdialogs. Das

Im Dezember 1989 wurde infolge der Proteste von Studenten und Arbeitern in den Großstädten sowie eines Teils der Armee das Ceaușescu-Regime gewaltsam gestürzt und die Einführung demokratischer Strukturen – wie die Durchsetzung individueller Freiheitsrechte, politischer Pluralismus, freie Wahlen, die Abschaffung der Diktatur, die Freiheit von Forschung und Lehre an den Hochschulen – verkündet, mit denen sich Rumänien in die Reihe der offenen Gesellschaften stellte. Bald aber hielt das Land mit den rasanten Entwicklungen in der Region nicht mehr Schritt. Die Regierung von 1989 verschleppte dringend notwendige Reformen und verbreitete stattdessen ein Klima der Furcht vor Veränderungen. Auch zwischen 1992 und 1996 vermied die damalige Regierung die Umsetzung grundlegender Reformen, um ihre Machtposition nicht zu verlieren. Geschwächt durch innere Unstimmigkeiten, gelang es der reformorientierten Koalition von 1996 erst im Jahre 2000, die rumänische Wirtschaft auf Wachstumskurs zu bringen. In den Folgejahren wurde die Gesellschaft ständig aggressiv politisiert, sodass Rumänien heute, im Jahr 2009, nicht nur unter der weltweiten Wirtschaftskrise, sondern auch unter einer selbst hervorgerufenen Krise leidet.[4]

1 Die gesellschaftliche Krise in Rumänien

Die rumänische *Wirtschaft* leidet in hohem Maße unter einer ineffizienten Wirtschaftspolitik. Das Bruttoinlandsprodukt ist heute viermal so hoch wie 1989, die Privatisierung wurde verwirklicht, doch die Wirtschaftspolitik ist mängelbehaftet und nimmt ihre Gestaltungsrolle nicht wahr. Es gibt keine klare Linie, auf welche Branchen sich die rumänische Wirtschaft spezialisieren sollte, um auf den Weltmärkten wettbewerbsfähig und erfolgreich zu sein. Die Wirtschaftspolitik besteht aus reinem Verwaltungshandeln ohne Zukunftsvisionen. Die Kapitalakkumulation verläuft zu langsam; die Nachhaltigkeit von Unternehmensentscheidungen und Förderprogrammen wird nur unzureichend thematisiert; Wirtschafts- und

---

(Fortsetzung Fußnote 3)
 Beispiel Klausenburg, in: Horst Förster/Horst Fassel (Hg.): Kulturdialog und akzeptierte Vielfalt? Rumänien und rumänische Sprachgebiete nach 1918, Stuttgart 1999, S. 43–52; ders.: Vom Relativismus zu festen Werten, in: Horst Fassel/Christoph Waack (Hg.): Regionen in östlichen Europa – Kontinuitäten, Zäsuren und Perspektiven, Tübingen 2000, S. 5–14; ders: Education in Transition, Bukarest 2000, 120 S.; ders.: Anii reformei 1997–2000, Cluj 2001, 198 S.; ders.: Reform of Education in Romania in the 1990: A Retrospective, in: *Higher Education in Europe*, Nr. 1–2/2002, S. 123–135; ders.: Spannungsfelder europäischer Identitätsbildung in Osteuropa und methodische Aufgaben. Eine rumänische Perspektive, in: Gabor Erődy (Hg.): Transformationserfahrungen. Zur Entwicklung der politischen Kultur in den EU-Kandidatenländern, Baden-Baden 2003, S. 159–179; ders.: University Reform Today, Cluj 2003, S. 11–23, 100–123, 228–251; ders.: Bildung und Modernisierung, Cluj 2003, S. 51–126. Siehe desgleichen Andrei Marga: Die kulturelle Wende, a. a. O.
4 Vgl. Andrei Marga: Criza și după criză, Cluj 2009.

Finanzpolitik driften auseinander. Die Banken wiederum sind bestrebt, schnelle Profite zu machen, ohne die langfristige Entwicklung im Blick zu haben. Von der Landwirtschaft erwartet man hohe Erträge, ohne jedoch die Landwirte entsprechend zu unterstützen. In manchen Bereichen wird trotz der Dynamik, die die Einführung der Marktwirtschaft und die demokratischen Freiheiten mit sich brachten, das Niveau der Zeit vor 1989 kaum überschritten. Die rumänische Wirtschaftspolitik bewegt sich zwischen den Extremen Paternalismus und improvisiertem Liberalismus, die, weil ideologisch bedingt, unfähig sind, wirksame Lösungen anzubieten. Das Gleichgewicht zwischen Eigeninitiative und staatlicher Förderung, zwischen Produktion und Umverteilungsmechanismen, ist durch übermäßige Forderungen aus der einen oder anderen Richtung ständig gestört.

Der *Verwaltung* ist es nicht gelungen, wirksame Gesetze auszuarbeiten, die die Eigeninitiative und die Wirtschaftskraft im Allgemeinen fördern, auch wenn es bereits Städte und Gemeinden gibt, die dynamischer geworden sind und eigene Projekte entwickelt haben. Fast alle Gesetze müssten demnach überarbeitet werden, was dadurch erschwert wird, dass die bisherige Praxis von Regierungserlässen den Respekt vor dem Gesetz unterminiert hat. Das öffentliche Interesse kommt gegen die unmäßige Gier Einzelner oder kleiner Gruppen nicht an. Notwendige Dezentralisierungen sind im Anfangsstadium steckengeblieben; die Bürokratie breitet sich durch verwirrende Reglementierungen immer weiter aus, die jeglichem Subsidiaritätsgedanken zuwiderlaufen. Die zu geringe Leistungsfähigkeit der Verwaltung bleibt für viele Bereiche charakteristisch, etwa bei der Infrastruktur und den Verkehrswegen, wo sich bislang zu wenig getan hat. Die Verwaltung bewegt sich ihrerseits zwischen den Extremen der Überregulierung, die die Eigeninitiative einschränkt, und der Unübersichtlichkeit kleiner Initiativen, ohne dass es ihr gelingt, die Weichen in Richtung höherer Wirksamkeit zu stellen. Ein effizientes Verwaltungshandeln wird auf zweierlei Weise blockiert: einmal durch allzu hohe Erwartungen an staatliche Unterstützungsleistungen und – genau entgegengesetzt – durch eine übertriebene Kritik an jeglicher Form von Reglementierung.

Auch die *Politik* übernimmt nicht genug Verantwortung und löst die tatsächlichen Probleme im heutigen Rumänien nicht. Bemühungen, sich zu bereichern, stehen über dem Engagement für das Allgemeinwohl. Der politische Pluralismus ist zwar fest verankert, aber die Parteien lassen sich inhaltlich nur schwer voneinander abgrenzen; in der politischen Auseinandersetzung geht es eher um Personen als um politische Inhalte. Die Parteiprogramme gleichen vielfach Wunschzetteln, die sich weder auf gründliche Analysen stützen noch über den Wahlkampf hinausreichen. Leichthin gemachte Versprechungen werden schnell mit dem Argument aktueller Krisensituationen fallengelassen. Die Einhaltung von Parteidisziplin gilt heute erneut als Ersatz für Kompetenz und Eigeninitiative. Es fehlen weitsichtige Projekte, und in politische Debatten geht man stattdessen mit reinen Absichtserklärungen. Der Politik gelingt es nicht, sich dem Druck gut organisierter Einzelinteressen zu entziehen oder die grundsätzlichen Argumente der eher randständigen Intellektuellen aufzugreifen, um die drängenden gesellschaftlichen Probleme Rumäniens im öffentlichen Interesse anzugehen und zu lösen. Deshalb wird der Politik oft reiner Aktionismus bescheinigt, und viele Intellektuelle lehnen sie ab. Sie verfehlt immer wieder das Ziel, sich als wichtige Gestaltungskraft des öffentlichen Lebens zu profilieren, von der das Wohl der Bürger abhängt und die die wichtigsten Herausforderungen des Landes kompetent zu managen und zu lösen imstande ist.

Kulturelle Ressourcen sind in diesem Zusammenhang von nicht unerheblicher Bedeutung. Die Fragen der nationalen und religiösen Minderheiten in Rumänien sind grundsätzlich gelöst. Die intellektuellen Debatten sind heutzutage eher rückwärtsgewandt anstatt neue Erfahrungen und Hypothesen in den Blick zu nehmen. Journalistische Essays und Fernsehdebatten bleiben der Ersatz für eine grundlegende Analyse der gegenwärtigen gesellschaftlichen Lage. Große literarische und musikalische Werke lassen auf sich warten. Die Soziologie hat sich auf das volatile Feld der Meinungsumfragen konzentriert anstatt theoretisch unterfütterte Beiträge zu einem besseren Verständnis der gesellschaftlichen Situation zu liefern. Die öffentlichen Debatten über aktuelle Problemlagen sind folglich meist unfruchtbar und die Vorschläge zu deren Überwindung unzureichend. Innovative Konzepte stammen lediglich von Einzelpersonen – die Abstinenz der Intellektuellen ist in Rumänien wieder deutlich spürbar. Die junge Studentengeneration ist eher bemüht, schnell Jobs in Politik oder Verwaltung zu besetzen oder Stipendien zu bekommen als sich zeitaufwändigen Forschungsvorhaben zu widmen.

Auch die Kultur bewegt sich also zwischen zwei Extremen: Auf der einen Seite steht eine weit verbreitete opportunistische Einstellung, die viele dazu veranlasst, das Wohlwollen von Vorgesetzten zu suchen anstatt selbst etwas zu verändern; auf der anderen Seite findet sich ein tiefer Skeptizismus, der als Ausweis großer Intellektualität gilt und in dessen Namen jegliche Veränderung schon von Beginn an zum Misserfolg erklärt wird. Der kompetente und weise Pragmatismus, der in der Nachkriegszeit ganze Gesellschaften aus der Krise führte, findet in einer solchen Landschaft nur mühevoll Anhänger.

Es ist deutlich geworden: Rumänien braucht eine bessere Kapitalausstattung der Unternehmen; das Land braucht eine Gesetzgebung, die Anreize zur Eigeninitiative setzt; eine umfassende Reform von Wirtschaft und Verwaltung ist unumgänglich, um neue Energien freizusetzen und voranzukommen. Die ungenügenden Reformschritte Rumäniens nach 1989 sind vor allem ein Zeichen der Unfähigkeit seiner politischen Elite. Wie die Entwicklung der letzten Jahre gezeigt hat, sind echte Reformen nur möglich, wenn das politische und administrative Management die unfruchtbaren Debatten der 1990er Jahre endlich hinter sich lässt und sich einem zielorientierten Wettbewerb von Konzepten und Projekten zuwendet.

2 Der europäische Nachzügler

Die Lage in Rumänien ist und bleibt ambivalent, Stabilisierung und neue Chancen hier, starke Bremswirkungen und Rückschritte dort. Noch heute wirkt etwa die von Mugur Isărescu in den Jahren 1999 bis 2000 eingeleitete Wirtschaftspolitik: Das damals begonnene Wirtschaftswachstum konnte bis zur Krise von 2008/2009 fortgesetzt werden, sodass Staat und Bürger davon profitierten; 2007 wurde der Beitritt zur Europäischen Union erfolgreich vollzogen. Andererseits kann dieses Land, in dem 40 Prozent der Bevölkerung von der Landwirtschaft leben, seinen Nahrungsmittelbedarf nicht aus eigener Kraft decken; viele Ortschaften sind nachts kaum beleuchtet, und im Ausland begegnet man uns vielfach noch immer mit Argwohn. Diese Ambivalenzen führen dazu, dass Rumänien sogar dann zum Nachzügler wird, wenn es eigentlich voranschreitet, weil andere Länder ihre Fortschritte rechtzeitiger und entschlossener machen.

Warum aber verläuft die Entwicklung in Rumänien so verspätet? Um das Jahr 1989 stellten amerikanische Wissenschaftler diese Frage für ganz Ostmittel- und Osteuropa.[5] Eine Erklärung dafür, warum etwa Albanien eine von der Schweiz so verschiedene Entwicklung genommen hat, sahen sie in einer günstigen »politischen Konstellation und einer intellektuellen Atmosphäre« im Westen infolge vielfältiger nutzbringender Verbindungen zwischen Städten und Regionen, zwischen Herrscherhäusern und kirchlichen Machtstrukturen. Dies verlieh den betreffenden Gesellschaften eine spezifische Dynamik, während »Eastern Europe lacked many of the prerequisites for such development«[6]. Doch hat dieser Erklärungsansatz heute noch Gültigkeit? Tatsache ist, dass wir nicht andere für unser Zurückbleiben verantwortlich machen können. Ohne hier den nötigen Raum für längere Ausführungen zu haben, möchte ich nur darauf hinweisen, dass die »politische Konstellation« das wichtigste, aber nicht das einzige Entwicklungshindernis im heutigen Rumänien darstellt. Vereinfacht gesagt: Rumänien hat ein ungewöhnlich großes, aber ineffizient verwaltetes Potenzial.

3 Rumänien im europäischen Integrationsprozess

Es ist eine allgemein bekannte, wenn auch nicht genügend beachtete Tatsache, dass die europäische Integration für mehr steht als ein schlichter kriterienloser Zusammenschluss einzelner Länder. Sie war vielmehr immer von einem Grundverständ-

---

5 Daniel Chirot (Hg.): The Origins of Backwardness in Eastern Europe. Economics and Politics from Middle Ages Until the Early Twentieth Century, Berkeley/Los Angeles/London 1989.
6 Vgl. ebenda.

nis der Zugehörigkeit zu Europa geleitet und mit konkreten Kriterien verknüpft. Die geografische und historische Verortung eines Landes in Europa gehört gewiss in diesen Kriterienkatalog, aber die europäische Einigung ist mehr als Geografie und Geschichte: Die Integration ist vor allem ein institutioneller und kultureller Prozess. Kultur ist in diesem Sinne ein weit gefasster Begriff, der eine Gesamtheit gesellschaftlicher Normen und Werte in den Blick nimmt, die ihren Niederschlag in Institutionen, Verhaltensweisen, aber auch in konkretem Handeln findet. Die kulturelle Zugehörigkeit zu Europa umfasst daher auch: die Fähigkeit, mit Hilfe moderner Technologien zu produzieren, die von einer fortschrittlichen Wissenschaft gespeist werden; ein am Leistungsprinzip orientiertes wirtschaftliches Handeln; ein effektives und effizientes Management, das auf einer demokratischen Rechtskultur fußt, welche das Individuum als Subjekt und Ziel des Gesetzes im Blick hat; ein von Selbstbestimmung getragener Freiheitsbegriff; die Ableitung des politischen Willens aus der freien Debatte der Bürger, in der das bessere Argument überwiegt; die stete Rückbindung intellektueller Reflexion an die Lebensfragen der Menschen.

So mancher Politiker behauptet heute von sich, er habe Rumänien in die Europäische Union geführt; es sei sein persönliches Projekt gewesen – de facto ist dieser Integrationsprozess jedoch noch gar nicht abgeschlossen. Im Wahlkampf 2004 brachte es Stimmengewinne, die massive Korruption im Land anzuprangern; seither wurde sie aber nicht effektiv bekämpft, sondern nahm nur andere Formen an. Die Vielzahl von Familienangehörigen oder anderen nur allzu oft inkompetenten Helfershelfern, die in öffentliche Ämter eingesetzt wurden, sowie eine aggressive Politisierung sind dafür leider überzeugende Belege. Angesichts dieser Situation stellt sich die Frage: Gibt es keine politische Alternative zu einer Sozialdemokratie, die 2004 oligarchisch wurde, zu einem Liberalismus, der von 2005 bis 2009 nur auf Eigennutz bedacht war, und zum autoritären Populismus in der heutigen rumänischen Politik? Es ist dies eine ernste Frage für die Zukunft unserer Demokratie, wie wir sie verstehen und gestalten wollen.

4 Indikatoren der Demokratisierung in Rumänien

4.1 Minimaldefinition der Demokratie

Der Demokratiebegriff wird heute von einigen schon in Frage gestellt,[7] weshalb es mir nötig erscheint, ihn an dieser Stelle zumindest kurz zu bestimmen. Eine

---

[7] Die Bücher von Manfred Schmidt: Demokratietheorien, Opladen 2000, und jene von Takashi Inoguchi (Hg.): The Changing Nature of Democracy, Tokyo 1998, sind aufschlussreich.

»Minimaldefinition der Demokratie«[8], wie sie vorwiegend aus juristischen Erwägungen formuliert wurde, scheint ein guter Ausgangspunkt für jede Untersuchung der Demokratisierung zu sein. Demnach gibt es fünf Kriterien, die ein demokratisches System konstituieren: eine Gesamtheit grundlegender Regeln zur Entscheidungsfindung; ein großer Teil von Mitgliedern der »Gruppe« (des Volkes) fasst die Entscheidung; die Befolgung der Mehrheitsregel als Entscheidungsmechanismus; das Vorhandensein realer Entscheidungsalternativen; die Garantie fundamentaler Rechte der Mitglieder. Diese Definition muss im Zusammenhang mit den ursprünglichen Voraussetzungen der Demokratie gesehen werden: Kontraktualismus, nutzenorientiertes Handeln sowie die Abgrenzung zwischen *homo oeconomicus* und *zoon politikon*.

Doch soll nicht unerwähnt bleiben, dass es auch Kritik an einer solchen Minimaldefinition gibt. Jürgen Habermas etwa brachte wichtige Einwände gegen eine rein juristische Operationalisierung der Demokratie aus diskurstheoretischer Perspektive ein.[9] Und schon John Dewey, Begründer der Demokratiepädagogik, hatte sich aus einer demokratietheoretischen Perspektive gegen eine verkürzte Definition der Demokratie als Herrschaftsform gewandt. Er begriff sie umfassender als eine soziale Idee und Lebensweise.[10]

4.2 Die Sachlage

Legen wir diese Minimaldefinition einmal als Messlatte an und fragen: Wie steht es demnach um die gegenwärtige Lage der Demokratie in Rumänien? Die reine Faktenlage sowie Einschätzungen neutraler Beobachter veranlassten mich, dies näher zu untersuchen.[11] Ich sehe *fünf Mängel in der rumänischen Demokratie*, die man übrigens in unterschiedlichem Maße auch in anderen Ländern der Region findet. Das erste Problem betrifft die Beschränkung der politischen Vertretung im ursprünglichen Sinn, die in der politischen Praxis durch Varianten eines »imperativen Mandats« (Vertretung einer Partei oder einer Gruppe) zum Nachteil des öffentlichen Interesses ersetzt wurde. Ein zweiter Mangel besteht in der Schwächung des politischen Organismus, wodurch die politische Apathie derart groß

---

8 Die Minimaldefinition wurde aufgestellt in: Noberto Bobbio: Le Futur de la démocratie, Paris 2007.
9 Vgl. Jürgen Habermas: Faktizität und Geltung. Beiträge zur Diskurstheorie des Rechts und des Rechtsstaates, Frankfurt am Main 1993.
10 Vgl. John Dewey: The Ethics of Democracy, in: ders.: The Early Works 1882–1898, London/Amsterdam 1969, S. 233–249.
11 Anthony Giddens sagte in Bukarest: »Rumänien hat ein paar Probleme, die zur politischen Kultur gehören, und eine Geschichte mit gewissen Elementen der Korruption auf hohem Niveau.« In: *Adevărul* vom 13. November 2007. Diese Behauptung kann auch dann bestätigt werden, wenn man die Kriterien der Minimaldefinition anlegt.

wird, dass die Legitimität in Frage gestellt wird. Der dritte Mangel liegt im Verwischen der Grenzen zwischen *homo oeconomicus* und *zoon politikon* in einem von einer jungen Demokratie schwer erträglichen Maß. Mangel Nummer vier besteht in einer Schwächung der Legitimität infolge der Ernennung von Amtsträgern auf der Basis gesetzlicher Unzulänglichkeiten. Als fünftes Problemfeld sehe ich schließlich die allgemeine Geringschätzung von Kompetenz durch Politiker sowie die gravierenden Schwächen in der rumänischen Gesetzgebung, die viele Fragen, einschließlich die der Korruption, in einem anderen Licht erscheinen lassen. Ich will diese Beobachtungen im Folgenden erläutern.

Wir wissen aus früheren demokratietheoretischen Debatten, die schon von Jean-Jacques Rousseau[12] eingeleitet wurden, dass die Einschätzung durchaus strittig ist, wie weit die Befugnisse zur politischen Vertretung in repräsentativen Demokratien reichen. Wie umfassend ist die Bevollmächtigung eines (Volks-)Vertreters? Wie groß ist seine Macht, und worauf genau bezieht sich eigentlich seine Vertretung? Diese Fragen hat die rumänische Demokratie in völlig unzulänglicher Art und Weise gelöst, indem nämlich das öffentliche Interesse zu Gunsten von Partikularinteressen geopfert wurde. In Rumänien wurde bis 2008 nach einem System gewählt, wonach die Parteien in jedem Wahlkreis Listen aufstellten und nach Proporz vertreten waren. Im Ergebnis war der gewählte Parlamentarier eher der Partei verpflichtet, auf dessen Liste er gewählt worden war, als seinen Wählern. Er wurde folglich eher ein Vertreter von Parteiinteressen als Volksvertreter. Bei den Parlamentswahlen 2008 versuchte man, dieses Listenwahlsystem zu korrigieren und führte die Direktwahl von Kandidaten ein. Diese Wahlrechtskorrektur war in der Praxis jedoch nicht erfolgreich, und so bleibt die politische Vertretung weiter an Formen des »imperativen Mandats« der Parteien gekoppelt. Die Klärung dessen, was öffentliches Interesse auf der einen und Privat- bzw. Partikularinteressen auf der anderen Seite sind, muss nach Lage der Dinge in Rumänien erst noch erfolgen.

Ein politisches Gemeinwesen ist lebensfähig, wenn die wechselseitigen Beziehungen zwischen diesen Interessensphären intakt sind und die Kommunikation zwischen dem Volk und seinen gewählten Vertretern nicht gestört ist. Ein praktischer Indikator dafür, ob diese Beziehungen und Kommunikationsprozesse funktionieren, ist das Niveau der Debattenkultur, die im Parlament, in den Massenmedien oder auch in akademischen Kreisen gepflegt wird. Wenn man die Debatten in Rumänien beobachtet, wird nicht nur deutlich, wie wenig das Allgemeinwohl in öffentlichen Debatten zählt, sondern auch, wie gestört die Kommunikation ist. Das erste Jahrzehnt nach 1989 war in Rumänien geprägt von einem anhaltenden Informationsdefizit sowie von Verzerrungen aufgrund eines asymmetrischen

---

12 Vgl. Jean-Jacques Rousseau: Du contrat social, Buch III, Kapitel 15.

Zugangs zu Kommunikationsmitteln. Nun findet vor dem Hintergrund eines verbesserten Zugangs zu Informationen und modernen Kommunikationsmitteln eine neue Verzerrung statt, die jenen, die bereits politische Ämter innehaben, strukturelle Vorteile bietet. Deshalb schneiden im Amt befindliche Spitzenpolitiker in den mehr oder weniger manipulierten Meinungsumfragen auch recht gut ab; und sie versuchen, ihre Wiederwahlchancen durch psychologische Tricks noch zu erhöhen. Dieser Prozess führte zu einer so besorgniserregend großen politischen Apathie in der Bevölkerung, dass die Legitimität von Wahlentscheidungen zu einem offenen Problem in Rumänien geworden ist. So ereichte die Wahlbeteiligung mit unter 40 Prozent bei den letzten Parlamentswahlen einen historischen Tiefpunkt. Hier stellt sich die Legitimitätsfrage schon aus rein wahlarithmetischen Gründen. Das Wahlergebnis an sich ist legal, aber nach einer streng demokratischen Auffassung nicht legitim.

Das Problem der Machtkonzentration hat die Demokratie stets begleitet und, beginnend mit Thomas Jefferson[13], berechtigterweise Fragen aufgeworfen. Allerdings sind nicht hinter allen Problemen, mit denen moderne Demokratien zu kämpfen haben, verborgene Mächte zu vermuten, und nicht jede Form der Vermehrung von Einfluss in Wirtschaft oder Politik birgt zwingend eine direkte Gefahr für die Demokratie. Machtkonzentrationen in Wirtschaft, Politik und Medien sind kein rumänisches Spezifikum, sie finden sich in den meisten heutigen Demokratien. Die Besonderheit hierzulande besteht vielmehr in dem ungeheuren Tempo dieser Konzentrationsprozesse in den Händen einiger weniger. Tatsächlich bildeten sich wirtschaftliche und mediale *trusts* innerhalb weniger Jahre heraus, während dies in den klassischen Ländern der Marktwirtschaft Jahrzehnte dauerte. Eine weitere Eigenheit besteht im Umfang des politischen Einflusses, den diese *trusts* auszuüben imstande sind. Fast offensichtlich fand eine starke Verflechtung von Interessen der (privaten) Wirtschaft, der Verwaltung und der Medien statt. Erschwerend kommt hinzu, dass dies unter den Bedingungen einer jungen und ungefestigten Demokratie geschah. Die Grenzen zwischen *homo oeconomicus* und *zoon politikon*, die infolge von Asymmetrien in modernen Gesellschaften ohnehin fließend sind, werden von einflussreichen Kräften ohne Zögern überschritten. Von 2005 bis 2009 fand man wichtige politische Entscheidungsträger auf den Gehaltslisten von Unternehmen, die unmerklich zu Milliardenvermögen gelangt waren und ihren neu gewonnen Einfluss nun auch medial entfalteten. Von der klassischen Autonomie des *zoon politikon* ist nur eine schwache Erinnerung geblieben, die lediglich zu gewissen Anlässen propagandistisch benutzt wird.

Vor einiger Zeit gestand ein deutscher Politiker sein Unvermögen ein, das rumänische Wahlsystem zu verstehen, und die internationale Presse kritisierte, eines der

---

13 Thomas Jefferson: Letter to Albert Gallatin, 1802.

Probleme Rumäniens bestehe in der Inkompetenz seiner (politischen) Entscheidungsträger. Jedenfalls bestätigt die nach den Wahlen von 2008 entstandene Lage erneut den Eindruck, dass chaotische Situationen verwirrende Ergebnisse hervorbringen können, die sich wiederum verhängnisvoll auf ein noch immer dringend reformbedürftiges Land auswirken. Ich will hier nicht weiter auf die bereits erwähnte geringe Wahlbeteiligung eingehen, sondern die Aufmerksamkeit auf die wiederholten Überschreitungen demokratischer Regeln lenken: So wurden zwischen 2005 und 2009 Minister ohne die ausdrückliche Zustimmung der zuständigen Parlamentskommissionen ernannt, und es wurde über den Anspruch debattiert, Regierungen ohne die Berücksichtigung von Wahlergebnissen ernennen zu können. Die Ursache dieser Probleme ist in einer übermäßigen Personalisierung der Macht in Rumänien zu suchen. Um die Lage zu verdeutlichen: In Deutschland wäre es undenkbar, dass ein Bundespräsident bei der Ernennung des Regierungschefs die Wahlergebnisse nicht strengstens berücksichtigt. In Rumänien hingegen praktiziert man eine Art eigenmächtiger Gesetzesinterpretation unter den Bedingungen des politischen Pluralismus und zum Nachteil des Respekts gegenüber geltendem Recht.

Die willkürliche Beschädigung demokratischer Grundsätze hat noch zwei weitere Aspekte. Wie man beobachten konnte, war es seit 2001 in Rumänien üblich, unter dem Deckmantel einer Erneuerung bzw. Verjüngung inkompetente oder zumindest völlig unerfahrene Personen in hohe politische oder administrative Ämter einzusetzen, sodass sie der politischen Führung nicht gefährlich werden konnten, leicht beeinflussbar blieben und die Verantwortung im Zweifelsfall auf diese Unerfahrenen abgewälzt werden konnte. Die Beispiele dafür sind zu zahlreich, um sie hier aufzählen zu können. All das geschieht im Namen des bewusst falsch interpretierten Rechts eines jeden rumänischen Bürgers, ein politisches Amt zu bekleiden. Andererseits wurde 2009 wie in keinem anderen europäischen Land vom Recht der Regierung Gebrauch gemacht, die Vertrauensfrage zu stellen, wodurch die Debatten im Parlament hinsichtlich wichtiger Gesetze – etwa zu Haushalt oder Bildung – schlicht umgangen wurden. Der juristische Dilettantismus der Regierenden und der Wille, durch eigenmächtige Interpretationen von geltendem Recht zu profitieren, ging so weit, dass sie demokratische Regeln überschritten, die kein anderes europäisches Land zu überschreiten gewagt hätte.

Die beschriebenen Tatsachen – die Ersetzung der politischen Vertretung durch das »imperative Mandat«, das Problem mangelnder Legitimität, die Überschreitung der Grenze zwischen *homo oeconomicus* und *zoon politikon*, die Ernennung hoher Amtsträger ohne demokratische Kontrolle – haben gravierende soziale Auswirkungen; zwei von ihnen betreffen unmittelbar auch die Funktionsfähigkeit der rumänischen Demokratie. Die erste soziale Wirkung besteht in einer übermäßigen Politisierung von technisch-wirtschaftlichen, administrativen und kulturellen

Fragen. In jeder Demokratie spielen politische Überlegungen eine wichtige Rolle, vor allem in Wahlkampfzeiten. Bei uns dehnt sich diese Politisierung jedoch so weit über den Zeitpunkt der Wahlen hinaus aus, dass berufliche Kompetenzen in vielen gesellschaftlichen Bereichen völlig in den Hintergrund treten, auch und gerade dort, wo sie dringend nötig sind: in der staatlichen Verwaltung. Die zweite soziale Wirkung besteht in einer mangelnden Qualität der Gesetzgebung. Nur selten werden Gesetze im Sinne des Allgemeinwohls verabschiedet; dies ist ein Grund dafür, weshalb die Korruption nicht erfolgreich bekämpft werden kann. Paradoxerweise befolgt der größte Teil der Bürger die Gesetze, und diese entsprechen auch den geltenden Verfahrensregeln, aber die Korruption sinkt nicht, sondern steigt.

4.3 Herausforderungen für die rumänische Demokratie

Welche Herausforderungen ergeben sich aus diesen Tatsachen für uns als Demokraten, für unser Demokratieverständnis und unsere politische Kultur in Rumänien?

Erstens muss deutlich unterschieden werden zwischen der reinen Proklamation von politischem Pluralismus und einer wirklichen Gestaltung der Demokratie. Die Ersetzung der politischen Vertretung durch Formen des »imperativen Mandats« beweist klar, dass es nicht genügt, freie Wahlen zu verkünden, um zu demokratischen Strukturen zu gelangen, obwohl es keine Demokratie ohne freie Wahlen gibt. Die rumänischen Demokraten müssen die Demokratie als Institution fest verankern, um die politische Gestaltungsmacht zurückzugewinnen.

Zweitens muss eine klare Unterscheidung zwischen öffentlichem Interesse, Partikular- und Einzelinteressen getroffen werden. Die rumänischen Demokraten müssen dazu befähigt werden zu erkennen, was wirklich dem öffentlichen Interesse dient und welche Einzelinteressen nur vorgeben gemeinwohlorientiert zu sein.

Drittens muss der Unterschied zwischen Legalität und Legitimität unter den Bedingungen der heutigen Demokratie geklärt werden. Die enorme politische Apathie im Land führt uns diese Notwendigkeit überdeutlich vor Augen, und die Demokraten sind dazu berufen, die Legitimität von (Wahl-)Entscheidungen immer wieder zu hinterfragen.

Viertens ist zu klären, wie die Demokratie unter den Bedingungen der Konzentration von wirtschaftlicher, politischer und vor allem medialer Macht gesichert werden kann. Wir wissen schon relativ viel darüber, wie demokratische Institutionen unter den Bedingungen wirtschaftlicher Monopolisierungsprozesse und einer Konzentrierung des politischen Lebens in großen Parteien funktionieren; der Einfluss medialer Konzentrationsprozesse wurde hingegen noch zu wenig beleuchtet, ebenso die Auswirkungen von Interessenverflechtungen großer Wirtschaftsunternehmen mit Justiz, Verwaltung und Medien. Wir als Demokraten sind dazu berufen, die Möglichkeiten der Demokratie unter den Bedingungen solcher Konzentrationsprozesse zu klären.

Fünftens ist die Beziehung zwischen politischem Engagement und Entscheidungskompetenz zu klären. Im wirklichen Leben geht beides oft Hand in Hand; aber es gibt in unserer Demokratie auch Kräfte, die diesbezügliche Diskrepanzen ausnutzen, um sich Macht anzueignen, und die Kompetenzkriterien zum eigenen Vorteil unterlaufen. Die Demokratie ist aber auf Experten angewiesen, um erfolgreich sein zu können.[14] Wir als Demokraten müssen Wege finden, wie demokratische Strukturen das politische Engagement von (Volks-)Vertretern und ihre Kompetenzen systematisch fördern können.

Sechstens muss die Qualität der Gesetzgebung verbessert werden. Für demokratische Systeme ist kennzeichnend, dass Gesetze gemäß gewisser Verfahren entwickelt und verabschiedet werden, die sicherstellen, dass sich der politische Wille der betreffenden Gemeinschaft in der Gesetzgebung auch widerspiegelt. Um jedoch gemeinwohlorientierte Gesetze zu schaffen, genügt eine rein schematische Anwendung dieser Verfahren nicht; es bedarf darüber hinaus einer gewissen juristischen und sozialen Kompetenz. Wir Demokraten sind daher berufen, die Qualität der Gesetzgebung und die Wege zu thematisieren, die eingeschlagen werden müssen, um Gesetze gemeinwohlorientiert zu gestalten.

Die *siebente* Herausforderung ist umfassender: Wir müssen in Rumänien zu einem veränderten Verständnis von Demokratie gelangen; sie nicht als bloße Technik periodischer Wahlen von (Volks-)Vertretern, sondern als Lebensform begreifen. Die Demokratie endet nicht mit dem Wahlabend. Wir müssen demokratische Verfahren und Strukturen in allen gesellschaftlichen Bereichen anwenden und im täglichen Miteinander mit Leben erfüllen.

Die *achte* Aufforderung ist ebenfalls allgemeiner Natur: Wir müssen in der Politik für wirkliche Entscheidungsalternativen sorgen, vor allem in Wahlkampfzeiten. Wahlentscheidungen werden vielfach aus ganz praktischen Erwägungen getroffen: Die Bürger wählen je nach ihren konkreten Bedürfnissen jene Alternative, die ihnen am vielversprechendsten erscheint. Sicher können Theorien allein keine konkreten Problemlösungen ersetzen. Aber die systematische Entwicklung von Lösungsansätzen als nutzloses Theoretisieren quasi *a priori* abzutun, die fortwährenden Belege der Unfähigkeit der politischen Elite, tragfähige und zugleich theoretisch unterfütterte Konzepte zu entwickeln, sowie eine übermäßige Personalisierung der Politik vermindern zusammengenommen die Möglichkeiten, den

---

14 Unter anderem muss zwischen *boss, manager* und *leader* unterschieden werden. Ich habe die Frage behandelt in: Andrei Marga: Multiculturalism, Interculturality and Leadership, in: Higher Education in the World 3, New York 2008, S. 114–118.

Wählern wirkliche Alternativen zu bieten, wie es für intakte Demokratien üblich ist. Wir Demokraten sind demnach berufen uns zu fragen, wie den Bürgern solche echten Entscheidungsalternativen geboten werden können.

4.4 Diagnosen

Im Lichte dieser Erkenntnisse kann die *skeptische Diagnose* dennoch nicht geteilt werden, wonach Rumänien nur eine Scheindemokratie sei. Wie kritisch man die derzeitige Lage auch bewerten mag, einige Tatsachen sind unbestritten: Die politischen Entscheidungsprozesse weichen von jenen des Autoritarismus ab, gewählte Vertreter treffen Entscheidungen in den Institutionen auf allen politischen Ebenen, es gilt das Mehrheitsprinzip. Bei anstehenden Entscheidungen stehen verschiedene Personen, Handlungsoptionen und Argumente zur Auswahl, und die Grundrechte der Bürger werden respektiert. Die Demokratie in Rumänien funktioniert als pluralistische Demokratie unter gesetzlichen Rahmenbedingungen, die mit jenen anderer demokratischer Länder vergleichbar sind.

Doch auch die *euphorische Diagnose* kann nicht geteilt werden, dergemäß die demokratischen Strukturen in Rumänien schon voll entwickelt sind und wir uns nur noch mit der Geschichte auseinandersetzen müssen. Bis wir ein solches Niveau an Demokratie erreichen, ist es noch ein langer Weg. Die politische Willensbildung unter pluralistischen Bedingungen ist noch schwierig, die Orientierung am Allgemeinwohl vielfach noch nicht gegeben, die politische Apathie der Bürger ist für eine junge Demokratie viel zu groß, die Leistungsfähigkeit der politischen Elite hingegen zu gering, die Gesetzgebung instabil und mängelbehaftet, und Fortschritte werden nur mühsam erzielt. Die Demokratie ist in Rumänien eher eine Technik der periodischen Wahl von (Volks-)Vertretern als eine Lebensform. Wir müssen uns also nicht nur mit der Geschichte unserer Demokratie auseinandersetzen, sondern – noch wichtiger – an unserem Demokratieverständnis arbeiten. Dazu brauchen wir ein gehöriges Maß an Selbstreflexion und die Unterstützung durch wissenschaftliche Studien.

4.5 Ausblick: Was ist zu tun?

Wohin muss sich die Demokratie in Rumänien entwickeln? Von jenen, die kritisieren, dass es in der Region immer wieder unfruchtbare politische Auseinandersetzungen zwischen den Parteien und ihren Vertretern gibt und dass sich der politische Wille nur schwer vernünftig bildet, kommen viele zu der Überzeugung, dass es *zu viel* Demokratie gibt. Dieser Eindruck kann sich verstärken, wenn man die unprofessionellen politischen Debatten und die ebenso geringe Kompetenz der

Redner betrachtet. So sehr diese Überzeugung auch verbreitet sein mag: Wir leiden nicht an *zu viel* Demokratie, sondern an *zu wenig*! Die Parteien profilieren sich nicht genügend durch eigene Themensetzung und Problemlösungsangebote; die Politikbereiche sind stark personalisiert; das Verantwortungsbewusstsein ist zu schwach ausgeprägt; Manipulationen sind offensichtlich; schon unmittelbar nach der Wahl fehlt die demokratische Kontrolle fast völlig. All diese Probleme können überwunden werden, aber nicht durch die Einschränkung der Demokratie, sondern durch ihre Weiterentwicklung.

Andere wiederum kritisieren, dass sich durch freie Wahlen in Rumänien eine neue politische Elite herausgebildet hat, die sich trotz ihrer oft nur mittelmäßigen Leistungen beharrlich in ihren Ämtern hält. Sie trösten sich mit der vermeintlichen Gewissheit, dass sich jede Demokratie unvermeidlich zum Autoritarismus hin entwickelt. Diese Überzeugung wird durch den Umstand genährt, dass viele Menschen es vorziehen, sich den gegebenen Umständen anzupassen anstatt dagegen anzukämpfen. So verbreitet diese Ansicht auch sein mag, ist sie dennoch verfrüht, so lange es freie Wahlen gibt. In Rumänien können sich nicht alle politischen Interessen gleich gut artikulieren, und die lautesten Stimmen gelten häufig als die fachkundigsten. Wer die Medien kontrolliert, kann auch die öffentliche Meinung beeinflussen. Dies sind aber keine Beweise für ein autoritäres Abrutschen der Demokratie, sondern nur für ihre schwache Entwicklung.

Was kann also für die Entwicklung der Demokratie in Rumänien getan werden? Ich will den dargestellten Katalog an Herausforderungen hier nicht noch einmal wiederholen, sondern lediglich zusammenfassend betonen: Für die Lösung dieser Probleme müssen wir in Rumänien eine andere politische Kultur entwickeln: Wir Demokraten sind auch am Tag nach der Wahl noch gefragt uns einzubringen. Wir müssen klären, was wir unter öffentlichem Interesse verstehen und politisches Handeln daran ausrichten. Es gilt, die Verflechtungen zwischen Legalität und Legitimität zu entwirren, die Bedeutung beruflicher Kompetenzen anzuerkennen, die Qualität der Gesetzgebung zu verbessern und nicht zuletzt wirkliche Wahlalternativen zu entwickeln. Darüber hinaus muss die Demokratie in Rumänien auch institutionell weiterentwickelt werden, und wir müssen uns über unser eigenes Demokratieverständnis neu vergewissern.

Die Verwirrungen der politischen Kultur mit ihren weit reichenden Folgen müssen beseitigt werden. Davon möchte ich folgende erwähnen: die Reduktion des Pluralismus auf reine Meinungsverschiedenheiten, die sich gegenseitig neutralisieren; die Beschränkung der Demokratie auf den bloßen Wahlakt; die Verwechslung von politischen Programmen mit Wunschzetteln; die Auffassung der politischen Elite, die ihnen übertragene Macht sei ihr persönlicher Besitz, nicht eine Verpflichtung zur Problemlösung im Sinne der Allgemeinheit. Wir müssen uns von dem Ruf nach einer *starken* Regierung verabschieden und stattdessen *kompetente* Regierungen fordern. Denn wir brauchen reale Veränderungen (anstelle sporadischer Einzelschritte), eine innovative Innenpolitik (anstelle improvisierter Regelungen), eine kreative Außenpolitik (anstelle von Täuschungsmanövern), klare Organisationsstrukturen und Institutionen (anstelle von Intransparenz), öffentlich geführte konstruktive Debatten (anstelle propagandistischer Wortgefechte).

Wir können dies konkretisieren, indem wir noch einen kurzen Blick darauf werfen, welch zweifelhaftes Gesetzesverständnis sich viele rumänische Politiker zu Eigen gemacht haben. Dazu gehört erstens eine instrumentelle Auffassung von Gesetzen. Statt sie als Ausdruck des öffentlichen Interesses aufzufassen, ist es für viele Politiker verlockender, sie als politische Kampfinstrumente zu missbrauchen, um aktuelle (Krisen-)Situationen zu kontrollieren. Zweitens werden Gesetze vielfach als kontextuelle Regelungen aufgefasst, die von aktuellen Machtverhältnissen wie Popularitätswerten oder vom Wahlklima abhängen. Es ist für dieselben Politiker demnach ebenfalls von Vorteil, wirtschaftliche und soziale Krisensituationen für Gesetzesänderungen auszunutzen. Drittens werden die rumänischen Wähler häufig undifferenziert als eine Gruppe bzw. Einheit angesehen, die ihre Meinung bei Volksabstimmungen durch Ja oder Nein ausdrückt. In der historischen Entwicklung Rumäniens wurden demokratische Phasen von langen Perioden des (rechten oder linken) Autoritarismus unterbrochen, weshalb sich die Demokratie heutzutage nicht allein darauf beschränken darf, freie Wahlen zu garantieren. Freie Wahlen sind natürlich der erste Schritt der Demokratisierung; wir müssen uns aber auch dafür einsetzen, dass die Wähler ausreichend informiert und dass die realen Entscheidungsalternativen und deren Folgen für die demokratische politische Gesellschaft ausreichend erläutert werden. Gerade dieser Klärungsprozess bleibt eine Pflicht, der sich die Demokraten nicht entziehen dürfen, auch wenn deren Erfüllung nicht von heute auf morgen erfolgt.

Die institutionelle Gestaltung der rumänischen Demokratie ist noch nicht abgeschlossen. Bisher wurde das Ziel freier Wahlen erreicht, angestrebt werden muss jedoch noch mehr: die Überwindung der instrumentellen und kontextabhängigen Rechtsauffassung, die Ausarbeitung realer Entscheidungsalternativen, eine ausreichende Information der Bürger und eine Verlässlichkeit im Hinblick auf die sich aus Entscheidungen ergebenden Folgen und die Legitimität. Heutige Demokratien müssen sich nicht nur mit der Geschichte, sondern auch mit ihrem Selbstverständnis und mit Vermittlungsproblemen auseinandersetzen.

Wer über die Demokratie in Rumänien (und vielleicht darüber hinaus) nachdenkt, dem stehen genügend Tatsachen zur Verfügung, die belegen: Die moderne Demokratie wird nicht nur von den traditionellen Rivalen – Autoritarismus bzw. Totalitarismus – herausgefordert, sondern auch von ihrer rein auf Verfahrensabläufe beschränkten Verkürzung und ihren auf einem fehlinterpretierten Freiheitsbegriff beruhenden Verzerrungen. Die Demokratie unterscheidet sich gerade durch ihre Verfahren vom Autoritarismus, man muss aber in ihr mehr als eine Gesamtheit bloßer Entscheidungsprozeduren sehen. Dieses Mehr umfasst Überzeugungen, die gewissen kulturellen Normen entspringen, das Vertrauen in bestimmte Grundregeln des Zusammenlebens, die Verbindung von Gesetzeseinhaltung mit moralischen Verpflichtungen, die argumentative Kommunikation.

Angesichts der Vielzahl von »empirischen Auffassungen der Demokratie« – die man häufig in Meinungsumfragen oder den Reden emphatischer Verfechter des Status quo findet – müssen wenigstens drei Klischees überwunden werden, die fälschlich als Wahrheiten gelten: dass in der Gesellschaft kommuniziert wird, weil die Massenmedien frei sind, dass die ethische oder juristische Normierung unendlich abgebaut (also kontextualisiert) werden kann und dass es nicht nötig sei, an einem veränderten Demokratie- und Rechtsverständnis zu arbeiten, da diese unausweichlich ideologisch sind. Aus der langen Geschichte der Bemühungen um die Demokratisierung in Europa wissen wir, dass eine echte soziale Kommunikation mehr ist als die Sendung und das Kommentieren von Nachrichten, dass das Vertrauen in Normen, die über gewisse Kontexte hinausreichen, unentbehrlich für ein demokratisches Gemeinwesen sind, dass nur solche Normen tragfähig sind, die ethische Prinzipien mit dem Rechtsstaatsprinzip verbinden, und dass ein reflektiertes Demokratieverständnis nötig ist, um sinnstiftend zu wirken. Wenn wir in Rumänien dies verinnerlichen, ist das die beste Form des Gedenkens an die historischen Umbrüche des Jahres 1989, die unsere Demokratie überhaupt erst möglich gemacht haben.

Gerhard Mangott

Russlands versperrter Weg aus dem Zurück.
Eine anteilnehmende Beobachtung

In der Gemeinde der wissenschaftlichen Beobachter Russlands gibt es keine einmütige Bilanz und Bewertung der russländischen Herrschaftswirklichkeit; noch weniger aber lässt sich Einklang ausmachen, worin denn der ursächliche Wesensgrund für die politischen, sozialen und wirtschaftlichen Verhältnisse des Landes bestehe. Ist das gegenwärtige Russland autoritär verhärtet, repressiv, seine Elite arrogant den Wünschen der eigenen Bürger verschlossen? Wird den Bürgern die Teilhabe an den Belangen des öffentlichen Lebens verwehrt, alle sozialen Netzwerke durch patrimoniale und klientelistische Fäden durchwoben? Einigten sich die Beobachter auf diesen Befund – wo wären Verantwortung und Komplizenschaft zu verorten? Ist sie politischen Führungsfiguren, der sozialen Struktur, der politischen Kultur oder zivilisatorischer Rückständigkeit zuzuschreiben?

1 Führungs- und Leistungsversagen der nachsowjetischen Herrschaftsordnung

Die nüchterne Bilanz der russländischen Herrschaftswirklichkeit seit 1991 kann mehrere zentrale Argumente anführen: Zum einen war der Bruch mit der kommunistischen Herrschaftslogik nicht vollständig und die Elitenkontinuität relativ hoch; zum anderen war die neue Führung keiner demokratischen Herrschaftskultur verpflichtet. Zuletzt erodierte die Legitimität der Herrschaftseliten wie auch der als Demokratie vermittelten Herrschaftsform angesichts ökonomischer und sozialer Leistungsdefizite und der schamlosen Verschmelzung politischer und ökonomischer Akteure und Interessen.[1]

1.1 Zwischen radikalem Bruch und Kontinuität

Der Bruch der russländischen Führung mit dem kommunistischen Regime 1991 war nicht vorbehaltlos und umfänglich. Wichtiger aber, die ›neuen‹ Eliten um Boris N. Jelzin, der im Juni 1991 in direkten Volkswahlen zum Präsidenten Russlands

---

1 Siehe dazu ausführlich Gerhard Mangott: Zur Demokratisierung Russlands, Band 1: Russland als defekte Demokratie, Baden-Baden 2002.

gewählt worden war, aber auch Jelzin selbst waren nur sehr bedingt gegenüber demokratischen Normen und Werten aufgeschlossen – schließlich war er lange Mitglied der kommunistischen Herrschaftskaste gewesen. Die Abwendung von seinen Gesinnungsgenossen war weniger der demokratischen Bekehrung geschuldet, sondern war ein wichtiges Element seiner Machtstrategie, die nicht zuletzt in einer emotionalen Rache an seinem anfänglichen Mentor Michail Gorbačov bestand, der Jelzin 1987 in demütigender Manier als Leiter der Moskauer Parteisektion abgesetzt hatte.

Jelzin verstand es geschickt, sich durch die Allianz mit der stärker werdenden, die zivile Gesellschaft geradezu konstituierenden demokratischen Bewegung, organisiert als Demokratisches Russland (*Demokratičeskaja Rossija*), den Weg zurück an die Macht zu ebnen. Es wäre aber unrichtig, den altgedienten kommunistischen Funktionär ausschließlich des machiavellistischen Missbrauchs der demokratischen Aktivisten zu zeihen; nicht dass dies gänzlich unmaßgeblich gewesen wäre; aber Jelzin hatte durchaus eine, wenn auch nicht sehr präzise, inhaltliche Nähe zu deren Forderungen entwickelt. Die Führungsfiguren der demokratischen Bewegung wurden von Jelzin nach seiner Machtübernahme aber an den Rand gedrängt; keine von ihnen wurde in die Schaltstellen der Macht berufen. Der neue Präsident setzte auf die vertrauten Netzwerke aus seinen Tagen als regionaler kommunistischer Parteiführer in der Region Sverdlovsk.[2] Es war dieses Milieu, in dem sich Jelzin letztlich heimisch fühlte; er kannte dessen informelle Regeln und Rituale; er verstand zudem, dass ohne deren Rückhalt auch ein charismatischer Führer rasch an Halt verlieren konnte. An den Rand gedrängt wurden von der Sverdlovsker Seilschaft (Jurij Petrov, Gennadij Burbulis, Oleg Lobov und Viktor Iljušin) aber auch Akteure, die Jelzin aus taktischen Erwägungen kurzzeitig als Alliierte angesehen hatte – den am 12. Juni 1991 als Vizepräsident gewählten, russisch-nationalistischen General Aleksandr Ruckoj und den Nachfolger Jelzins im Amt des Vorsitzenden des Obersten Sowjet Ruslan Chasbulatov.

Jelzin selbst sah sich als charismatischen Führer, der durch seine emotionale Mobilisierungskraft und seine visionäre Zukunftsstrategie zum Hoffnungsträger einer verunsicherten und zunehmend verarmten Bevölkerung wurde. Dabei hat es der neue Präsident unterlassen, vielleicht sogar vermieden, die Herrschaftsausübung zu institutionalisieren; die Abkehr von der repressiven kommunistischen Herrschaft führte in eine institutionelle Leere. Die personalisierte Herrschaft war sowohl im Selbstverständnis Jelzins als auch im Kontext der politischen Kultur Russlands die naheliegendere Option.[3] Die Rolle des Volkstribunen, der unter

---

2 Graeme Gill/Roger D. Markwick: Russia's Stillborn Democracy? From Gorbachev to Yeltsin, Oxford/New York 2000.
3 Michael McFaul: State Power, Institutional Change, and the Politics of Privatization in Russia, in: *World Politics*, Nr. 2/1995, S. 210–243.

Berufung auf den demokratischen Mehrheitswillen institutionalisierte Schranken und Regeln durchbrechen könne, war seiner Persönlichkeit viel näher. Jelzin war aber auch in der Lage, der Bevölkerung eine Perspektive und eine sinn- und identitätsstiftende Leitlinie für die Entwicklung des Landes zu vermitteln. Es kann gleichsam als Unglück angesehen werden, dass der demokratische Aufbruch in die Hände einer autoritären Persönlichkeit gelegt wurde.

1.2 Abbruch der demokratischen Reformen

Die demokratischen Reformbemühungen wurden rasch abgebrochen, weil das Lager um Jelzin die eskalierenden Konflikte mit einem rivalisierenden Elitenkartell aus rechtsnationalistischen und orthodox-kommunistischen Kräften mit dem Einsatz militärischer Gewalt löste. Damit setzte ein Prozess der autoritären Verhärtung ein, der sich in den kommenden Jahren verstetigte und verstärkte. Jelzin und die reformkritische Mehrheit des noch 1990 gewählten Obersten Sowjet hatten sich zuvor nicht auf die Regierungsform in einer neuen Verfassung einigen können: Der auf die Wahrung geltender Macht beharrenden Mehrheit der Abgeordneten setzte das Lager um Jelzin das Konzept einer starken präsidialen Exekutive gegenüber. Im lähmenden Widerstreit der Akteure wählte Jelzin im September 1993 den mit militärischer Gewalt durchgesetzten bonapartistischen Staatsstreich. Die neue Machtverteilung wurde in der in einem manipulierten Volksreferendum im Dezember 1993 gebilligten Verfassung zementiert: Die präsidiale Exekutive wird zum alleinigen Machtzentrum, die Volksvertretung hingegen wird stark marginalisiert. Der im Referendum beschlossene Verfassungsentwurf kann daher nicht als Ausdruck des Konsenses aller relevanten Eliteakteure, sondern muss als einseitige Durchsetzung der Interessen einer Konfliktpartei angesehen werden.

Der Staatsstreich, der Rückgriff auf militärische Gewalt zur Eliminierung politischer Gegner, gefälschte Referendumsergebnisse und anhaltende Rechtsbeugung durch die präsidiale Exekutive leiteten den Prozess der intransparenten, byzantinischen und autoritären Machtausübung ein. Der mangelnde Respekt vor dem Gesetz, bürokratische Korruption, Druck auf die Medien und die barbarischgewaltsame Niederschlagung des nordkaukasischen Separatismus in Čečnja (Tschetschenien) sind als Bausteine der Unfreiheit zu benennen, die sich ohne große Mühen auf dem historischen Fundament der staatlichen Repression und der diktatorischen Führung des zaristischen und des kommunistischen Russland aufbauen ließen. Sicher – die Führungsgarde Jelzins hat mehr Pluralismus, mehr Freiheit zugelassen; aber diese Freiheit war bisweilen vielleicht auch mehr Anarchie und Zeichen einer Gleichgültigkeit der Herrschaft gegenüber ihren Bürgern. Die schmutzige Wiederwahl Jelzins als Staatspräsident Russlands im Juli 1996 war gleichsam der Schlussstein in der neu errichteten Feuermauer gegen demokratische Freiheiten.

1.3 Wirtschaftlicher Zusammenbruch und soziale Verelendung

Zur ausbleibenden Führungsleistung kamen wirtschaftliche Liberalisierungsschritte ohne institutionelle Begleitkontrolle. Die Freigabe der Preise und des Außenhandels sowie die Privatisierung zunächst kleiner und mittlerer Unternehmen im Jänner 1992, dann ab 1995 auch der lukrativen staatlichen Großunternehmen im Öl- und petrochemischen Sektor und der Metallurgie wurden nicht durch ein Netzwerk kontrollierender Institutionen eingeleitet. Es fehlten gesetzliche Grundlagen wie Handels-, Steuer-, Konzern-, Kartell- und Wettbewerbsrecht, Sozial- und Arbeitsrecht oder Finanzmarktaufsicht. Die volkswirtschaftliche Leistung (BIP) brach allein im Jahr 1992 um 14,5 Prozent ein, 1992 um weitere 8,7 und 1993 um 12,7 Prozent; die Kontraktion des BIP wurde erst 1999 beendet und durch eine mehrjährige Wachstumsphase abgelöst. Die negativen Arbeitsmarkteffekte der wirtschaftlichen Notlage wurden von horrenden Inflationsraten – allein 1992 von 1.526 Prozent – begleitet. Der Währungszerfall vernichtete die Ersparnisse der Bürger, die Reallöhne brachen massiv ein – allein 1992 um 32,7 Prozent; Löhne wurden von den (staatlichen) Betrieben aber ohnehin zumeist verzögert ausbezahlt, als die Inflation deren nominale Höhe längst entwertet hatte.[4]

Die soziale Verelendung als Ergebnis der wirtschaftlichen Stagnation vorangegangener Jahre, vor allem aber der überstürzten Finanzreformen von 1992 drückt sich besonders deutlich in der demografischen Krise Russlands aus. Die Bevölkerungszahl des Landes ist deutlich rückläufig und liegt 2009 trotz einer Nettoimmigration (vor allem ethnischer Russen aus den Nachbarländern) bei 141,9 Millionen – um sechs Millionen niedriger als 1989. Dies ist durch eine sehr niedrige Geburten- und eine außerordentlich hohe Sterberate zu erklären. Die Zahl der Geburten war von 13,4/1.000 Bewohner in 1990 auf 8,3 in 1999 abgesunken; derzeit (2008) liegt sie wieder bei 12,1. Die Sterberate lag 1990 bei 11,2/1.000 Bewohnern und ist bis 2003 auf 16,3 angewachsen. 2008 liegt sie bei 14,6/1.000.[5] Die allgemeine Fruchtbarkeitsrate ist bis 1999 auf 1,17 pro gebärfähiger Frau abgesunken.

Die durchschnittliche Lebenserwartung bei Geburt ist von 69,2 Jahren in 1989 auf 64,5 Jahre in 1994 eingebrochen – ein Rückgang von 4,7 Jahren in nur

---

4   Die Daten wurden aus der Statistischen Datenbank des Wiener Instituts für Internationale Wirtschaftsvergleiche (wiiw) entnommen.
5   Daten des Föderalen Staatlichen Statistikdienstes Russlands [http://www.gks.ru].

fünf Jahren.⁶ Die Lebenserwartung der männlichen Russen ist dabei deutlich niedriger als die der Frauen: Männer wurden 1995 durchschnittlich nur mehr 58,1 Jahre alt (6,7 Jahre weniger als noch 1988), Frauen damals 71,6 Jahre. Derzeit (2008) liegt die durchschnittliche Lebenserwartung bei 61,8 bzw. 74,2 Jahren.⁷ Zu den wichtigsten Ursachen der hohen Sterberate zähl(t)en ein extremer Anstieg von Herz-Kreislauf-Erkrankungen, Alkohol-, Tabak- und Drogenmissbrauch, Luft-, Wasser- und Bodenverschmutzung, Fehl- und Mangelernährung, absinkende medizinische Versorgungsdichte und der Anstieg epidemischer Erkrankungen wie Tuberkulose und HIV.⁸

Damit soll nur ein Erlebnisbereich der russländischen Bürger benannt werden, der, zusammen mit anderen, zu einem sozialen Trauma, zu einer erheblichen sozio-emotionalen Verwerfung geführt hat. Das soziale Schockerlebnis bleibt in der kollektiven Erinnerung der Bürger die Schuld einer Führungselite, die mit dem Anspruch auf und hinter der Fassade von demokratischer Herrschaft angetreten war.

1.4 *Verschmelzung ökonomischer und politischer Führungseliten*

Durch die gesteuerte Privatisierung der lukrativen staatlichen Unternehmen im Öl- und petrochemischen Sektor, der Metallurgie und der Telekommunikation ist eine vermögende Kaste, die oligarchischen Eigentümer der finanz-industriellen Holdings, entstanden, die mit den politischen Führungsstäben verschmolzen ist. Abgewickelt wurde diese Privatisierung im Rahmen des Konzepts *loans for shares*, das von Anatolij Čubajs, einem Weggefährten Jelzins, initiiert wurde. Das Konzept sah vor, das chronisch defizitäre russländische Budget durch Kredite von kapitalstarken russländischen Banken zu stützen. Der Staat hinterlegte als Sicherheiten für die Kredite Mehrheitsanteile an den Staatsbetrieben der genannten Branchen. Da die Kredite nicht rückbezahlt werden konnten, erhielten die Banken das Recht, die Aktienanteile an den Staatsbetrieben in Auktionen zu veräußern. Zu diesen Auktionen wurden ausländische Bieter nicht zugelassen; begründet wurde dies mit der strategischen Bedeutung der angebotenen Unternehmen in der russländischen Volkswirtschaft. Der eigentliche Grund aber war, den Wettbewerbsdruck auf die heimischen Bieter gering zu halten. Die Auktionen selbst wurden

---

6   Daten der Weltbank [http://www.worldbank.org, Quick Query selected from World Development Indicators].
7   Daten aus: http://www.gks.ru/free_doc/new_site/population/demo/demo26.htm.
8   Siehe dazu Murray Feshbach: Potential Social Disarray in Russia Due to Health Factors, in: *Problems of Post-Communism*, Nr. 4/2005, S. 22–27; Rainer Lindner: Russlands defekte Demographie. SWP-Studie 2008/S 11, 29 S.

zum Fiasko für den Staatshaushalt: Der Erlös der veräußerten Staatsanteile war äußerst gering, die Verkaufspreise lagen immer nur knapp über dem Ausrufepreisen. Der Grund dafür lag in Absprachen zwischen den bietenden finanzstarken Unternehmen. Diese teilten die angebotenen Staatsunternehmen gleichsam vorab untereinander auf. So konnte jeder Bieter sein präferiertes Staatsunternehmen weit unter dem Marktpreis erwerben.

In diesen Jahren wurde die ökonomische Machtstellung der Oligarchen, angeführt von Boris Berezovskij, Vladimir Potanin, Vladimir Gusinskij, Michail Chodorkovskij, Roman Abramovič, Michail Fridman und Viktor Vekselberg, zementiert. Zu diesen Holdings zähl(t)en nicht nur Banken und große Industrieunternehmen, sondern auch Medienkonzerne, sowohl im Bereich der Presse wie der elektronischen Unternehmen.

1.5 Vernichtungskrieg gegen den nordkaukasischen Separatismus

Mit dem militärischen Vernichtungskrieg im nördlichen Kaukasus (1994–1996) zur Abwehr des säkularen, ethnisch-nationalistischen Separatismus der Čečenen setzte Jelzin die Strategie militärischer Konfliktlösungen fort.[9] Dabei war das Ziel, die Kontrolle im nördlichen Kaukasus wiederzuerlangen, beinahe nachrangig; wichtiger war der Führung, durch einen »kleinen, siegreichen Krieg« (Verteidigungsminister Pavel S. Gračov) die öffentliche Zustimmung zu Jelzin wieder anzuheben. Der Waffengang wurde zu einem blutigen und zermürbenden Feldzug, der die Widerstandskraft der Sezessionisten und die Schwäche der zerfallenden russländischen Armee aufzeigte. Jelzin und seine Berater hatten sich gegen den Widerstand des Generalstabs zur militärischen Intervention entschieden. Die Generäle wussten, dass die Armee auf eine derartige Militäroperation nicht vorbereitet war. Die militärischen Einheiten wurden mit zumeist jungen Rekruten bestückt, die niemals zuvor gemeinsam militärische Übungen abgehalten hatten. Bedingt durch die schlechte Ausrüstung und die niedrige Moral wurden viele davon zum Schlachtvieh auf den Kampfplätzen eines brutal geführten Feldzugs. Russland wurde im August 1996 zu einem demütigenden Waffenstillstand in Chasavjurt gezwungen, in dem die Frage nach der Unabhängigkeit von Čečnja für fünf Jahre vertagt wurde.

In diesen Jahren spaltete sich der sezessionistische nordkaukasische Widerstand in zwei Lager – den moderaten nationalistischen Flügel und die erstarken-

---

9 Siehe dazu ausführlich Gerhard Mangott: Čečnja – Die russländische Tragödie und die verlorene Generation, in: Österreichisches Studienzentrum für Frieden und Konfliktlösung (Hg.): Der Krieg der Armen? Der internationale Terrorismus in der neuen Weltordnung, Münster 2005, S. 176–191.

de islamistische Fraktion. Die Islamisierung des ehemals ausschließlich ethnisch-separatistischen Widerstands war das Ergebnis des russländischen Feldzugs; sie war damals teilweise autochthon unter Aufnahme alter Widerstandstraditionen, teilweise durch Anleitung einsickernder ausländischer islamistischer Söldner erfolgt. Es ist die zweite Generation des Widerstands, die extremistisch islamisiert ist. Die Loslösung ihrer engeren Heimat von Russland ist für diese Marodeure längst nicht mehr das Ziel; das einigende ideologische Band für diese Kämpfer ist die Durchsetzung eines islamischen Imamats im gesamten Nordkaukasus, der damit aus dem russisch-orthodoxen Russland herausgebrochen werden soll.[10]

Die nunmehr benannten politischen, sozialen, wirtschaftlichen und staatsrechtlichen Verwerfungen machen deutlich, wie wenig sich Russland nach 1991 zu einer demokratischen Herrschaftsordnung hin bewegte. Als Boris Jelzin im Dezember 1999 aus dem Amt schied, waren Vorhaben und Umsetzung einer demokratischen Abkehr vom repressiven kommunistischen Staat gescheitert.

2 Vladimir Putin als Beschützer des Elitenkartells

Die zunächst noch offene Frage, wer Boris Jelzin im Amt des Präsidenten nachfolgen würde, löste in der wirtschaftlichen und politischen Elite Russlands erhebliche Unsicherheit aus. Das Elitenkartell, das sich in den vorangegangenen Jahren gebildet hatte – die finanz-industriellen Holdings, die durch die ›Raubprivatisierung‹ entstanden waren, der Präsident selbst und seine Familie, die Günstlinge in seiner Umgebung –, fürchtete, der Nachfolger im Präsidentenamt könnte die Privatisierungsergebnisse revidieren und die (semi-)kriminellen Aktivitäten strafrechtlich verfolgen. Das Kerndilemma war nun, die wirtschaftlichen, finanziellen und rechtlichen Interessen des Kartells auch nach dem durch die Verfassung erzwungenen Abtreten des Präsidenten zu sichern. Dazu war es notwendig, einen Führungspolitiker aufzubauen, der sowohl bedingungslos loyal als auch charismatisch genug war, um demokratische Wahlen für sich zu entscheiden. Bereits 1998 hatte das Kartell begonnen, taugliche Figuren für diese Aufgabenstellung zu finden. Als aber Vladimir V. Putin am 9. August 1999 zum Ministerpräsidenten Russlands ernannt wurde, werteten dies nahezu alle Beobachter als Ausdruck der erratischen Herrschaft von Präsident Jelzin. Die Aussage Jelzins, Putin solle zu seinem Nachfolger werden, wurde von nahezu allen als grotesk empfunden. Putin hatte in den zwei Jahren zuvor zwar eine bemerkenswerte Karriere gemacht, galt

---

10 Gordon M. Hahn: The Jihadi Insurgency and the Russian Counterinsurgency in the North Caucasus, in: *Post-Soviet Affairs*, Nr. 1/2008, S. 1–39.

aber doch als trockener, unpolitischer, wenn auch loyaler Bürokrat ohne Führungsqualitäten.

Dies aber war durchaus vorteilhaft, um ihn als Hoffnungsträger zu verkaufen, der in der Bevölkerung nicht mit der Korruption, den politischen Grabenkämpfen, dem wirtschaftlichen und sozialen Niedergang der vorangegangenen Jahre assoziiert wurde. Putin wurde – auch mit starker medialer Hilfe – als junge, zielstrebige Führungskraft dargestellt, die aus der Reihe der zögerlichen, alternden und kränklichen Führungsgarnitur der unmittelbaren nach-sowjetischen Zeit hervortrat. Aufgrund seiner Tätigkeit im Nachrichtendienst war es auch möglich, Putin als patriotischen, professionellen und disziplinierten Kandidaten für das Präsidentenamt darzustellen – ein biografisches Merkmal, das durchaus von vielen Russländern geschätzt wurde.

Putins Wandlung vom grauen Bürokraten zu einer identitätsstiftenden und charismatischen Führungsfigur ist aber untrennbar mit der russländischen Militäraktion in Čečnja zwischen 1999 und 2006 verbunden. Es waren die radikalen Islamisten, die den Russen den Vorwand lieferten, erneut militärisch zu intervenieren. Nach deren Überfall auf die Nachbarrepublik Dagestan im August 1999 und den vermutlich von Čečenen oder wahhabitischen Dagestani verübten Attentaten auf Wohnhäuser in Moskau und Volgodonsk erteilte Putin den erneuten Einmarschbefehl. War der erste Krieg noch vermeidbar und ein Feldzug der Wahl gewesen, kann der zweite Krieg als aus der Staatsräson ableitbare Notwendigkeit angesehen werden. Die Staatsruine Čečnja war zuvor zu einem massiv destabilisierenden Faktor im Nordkaukasus geworden.

Anders als der erste Feldzug war der zweite Krieg in der russländischen Bevölkerung sehr populär: Nun wurde der Krieg nicht mehr um die abstrakte Norm der territorialen Integrität geführt, sondern um die Sicherheit eines jeden russländischen Bürgers, der durch islamistischen Terrorismus bedroht schien. Das brutale Vorgehen der russländischen Streitkräfte blieb der russischen Bevölkerung weitgehend verborgen; anders als im ersten Krieg waren die staatlich kontrollierten Medien gezwungen, Bilder des Grauens und des Todes zurückzuhalten. In einem Vernichtungsfeldzug der russländischen Truppen, der die Schmach des verlorenen ersten Krieges vergessen machen sollte, wurde der islamistische Widerstand niedergerungen. Plünderungen, Säuberungen, Vergewaltigungen, Exekutionen und archaische Gewalt prägten das Vorgehen der russländischen Einheiten. Die Reaktion der in die Berge getriebenen Rebellen war ähnlich grausam; auch sie mordeten und schlachteten den russischen Gegner und Kollaborateure, vor allem čečenische Polizisten, auf grausamste Weise.

2.1 Autoritäre Modernisierung und makroökonomische Erfolge

Der Befund über die Herrschaftsordnung und -ausübung im Russland von 2010 ist ziemlich eindeutig. Das in seinen makroökonomischen Rahmenparametern (auch nach der globalen Finanzkrise) erfolgreiche Land ist von einer wachsenden autoritären Verhärtung im politischen Bereich betroffen. Russland hat in den vergangenen Jahren eine autoritäre ökonomische Modernisierung zum Leitgedanken politischen Handelns erhoben, wiewohl die wirtschaftliche Modernisierung und Diversifizierung letztlich bescheiden geblieben ist. Die makroökonomischen Indikatoren sind denn auch beeindruckend. Die volkswirtschaftliche Leistungskraft war seit 1989 unaufhörlich gesunken; 1999 aber setzte ein bis 2008 ungebrochener Anstieg der volkswirtschaftlichen Leistung (BIP) ein, der anfangs ausschließlich auf steigende Preise für Erdöl, Erdgas und Metalle – den wichtigsten Exportgütern Russlands – auf den globalen Rohstoffmärkten und eine schwache Währung begründet war. Durch den finanziellen Zusammenbruch Russlands im August 1998 wurden Importe aufgrund des radikalen Währungsverfalls und der drastischen Reallohnverluste durch qualitativ schlechtere, aber billigere Inlandsproduktion abgelöst, die dabei auf ungenutzte Produktionskapazitäten zurückgreifen konnte. In der Folge aber waren es liberale Steuerreformen, wachsende (ausländische) Investitionen und ein stark ansteigender Binnenkonsum, die das Wirtschaftswachstum ankurbelten. Das russländische BIP ist seit 1999 jährlich durchschnittlich um 6,7 Prozent gewachsen. Nach der massiven Kontraktion von 7,9 Prozent des BIP in 2009 wird für 2010 ein Wachstum von annähernd vier Prozent erwartet. Ebenso deutlich zugenommen haben die Realeinkommen; sie sind zwischen 2000 und 2008 um durchschnittlich 14,5 Prozent jährlich gewachsen. Dabei ist allerdings zu betonen, dass BIP-Wachstum und Realeinkommenssteigerung regional äußerst unterschiedlich sind und die Einkommensschere in der russländischen Gesellschaft deutlich zugenommen hat. Gerade die nordkaukasische Region und das fernöstliche Russland zählen weiterhin zu den strukturschwachen und sozial verarmten Landesteilen.

Die Steuerquote ist stark angestiegen. War der Staatshaushalt in den 1990er Jahren chronisch defizitär, wurden seit 1999 ständig Budgetüberschüsse erzielt, 2005 sogar in Höhe von 8,2 Prozent des BIP. Durch die starken Kapitalzuflüsse ist es Russland auch gelungen, seine souveränen Hartwährungsschulden deutlich zu reduzieren, die Anleihen durch den IWF völlig zurückzuzahlen wie auch die Schulden gegenüber dem Pariser Club vorzeitig zu begleichen. Die Hartwährungsreserven sind von 11,6 Milliarden US-Dollar im Jahr 1999 auf 596 Milliarden US-Dollar im Juli 2008 gewachsen.[11]

---

11 Siehe dazu die Daten der Russländischen Zentralbank [http://www.cbr.ru].

Der Regierung ist es auch weitgehend gelungen, die drohenden Folgeeffekte einer rohstoffbasierten Volkswirtschaft verbunden mit hohen Kapitalzuflüssen – die so genannte *Dutch disease* – weitgehend zu bewältigen: Die Inflation konnte *relativ* unter Kontrolle gehalten werden, der Aufwertungsdruck auf den russländischen Rubel war einhegbar, wodurch die internationale Wettbewerbsfähigkeit russländischer Exportproduktion außerhalb des Rohstoffsektors so gering als möglich belastet wurde. Die globale Wirtschafts- und Finanzkrise, die ab dem Herbst 2008 auch Russland erfasste, hat die makroökonomische Bilanz aber deutlich erschüttert (siehe unten). Es überrascht daher kaum, dass Vladimir Putin außerordentlich hohe Zustimmungsraten zu seiner Amtsführung verzeichnen konnte. Auch wenn berücksichtigt wird, dass die elektronischen Medien unter staatlicher Kontrolle stehen, und damit die Berichterstattung über Putin verzerrt und manipuliert ist, ist die hohe Zustimmung authentisch.

2.2 Autoritäre Verhärtung von Herrschaftsordnung und -praxis

Dieser makroökonomischen Bilanz steht allerdings eine autoritäre Verhärtung in der Herrschaftsordnung und der Herrschaftspraxis gegenüber. Putin beseitigte gezielt und erfolgreich alle strukturellen Beschränkungen der Autorität des Präsidentenamtes, die die Macht Präsident Jelzins in den 1990er Jahren noch eingehegt hatten: Er trieb über Wahlrechtsänderungen, unfaire Wettbewerbsbedingungen und Manipulationen der öffentlichen Wahrnehmung den Aufbau einer Staatspartei – Geeintes Russland (*Edinaja Rossija, ER*) – voran. Diese Partei kontrolliert seit den Wahlen zur Staatsduma im Dezember 2003 eine Verfassungsmehrheit, die sie beim Wahlgang im Dezember 2007 noch ausbauen konnte, wenn auch eingehegt durch eine zweite Partei der Macht – Gerechtes Russland (*Spravedlivaja Rossija*) –, die sich links von ER positioniert, den Wettbewerbsdruck auf ER erhöht und zudem der Kommunistischen Partei der Russländischen Föderation (*Kommunističeskaja Partija Rossii, KPRF*) Wähler streitig macht. Durch diese gezielte Steuerung des Parteienwettbewerbs baute Putin höchst effiziente exekutivlegislative Kooperationsbeziehungen auf. Erleichtert und gefördert wurde dies durch den Niedergang und die gezielte Schwächung der KPRF und der wichtigsten liberalen Parteien – der rechtsliberalen, unternehmerfreundlichen Union der Rechten Kräfte (*Sojuz Pravych Sil*)[12] und der linksliberalen, bürgerrechtsorientierten Jabloko.

Putin schränkte zudem gezielt die Autonomie der Regionen ein und schaltete damit die regionalen Eliten als Einhegungsfaktor seiner Macht weitgehend aus.

---

12 Die SPS ist 2009 in der regimefreundlichen Partei *Pravoe Delo* (Rechte Sache) aufgegangen.

Die Gouverneure und Präsidenten der 83 Regionen werden nunmehr durch den Staatspräsidenten direkt ernannt und sind von diesem auch absetzbar; die zuvor geltende Volkswahl wurde beseitigt. Die regionalen Führungseliten sind auch nicht mehr im Oberhaus des Parlaments Russlands vertreten, haben damit die Immunität vor strafrechtlicher Verfolgung verloren und sind dadurch von der Zentralregierung stärker unter Druck setzbar.[13]

Entgegen seinem Versprechen in 2000, die »Oligarchen als Klasse« zu beseitigen, besteht die enge Verflechtung zwischen der politischen Herrschaftselite und den finanz-industriellen Holdings weiterhin – nur haben sich die Mitglieder des Oligarchenzirkels geändert; die Oligarchen mit starken Medienholdings wurden neutralisiert, allen voran Boris Berezovskij und Vladimir Gusinskij, die beide nunmehr im Exil leben. Die elektronischen Medien, vor allem das Fernsehen, sind nun in direktem oder indirektem staatlichen Eigentum und werden zur regimefreundlichen Meinungsbildung eingesetzt. Auch die Übergriffe auf NGOs und die Manipulation der Justiz haben während der Präsidentschaft Putins deutlich zugenommen.

Angesichts der eindrucksvollen makroökonomischen Bilanz und der Festigung der politischen Herrschaftsordnung konnte die Führung um Putin auch gegenüber äußerer Kritik an ihrem Herrschaftsstil gelassen bleiben. Das Selbstbewusstsein der russländischen Führung ist deutlich gewachsen. Die geradezu arrogante Gelassenheit ist aber auch darin begründet, dass es in Russland derzeit weder auf der Angebots- noch auf der Nachfrageseite die Ermöglichungsbedingungen für eine nachhaltige Demokratisierung des Landes gibt: Die liberalen und demokratischen Bewegungen können sich wegen programmatischer Differenzen, vor allem aber wegen persönlicher Ambitionen und Rivalitäten nicht auf eine gemeinsame Front gegen den polizeistaatlich-reaktionären Kurs Putins zusammenschließen. Den auf demokratische Mitbestimmung bedachten städtischen Bevölkerungsschichten bietet sich damit auf der Angebotsseite keine glaubwürdige und effiziente Alternative. Aber auch auf der Nachfrageseite fehlen derzeit die Voraussetzungen für eine nachhaltige Demokratiebewegung: Die große Mehrheit der Bevölkerung zieht Stabilität, zivile Lebensperspektiven und moderate Wohlfahrtssteigerung der demokratischen Mitbestimmung vor. Die hohe Popularität Putins stützt sich geradezu darauf, eine systemische und personelle Antithese zur Lebens- und Herrschaftswirklichkeit unter Boris Jelzin aufzubauen: Wirtschaftlicher Zusammenbruch, soziale Verelendung, die humanitär-demographische Katastrophe, die politische Instabilität, das Staatsversagen in grundlegenden Bereichen und das Führungsversagen eines kranken Präsidenten hatten Russland gelähmt.

---

13 Siehe dazu unter anderem: Gordon M. Hahn: The Impact of Putin's Federative Reforms on Democratization in Russia, in: *Post-Soviet Affairs*, Nr. 2/2008, S. 114–153.

Putin erschien bei der Wahl zum Präsidenten im Jahr 2000 als Vertreter einer neuen Generation, als Hoffnungsträger eines verantwortlichen Staates, der die grundlegenden Bedürfnisse der Bevölkerung an ökonomischer und sozialer Sicherheit befriedigen zu können schien; seine Erfolge in diesem Bereich sind die Determinanten seiner anhaltend hohen Zustimmung durch die Russinnen und Russen. Dies wird natürlich *auch* dadurch ermöglicht, dass die staatliche Knebelung russländischer Medien dem Regime die Informationshoheit gegenüber der eigenen Bevölkerung garantiert; zugleich aber gilt es resignativ anzumerken, dass außerhalb großstädtischer, liberal denkender Nischensegmente Putins autoritärer Polizeistaat von der russländischen Bevölkerung akzeptiert wird.

So legitim und notwendig Kritik an der russländischen Herrschaftsordnung auch ist – sie muss zur Kenntnis nehmen, dass sie von einer Mehrheit der Russländer/innen mit Skepsis aufgenommen wird. Die Glaubwürdigkeit westlicher Akteure, auch der Europäischen Union, ist innerhalb der russländischen Bevölkerung gering. Denn in ihren Augen hat der Westen in den 1990er Jahren eben jene politische Elite bedingungslos unterstützt, die die Bürger vor allem für politische Grabenkämpfe, Ineffizienz, Korruption, ökonomischen Zusammenbruch und soziale Verwahrlosung verantwortlich machen. Westliche Menschenrechtspolitik muss daher bescheiden bleiben; sie muss mit einer russländischen zivilen Graswurzelbewegung und dem wachsenden Anspruch der sich ausweitenden sozialen Mittelschicht zusammenarbeiten, die erst nach vielen Jahren wirklich zu einem Druckfaktor auf das russländische Regime werden können.

3 Das Duumvirat: Putin und Medvedev als Führer Russlands

Zahlreiche Beobachter zweifeln daran, dass es Dmitri Medvedev gelingen wird, sich von Vladimir Putin zu lösen und auf der Autorität seines Amtes zu beharren. Mehr noch – viele sahen ihn anfangs lediglich als einen transitorischen Amtsträger, einen »technischen Präsidenten«, der noch vor 2012, dem Ende seiner Amtszeit, abtreten könnte. Das Drehbuch dafür wäre angeblich längst geschrieben gewesen: Medvedev hätte sich mit Putin darauf verständigt, vorzeitig aus dem Amt zu scheiden, würde dadurch Neuwahlen zum Amt des Staatspräsidenten ermöglichen, die Putin rechtskonform wieder bestreiten und – so das Drehbuch weiter – auch gewinnen würde.

Dieses Szenario war sicher denkbar, aber aus meiner Sicht nicht allzu wahrscheinlich gewesen. Putin hatte sich – trotz des Drängens seiner Umgebung, trotz der mehrheitlichen Unterstützung in der russländischen Bevölkerung – geweigert, durch eine Änderung der Verfassung Staatspräsident zu bleiben. Putin kümmert heftige Kritik an den autoritären Zügen seiner Herrschaft, an seinem aggressiven, bisweilen konfrontativen Auftreten kaum; dem Vorwurf, sich durch Rechtsbeugung an der Macht zu halten, wollte er sich jedoch nicht aussetzen. Durch einen vorzeitigen Rücktritt Medvedevs wieder an die Macht zu gelangen, hätte aber den befürchteten Ansehensverlust provoziert; das Verhalten Putins wäre zur Schmierenkomödie verkommen. Wenn das Ziel Putins tatsächlich die rasche Rückkehr an die Macht ist, dann wäre es klüger gewesen, sich gleich für die dritte Amtszeit zu entscheiden. Außerdem wäre Medvedev in diesem Szenario zu einer lächerlichen Figur der russländischen Geschichte geworden, und es war kaum zu erwarten, dass seine Ambitionen darauf gerichtet gewesen sein sollten.

Das Szenario des »transitorischen Präsidenten Medvedev« konnte daher als wenig wahrscheinlich gelten. Überzeugender war (und ist) es, das Duumvirat als sukzessive Machtverlagerung vom Präsidentenamt zur Regierung zu deuten. Viele Beobachter meinten, Medvedev würde in einem historisch einzigartigen Rollenverzicht der faktischen Abwertung des Präsidentenamtes zustimmen. Wie wahrscheinlich aber war und ist es, dass Medvedev sich dieser angeblichen Erwartung Putins beugen könnte? Medvedev ist keine willfährige und führungsschwache Persönlichkeit; als Aufsichtsratsvorsitzender von *Gazprom* hat er dies häufig bewiesen. Mehrfach hat Medvedev diese Machtverlagerung auch öffentlich zurückgewiesen.

Es war aber noch ein drittes Szenario für dieses Duumvirat denkbar gewesen: Putin als transitorische Stütze für den neuen Präsidenten. Demnach wäre Putin bereit, für eine gewisse Zeit als wachsame graue Eminenz Medvedev darin zu unterstützen, seine Macht abzusichern und zu stärken. Zu stark wären die radikalen Nachrichtendienstoffiziere, zu hoch noch das Risiko, dass sie Medvedevs Autorität untergraben. Medvedev wird seine Autorität, ähnlich wie einst Putin, nur langsam entfalten können; dafür braucht er die Unterstützung seines Mentors. Entlang des dritten Szenarios erhält Medvedev die Gelegenheit, seine Führungsstärke zu beweisen; gelingt es ihm, sich durchzusetzen, könnte sich Putin in die zweite Reihe zurückziehen; scheitert Medvedev aber, könnte Putin die Macht wieder an sich ziehen. Ein frühzeitiger Rücktritt Medvedevs wäre *dann* nicht ausgeschlossen.[14] In den letzten Monaten haben Putin und Medvedev offen gelassen, wer sich 2012 um die Wahl zum Staatspräsidenten bemühen wird. Allerdings lassen sich in den letzten Monaten deutliche Akzentverschiebungen in der russländischen Innen- und Außenpolitik erkennen, die auf einen Machtzuwachs Medvedevs hinweisen. Der tatsächliche Gang der Dinge könnte aber durch die massiven Verwerfungen der derzeitigen wirtschaftlichen und sozialen Krise als Ergebnis der globalen Rezession nachhaltig beeinflusst werden.

---

14 Ausführlich dazu Gerhard Mangott: Der russische Phönix. Das Erbe aus der Asche, Wien 2009.

4 Die Wirtschafts- und Finanzkrise und die Risiken der sozialen Instabilität

Die russländische Volkswirtschaft wurde durch die Finanzkrise stark getroffen. Russland ist aber mit einer Doppelkrise konfrontiert: Zur Finanzkrise, die immer stärker auf die Realwirtschaft durchzuschlagen begann, kam ein starker Einnahmerückgang aus dem Export von Rohöl und – zeitversetzt – auch Erdgas (dessen Preis in den langfristigen Lieferverträgen mit westeuropäischen Abnehmern über eine Preisformel an einen Korb von Erdölderivaten gekoppelt ist) sowie vieler metallurgischer Produkte, weil die Preise für diese Rohstoffe auf den internationalen Märkten ebenso drastisch einbrachen wie die Nachfragevolumina. Die Krise hat deutlich gemacht, wie anfällig Russland aufgrund seiner rohstoffbasierten Exportstruktur gegenüber externen Schocks ist. In den vorangegangenen Jahren hoher Energie- und Metallurgiepreise war es versäumt worden, die wirtschaftliche Struktur des Landes zu modernisieren.

Nach neun Jahren ungebrochenen Wachstums des Bruttoinlandsproduktes ist das BIP 2009 um 7,9 Prozent eingebrochen. Für 2010 wird ein moderates Wachstum von vier Prozent erwartet; wie rasch und wie stark die Erholung eintreten wird, hängt vor allem von der Entwicklung der Energiepreise ab. Russland ist zudem seit Juli 2008 mit einem starken Abfluss von Kapital konfrontiert. Dies betrifft ausländisches Investitions- und Veranlagungskapital ebenso wie russländisches Kapital privater und juristischer Personen. Die wirtschaftliche Krise führt auch zu einem deutlichen Rückgang des Steueraufkommens. Angesichts der Regierungslinie, die staatlichen Ausgaben weiterhin anzuheben (siehe unten), war 2009 ein Budgetdefizit von 7,2 Prozent zu verzeichnen. Sozialer Konfliktstoff entsteht in vielen Regionen mit industriellen Monostrukturen, das heißt städtischen Agglomerationen, die sich um ein einziges Industriekombinat entwickelten. Mit der wirtschaftlichen Krise bricht in vielen Städten der einzige Arbeitgeber weg. Die Zahl der offiziell gemeldeten Arbeitslosen ist stark angestiegen. In vielen Regionen steigt die Rate ausständiger Gehaltszahlungen; viele Firmen zahlen die Löhne für die Arbeitskräfte nur mit mehrmonatiger Verzögerung. Der Rückgang in den Realeinkommen liegt derzeit durchschnittlich bei vier Prozent; besonders betroffen sind Bauarbeiter (minus 13 Prozent).[15]

Die Zentralbank Russlands (RZB) hat sich rasch zur Bereitstellung zusätzlicher Liquidität für die Finanzmärkte aus den Hartwährungsreserven entschlossen. Der Bankensektor wurde durch kurzfristige Kredite der staatlichen *Vnešekonombank* (VEB) bedient; dazu wurden von den Banken keine Sicherstellungen verlangt. Die staatliche Kapitalhilfe wurde jedoch auf Banken mit relativ hoher Eigenkapital-

---

15 Siehe dazu Vasily Astrov et al.: Crisis Is Over, but Problems Loom Ahead, in: *wiiw Current Analyses and Forecast*, Nr. 5/2010.

ausstattung beschränkt. Bislang aber geben – wie auch in anderen Volkswirtschaften – die Banken trotz massiver staatlicher Liquiditätsspritzen kaum Kredite an Unternehmen weiter.

Über die *Vnešekonombank* wurden privaten Unternehmen Kredite zur Refinanzierung ihrer Auslandsschulden bereitgestellt. Die Verschuldung der Unternehmen (auch vieler staatlicher Unternehmen) war in den vergangenen Jahren drastisch angewachsen und hatte im Juli 2008 510 Milliarden US-Dollar erreicht. Unternehmenskredite waren durch Aktienanteile an russländischen Unternehmen abgesichert worden. Durch den drastischen Kursverfall an den russländischen Börsen RTS und MICEX (der Aktienindex ist zwischen Mai 2008 und Jänner 2009 um 70,1 Prozent gefallen[16]) aber nahm der Wert der Sicherstellungen drastisch ab, und die Gläubiger verlangten zusätzliche Sicherstellungen (*margin calls*) oder Kreditrefinanzierungen. Bei der Vergabe der Refinanzierungskredite durch die *Vnešekonombank* konnten deutliche Verzerrungen zugunsten von Banken und Unternehmen ausgemacht werden, die der Regierung nahe stehen. Dies gilt insbesondere für Oleg Deripaskas Holding *Basovij Element* – allen voran für das Aluminiumunternehmen *RusAL* und für *Norilski Nikkel*. Gerade bei strategischen Unternehmen wie denen im Metallsektor ist die staatliche Hilfe aber auch darin begründet, den ausländischen Zugriff auf Schlüsselunternehmen zu verhindern. Nachdem viele dieser Unternehmen ihre Kredite bei ausländischen Banken mit Aktienanteilen besichert hatten, droht(e) der erzwungene Ausverkauf an ausländische Bankenkonsortien. Die Regierung will eben dies im Rohstoffsektor verhindern.

Die Russländische Zentralbank hat ab September 2008 massiv Hartwährungsreserven eingesetzt, um den Abwertungsdruck auf den Rubel (RR) abzumildern; von der Regierung energisch vorgegebenes Ziel war, eine rapide Währungsentwertung zu verhindern. Die sozialen Schockwellen der dramatischen Finanzkrisen 1992 und 1998 sollten vermieden werden. Zu dieser Überlegung kam ein strategisches Dilemma der staatlichen Wirtschaftspolitik hinzu: Die Rubelabwertung könnte zwar grundsätzlich die Wettbewerbsfähigkeit der eigenen Exporte erhöhen; gleichzeitig aber würden darunter viele russländische Unternehmen leiden, die hohe Hartwährungskredite aufgenommen hatten. Im Jänner 2009 hat die RZB die Strategie der kontrollierten graduellen Abwertung gestoppt und ist dazu übergegangen, den Außenwert des Rubel in einem nach unten begrenzten Außenwertkorridor zu halten. Mit dieser Strategie des *managed floating* hat die Zentralbank eine marktabhängige Wechselkursentwicklung bedingt zugelassen, mit dem Vorbehalt, am unteren Rand des Währungskorridors zu intervenieren. Diese Strategie war bislang erfolgreich – erheblich erleichtert allerdings durch steigende

---

16 Seit Januar 2009 ist aber eine deutliche Aufwärtsentwicklung des RTS zu verzeichnen.

Rohölpreise, wodurch der Außenwert des Rubel sowohl gegenüber dem Euro als auch gegenüber dem US-Dollar wieder zugenommen hat.

Die Regierung hat sich entschieden, unter Rückgriff auf Mittel des Reservefonds eine nachfrageorientierte Ausgabenpolitik zu finanzieren; sie hält an den langfristigen Investitionsprogrammen in den Bereichen Gesundheit, Bildung, Wohnungsbau und Landwirtschaft fest. Trotz erheblicher Einnahmeausfälle sind die budgetären Ausgaben in diesen Sektoren in 2009 um sieben Prozent angestiegen. Gleichzeitig werden Mittel des Reservefonds eingesetzt, um die budgetären Auswirkungen sinkender Steuereinnahmen abzufedern. Die Regierung hat zudem auch mehrfach betont, die sozialen Ausgaben nicht zu kürzen: Die Zahlungen an Arbeitslose wurden deutlich angehoben; auch die Pensionen wurden inflationsdeckend erhöht. Bislang konnten soziale Proteste so vermieden werden; lediglich in Vladivostok gab es kleinräumige Proteste, die aufgrund regionalspezifischer Regelungen – erhöhter Importzoll für gebrauchte japanische Fahrzeuge – entstanden waren; beachtliche Protestbekundungen gab es zuletzt auch in Kaliningrad. Die russländische Regierung hat sich nach heftigen internen Debatten auch dazu entschlossen, Kredite auf den internationalen Finanzmärkten aufzunehmen, um die Ausgabentätigkeit mitzufinanzieren. Da Russland derzeit äußerst geringe Staatsschulden aufweist, ist diese Strategie im Hinblick auf die makroökonomische Stabilität vorerst unbedenklich.

Durch die Wirtschaftskrise ist Russland im Lager der BRIC-Staaten (Brasilien, Russland, Indien und die VR China) zurückgefallen. China und Indien weisen trotz der Krise noch immer beachtliche BIP-Wachstumsraten auf; auch Brasilien ist von der Krise wesentlich geringer betroffen als Russland. Die Wachstumsdynamik dieser Staaten kann auch mittelfristig als höher eingeschätzt werden. Die Pläne der russländischen Regierung – nach außen insbesondere von Vladimir Putin vertreten –, den Rubel zu einer internationalen Reservewährung und Moskau zu einem führenden Finanzzentrum zu machen, sind auf absehbare Zeit gänzlich undurchführbar geworden.

Nur wenn die russländische Volkswirtschaft ihre Energieexportabhängigkeit verringern, die verarbeitende Industrie stärken, die Hochtechnologie ausbauen und den Dienstleistungssektor erweitern kann, kann sie die Risiken externer Schocks verringern. Extern induzierte Wachstumseinbrüche machen eine Volkswirtschaft verwundbar und sind damit eine permanente Bedrohung für einen wirtschaftlich begründbaren Großmachtstatus. Im Innern ist es bislang aber gelungen, soziale Unruhen zu vermeiden; nur in wenigen Regionen waren größere Demonstrationen zu verzeichnen. Es kann derzeit als sehr unwahrscheinlich gelten, dass die wirtschaftliche und soziale Krise die gesellschaftliche Stabilität gefährden könnte, zumal sich deutliche makro- und mikroökonomische Stabilisierungstendenzen ausmachen lassen.

5 Schlussbetrachtung

Der Abbruch, zumindest aber das starke Aushöhlen demokratischer Reformen sind längst vor der Machtübernahme Putins erfolgt. Die autoritäre Verhärtung der russländischen Herrschafts- und Lebenswirklichkeiten in der Amtszeit von Vladimir Putin ist in Kontinuität mit den schon deutlich früher abgebrochenen demokratischen Reformbemühungen zu sehen. Dies ändert allerdings nichts daran, dass der Grad autoritärer Herrschaft nunmehr deutlich höher, die Beschneidung bürgerlicher Freiheiten deutlich systematischer, der staatliche Kontrollanspruch deutlich schärfer und sozialer wie politischer Pluralismus nunmehr deutlich geringer geworden sind. Der Weg aus dem schon bald nach 1991 begonnenen Zurück in die autoritäre Herrschaft in einen neuen demokratischen Aufbruch ist derzeit aber strukturell, personell und diskursiv versperrt. Der Weg aus dem Zurück ist blockiert durch eine autoritäre Führung, die den zerstörten Glauben der Bürger an die Leistungskraft demokratischer Herrschaft und die Integrität ihrer politischen und ökonomischen Eliten wie auch die bitteren Erfahrungen sozialer Verelendung benutzt, um ein paternalistisch-autoritäres, zentralistisches, unkontrolliertes und nicht zuletzt keiner demokratischen Kontrolle verantwortliches Herrschaftshandeln zu rechtfertigen.

Von der Staatswirtschaft zur Marktwirtschaft?

Die ökonomischen Transformationen
nach zwanzig Jahren

Rüdiger Pohl

Thesen zur ökonomischen Transformation in den neuen Ländern und ihren Folgen für das vereinte Deutschland

1. Die Fortsetzung des Aufbaus Ost steht und fällt mit den ostdeutschen Unternehmern. Die strategische Herausforderung für diese Unternehmer besteht in der Sicherung des Personalbedarfs bei schrumpfender Bevölkerung.

Die weltweite Wirtschaftskrise hat voll auf die Wirtschaft in Ostdeutschland durchgeschlagen: Produktion und Erträge sind gesunken, die Investitionsbereitschaft hat abgenommen, und die Zahl der Insolvenzen ist angestiegen. Das bedeutet einen ernsten Rückschlag für den Aufbau Ost. Westdeutschland mag von der Krise stärker betroffen sein, das macht die Last für den Osten jedoch nicht leichter. Illusionen sind an dieser Stelle nicht angebracht. Ein Einbruch in der Produktion von fünf Prozent oder mehr, wie er im Jahr 2009 möglich scheint, ist gravierend. Selbst wenn die ostdeutsche Wirtschaft danach rasch wieder zu einer Wachstumsdynamik wie vor der Krise zurückfindet, wird der Produktionseinbruch erst in fünf Jahren ausgeglichen sein. Frühestens 2014 wird die Produktion wieder das Niveau von 2008 erreichen – das ist eine lange Durststrecke.

Die Schicksalsfrage für den Fortgang des Aufbaus Ost lautet: Wie gut kommen die ostdeutschen Unternehmen durch diese Krise, die der größte Prüfstein für die Robustheit der Unternehmen seit der Wiedervereinigung ist. In den ersten Jahren des Aufbaus Ost war dies ja eine ständige Sorge: Sind die jungen ostdeutschen Unternehmen schon kräftig genug, um eine ernste Wirtschaftskrise zu überstehen? Die Unternehmenslandschaft war seinerzeit noch sehr labil. Auch heute gibt es durch die Krise Rückschläge, insbesondere bei kapitalschwachen Unternehmen, trotzdem besteht Grund zu verhaltenem Optimismus. Die krisenbedingten Einbußen im ostdeutschen Unternehmenssektor werden heute deutlich geringer sein, als sie es vor fünf oder zehn Jahren bei einer vergleichbaren Krise gewesen wären. Denn nach zwanzig Jahren des Aufbaus stehen viele Unternehmen gefestigt auf solidem Fundament. Das ist die Leistung der ostdeutschen Unternehmer, die ihre Firmen nach schwierigen Anfängen immer besser an den Märkten positioniert haben. Das belegt eindrucksvoll die dynamische Entwicklung im verarbeitenden Gewerbe. Im weltweiten Wettbewerb konnte die Exportquote gesteigert werden. Gerade innovative Wirtschaftszweige wachsen besonders stark, Kostensenkungen haben die Wettbewerbsfähigkeit erhöht, die Unternehmensrenditen sind kontinuierlich gestiegen, und die Eigenkapitalausstattung hat sich im Ganzen verbessert (vgl. Abb. 1).

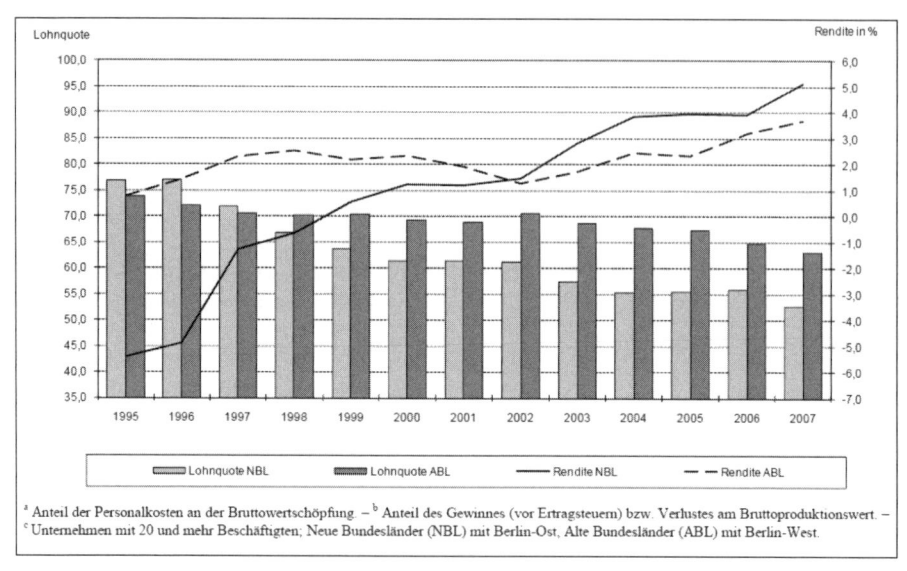

Abbildung 1: Rendite in der ostdeutschen Industrie seit fünf Jahren höher als in Westdeutschland (Lohnquote[a] und Rendite[b] im verarbeitenden Gewerbe[c]). Quelle: IWH, Wirtschaft im Wandel, Nr. 10/2009.

[a] Anteil der Personalkosten an der Bruttowertschöpfung. – [b] Anteil des Gewinnes (vor Ertragsteuern) bzw. Verlustes am Bruttoproduktionswert. – [c] Unternehmen mit 20 und mehr Beschäftigten; Neue Bundesländer (NBL) mit Berlin-Ost, Alte Bundesländer (ABL) mit Berlin-West.

Alles in allem ist die Stabilisierung des Unternehmenssektors gut vorangekommen – eine gute Nachricht. Mehr denn je kommt es in dieser Krise nun auf das Können der Unternehmer an, die ihre Betriebe an vorerst schrumpfenden Märkten wettbewerbsfähig halten müssen. Dass sich viele Unternehmer in den schwierigen Aufbaujahren behaupten konnten, begründet die Einschätzung, dass ihnen dies auch in dieser Krise gelingen wird. Aktuell geht es um Krisenbewältigung, doch bleiben die ostdeutschen Unternehmer darüber hinaus gefordert: Entwicklung innovativer Produkte, Erschließung neuer Märkte, Erprobung neuer Finanzierungsmodelle und Ausbau der Eigenkapitalbasis sind Daueraufgaben. Doch die größte Herausforderung ist eine andere: die Sicherung des Personalbedarfs. Die negativen demografischen Trends sind bekannt, die Bevölkerungszahl schrumpft, besonders in Ostdeutschland. Vor allem geht die Anzahl junger Menschen massiv zurück, die in den Arbeitsmarkt drängen, und das nicht erst in einer fernen Zukunft, sondern bereits in den nächsten Jahren bis 2015. Mit dem Ausbleiben des Nachwuchses finden die Unternehmer nicht mehr genügend Ersatz für ausscheidende ältere Arbeitnehmer. Für sich genommen geht von der demografischen Entwicklung eine gefährliche Bremswirkung auf den Aufbau Ost aus. Obwohl absehbar, ist dies noch nicht bei allen Unternehmern angekommen. Wie Umfragen zeigen, ist die Problemwahrnehmung vor allem bei kleinen Firmen weiterhin unterdurchschnittlich. Doch die Unternehmer müssen wissen, dass vom Staat keine Lösung der Personalprobleme zu erwarten ist. Hier sind sie selbst gefragt, und

Ansatzpunkte zum Handeln gibt es viele: vom verstärkten Rückgriff auf ältere Arbeitnehmer über die familienfreundliche Gestaltung von Arbeitsplätzen bis hin zur Bereitschaft, überregional konkurrenzfähige Löhne für qualifizierte Arbeit zu zahlen. Die Personalfrage ist deshalb so zentral, weil Personal der Engpassfaktor Nummer eins für den weiteren Aufbau Ost sein wird. Darauf zu reagieren, ist *die* strategische Herausforderung für die ostdeutschen Unternehmer.

Die Überwindung der gegenwärtigen Wirtschaftskrise und die Fortsetzung des Aufbaus Ost über die Krise hinaus steht und fällt also mit den ostdeutschen Unternehmern. Das muss immer wieder, energischer und medienwirksamer als bisher einer ostdeutschen Öffentlichkeit vermittelt werden, die mehrheitlich keine gute Meinung von der sozialen Marktwirtschaft hat, die dem Unternehmertum distanziert gegenübersteht und lieber auf staatliche Lösungen setzt. Es muss aber auch der Politik vermittelt werden, die sich den Fortgang des Aufbaus Ost offenkundig nur durch staatliche Maßnahmen vorstellen kann. Jedenfalls ist im Jahresbericht der Bundesregierung zum Stand der Deutschen Einheit 2009 in aller Ausführlichkeit von staatlichen Programmen die Rede; der Begriff »Unternehmer« kommt in dem Jahresbericht nicht ein einziges Mal vor. Das ist ein Fehler, denn sie stehen im Zentrum des Aufbaus Ost.

2. Vom Staat sind Impulse für den Aufbau Ost heute nur noch durch eine Politik zu erwarten, die die Rahmenbedingungen für eine dynamische Wirtschaftsentwicklung in Deutschland als Ganzem verbessert. Die spezifische staatliche Wirtschaftsförderung für die neuen Länder hat längst an Wirksamkeit verloren.

Die staatliche Wirtschaftsförderung für den Aufbau Ost nach 1990 war notwendig und erfolgreich. Sie hat gemeinsam mit dem Ausbau der Infrastruktur die Voraussetzungen dafür geschaffen, dass in Ostdeutschland überhaupt eine eigenständige Wirtschaft entstehen konnte. Das ist ein historisches Verdienst der Politik. Zwanzig Jahre nach dem Fall der Mauer gibt es immer noch eine staatliche Förderung Ost, die sich jedoch zu einem unüberschaubaren Sammelsurium entwickelt hat. Im Jahresbericht zum Stand der Deutschen Einheit 2009 sind nicht weniger als 68 »Maßnahmen der Bundesregierung für die neuen Länder« aufgelistet. Hinzu kommt eine unbekannte Anzahl von Förderangeboten der Bundesländer.

Doch die spezifische Förderung für die neuen Länder hat längst ihre Wirksamkeit verloren. Die Fülle an Programmen steht in keinem Verhältnis mehr zum angestrebten nachhaltigen Erfolg. Das erklärte Ziel – Angleichung der Wirtschaftsleistung Ost an das Niveau West – ist nicht erreicht. Die Wirtschaftsleistung Ost liegt gemessen am Bruttoinlandsprodukt je Erwerbstätigen bei 80 Prozent des westlichen Niveaus (vgl. Abb. 2). Inzwischen vollzieht sich das Wirtschaftswachstum in Ost- und Westdeutschland im Gleichschritt, das heißt mit gleichen Wachstumsraten, aber auf unterschiedlichen Niveaus. Die Folge ist klar: Die

Angleichungslücke in der Wirtschaftsleistung wird sich bis zum Ende des Solidarpaktes II im Jahr 2019, also auch in einem weiteren Jahrzehnt, nicht schließen (vgl. Projektion in Abb. 2).

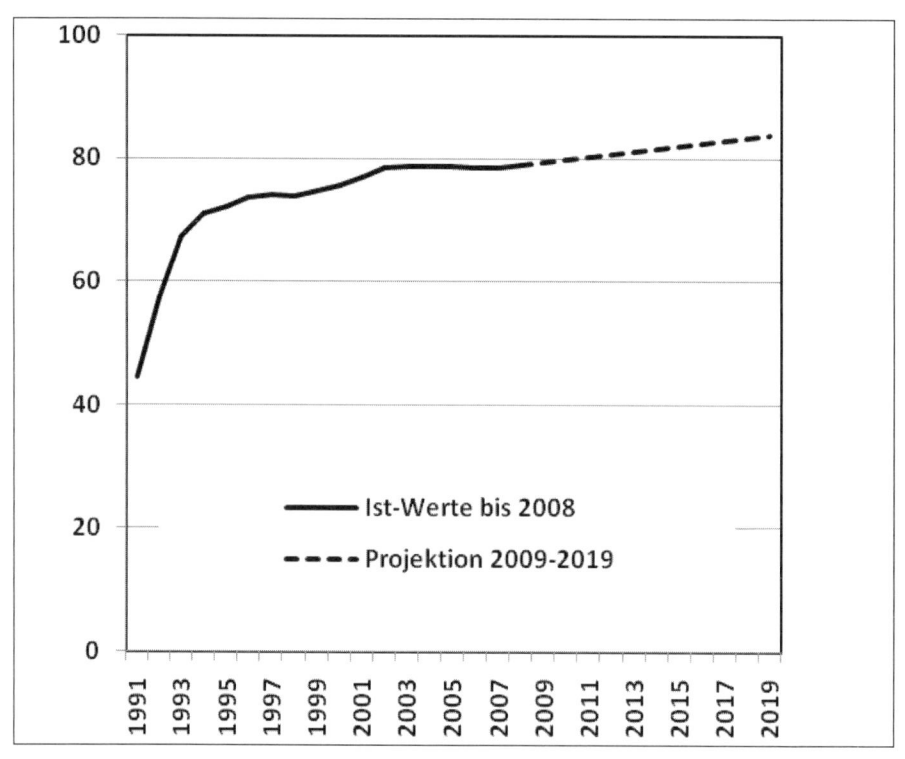

Abbildung 2: Angleichungslücke Ost. Bruttoinlandsprodukt in jeweiligen Preisen je Erwerbstätigen. Neue Länder (mit Berlin) in Prozent alte Länder (ohne Berlin). Für die Projektion wurden die Wirtschaftsleistungen in Ost und West mit den durchschnittlichen Veränderungsraten von 2000 bis 2008 fortgeschrieben. Quelle für die Grunddaten: Statistisches Bundesamt.

Die staatliche Unterstützung für die neuen Länder, so filigran, dauerhaft und milliardenschwer sie auch angelegt ist, kann die Angleichung der Wirtschaftskraft nicht erzwingen. Im Gegenteil: Zu viel Förderung schadet. Mitnahmeeffekte bei der Förderung verursachen eine Vergeudung von Steuermitteln, wo Betriebe auf Subventionen angewiesen bleiben, wird Ineffizienz festgeschrieben, und die Überfülle staatlicher Förderangebote begünstigt die in der Bevölkerung verbreitete Staatsgläubigkeit. Am gefährlichsten aber ist, dass die ostdeutsche Wirtschaft wegen der offenbar notwendigen Dauerförderung als hoffnungsloser Fall wahrgenommen wird, was sie ganz und gar nicht ist. Der Unternehmerschaft im Lande kann es jedenfalls nicht recht sein, als staatlich gepäppelt, beschützt und subventionsabhängig zu gelten. Die Politik begibt sich in eine Subventionsfalle, wenn sie mit

Verweis auf die Angleichungslücke bei der Wirtschaftsleistung unbeirrt für die Fortführung der Subventionierung Ost eintritt, obwohl sich diese Angleichungslücke dadurch gar nicht schließen lässt. Glaubwürdig durchhalten lässt sich ein solcher Politikansatz auf die Dauer nicht.

Es ist daher an der Zeit umzudenken: An die Stelle des ostdeutschen Bildausschnitts muss eine gesamtdeutsche Perspektive rücken. Nicht mit der Fortsetzung des Fördersammelsuriums bringt der Staat den Aufbau Ost voran, sondern mit einer Politik, die die Rahmenbedingungen für eine dynamische Wirtschaftsentwicklung in Deutschland als Ganzem verbessert. Warum dieser Blickwechsel von Ostdeutschland auf Gesamtdeutschland? Weil sich die Wirtschaften West und Ost inzwischen im Gleichschritt bewegen! Einen Wachstumsvorsprung des Ostens vor dem Westen gibt es nach zwanzig Jahren nicht mehr. Umso mehr kommt es jetzt darauf an, das gemeinsame Wachstum zu beschleunigen. Nur wenn das Wirtschaftswachstum in ganz Deutschland an Kraft gewinnt, ist auch im kleineren Teil – Ostdeutschland – nachhaltig mehr wirtschaftliche Dynamik zu erwarten. Eine nur auf Ostdeutschland konzentrierte Aufbau-Ost-Politik, die den gesamtdeutschen Kontext ausklammert, führt nicht mehr zum Ziel.

Die beste Politik zur Beschleunigung des Aufbaus Ost ist eine erfolgreiche Reformpolitik für den gesamten deutschen Wirtschaftsraum. Das Thema Reformpolitik ist in den Boomjahren 2006/2007 aus der Mode gekommen. Jetzt mitten in der Krise geht es um Notfallmaßnahmen und wieder nicht um Reformen. Aber auf Dauer kann Deutschland schon wegen der Belastungen aus den demografischen Trends nicht darauf verzichten, die Hemmnisse für eine dynamischere Wirtschaftsentwicklung abzubauen. Die Ansatzpunkte für Reformen sind in den vergangenen Jahren oft genug diskutiert worden. Im jüngsten Ranking der Weltbank über günstige Rahmenbedingungen für die Unternehmenstätigkeit erreicht Deutschland unter 181 Ländern (die meisten davon Entwicklungsländer) gerade einmal Platz 25, noch hinter Mauritius. Bei manchen Standortfaktoren ist das Ranking sogar noch schlechter: Hemmnisse bei Unternehmensgründungen, rigide Arbeitsmarktregulierungen oder hohe Steuerbelastungen. Damit sind Felder benannt, in denen Reformen überfällig sind.

Wenn man es langfristig und grundsätzlich betrachtet, ist die Wachstumsbasis Deutschlands in erster Linie durch Bildung und Forschung zu stärken. Auch das ist kein Ost-West-Thema, da sich Deutschland hier in einem globalen Wettbewerb der Länder und Wirtschaftssysteme befindet. Mit der Hinwendung zu einer gesamtdeutsch orientierten Reform-, Bildungs- und Forschungspolitik wird die regionale Perspektive keineswegs ausgeblendet. Der Ausbau der Infrastruktur muss weiterhin in den Regionen forciert werden, in denen die Lücken am größten und die Engpässe am gravierendsten sind. Überdies ist die »Verbesserung der regionalen Wirtschaftsstruktur« ein im Grundgesetz verankertes politisches Ziel, dem Bund und Länder verpflichtet bleiben. Doch zwanzig Jahre nach der Wende sollte die Regionalförderung in Deutschland nach einheitlichen Kriterien stattfinden und nicht mehr an Himmelsrichtungen ausgerichtet werden.

3. Die Perspektive für die neuen Länder besteht in einer Verbesserung des Lebensstandards ohne volle Angleichung der Wirtschaftskraft an das Niveau der alten Länder. Es ist an der Zeit, das Ziel der Angleichung neu zu bewerten.

Wie sehen die wirtschaftlichen Perspektiven für die Menschen in den neuen Ländern aus? Gemessen am Konsum, wird der Lebensstandard sicherlich weiter steigen. Denn das Wirtschaftswachstum und damit die Expansion der Realeinkommen werden sich nach Überwindung der gegenwärtigen Krise fortsetzen. Dies ist zwar eine gute Botschaft, sie wird aber trotzdem kaum jemanden beeindrucken. Denn in der öffentlichen Wahrnehmung steht die ausbleibende Angleichung der Wirtschaftskraft Ost an die der alten Länder (vgl. Abb. 2) im Vordergrund. Die Angleichungslücke schlägt sich nicht nur in der Produktionsleistung je Erwerbstätigen nieder, sondern auch in den verfügbaren Einkommen je Einwohner. Dies und das Fehlen von Arbeitsplätzen bewirken nach wie vor Abwanderung.

Die ausbleibende Angleichung kann den Aufbau Ost in Misskredit bringen oder hat es schon getan. Da die Angleichung auch im kommenden Jahrzehnt nicht zu erwarten ist, bleibt das Grundproblem erhalten. Daher ist es überfällig, das Ziel der Angleichung neu zu bewerten. Es geht dabei nicht um Schönfärberei, wohl aber um eine differenziertere Betrachtung als bisher.

Erstens muss klargestellt werden, dass ein Ausbleiben der Angleichung nicht mit einem Scheitern der ostdeutschen Unternehmer gleichzusetzen ist. Das würde der Aufbauleistung der Unternehmer in keiner Weise gerecht. Aufbau Ost bedeutet im Kern, dass Unternehmen am Standort Ostdeutschland gegründet werden, dass sie sich im Wettbewerb behaupten und wachsen. Dies ist einer Vielzahl von Unternehmern gelungen. Der betriebswirtschaftliche Erfolg der ostdeutschen Unternehmer wird nicht dadurch geschmälert, dass die ostdeutsche Wirtschaftskraft insgesamt gesehen nicht an die im Westen heranreicht. Letzteres liegt daran, dass es nach wie vor zu wenig Unternehmen und zu wenig Produktionskapital im Osten gibt und dass diese Lücke eben auch nicht durch die ausgefeilte Förderpolitik des Staates zu schließen ist.

Zweitens muss viel mehr ins Bewusstsein gerückt werden, dass die Angleichungslücke auf einer reinen Durchschnittsbetrachtung beruht, die in dieser Form heute nicht mehr zeitgemäß ist. In den Ost-West-Vergleich werden immer Durchschnittswerte einbezogen: die durchschnittliche Produktion je Erwerbstätigen, die durchschnittlichen Einkommen je Einwohner, die durchschnittliche Wirtschaftskraft der Regionen. Dabei geht jedoch unter, dass es sowohl innerhalb Westdeutschlands wie auch innerhalb Ostdeutschlands erhebliche Streuungen um diese Durchschnittswerte gibt.

Nach der Wende, als die wirtschaftliche Angleichung zum politischen Ziel erhoben wurde, war die reine Durchschnittsbetrachtung durchaus gerechtfertigt. Damals lag die Wirtschaftsleistung (Bruttoinlandsprodukt je Erwerbstätigen, 1992) in Ostdeutschland flächendeckend unter der in Westdeutschland. Die wirtschaftlich schwächste westdeutsche Region – der bayerische Landkreis Freyung-Grafenau – stand immer noch besser da als die stärkste ostdeutsche Region – der Niederschlesische Oberlausitzkreis in Sachsen. Damals bedeutete Aufholprozess, dass alle Regionen Ostdeutschlands im Rückstand waren und also alle aufzuholen hatten. Doch dies hat sich längst geändert: Inzwischen überlappen sich westdeutsche und ostdeutsche Regionen in der Wirtschaftskraft (vgl. Abb. 3), leistungsstarke ostdeutsche Landkreise übertreffen westdeutsche Kreise. So ist die Wirtschaftsleistung im ostdeutschen Saalekreis um 30 Prozent (2006) höher als im westdeutschen Landkreis Aurich, im ostdeutschen Kreis Sömmerda um 25 Prozent höher als im westdeutschen Landkreis Ahrweiler, im ostdeutschen Landkreis Freiberg gut zehn Prozent höher als in der westdeutschen Grafschaft Bentheim. Was bedeutet in solchen Fällen »Aufholen« eigentlich noch?

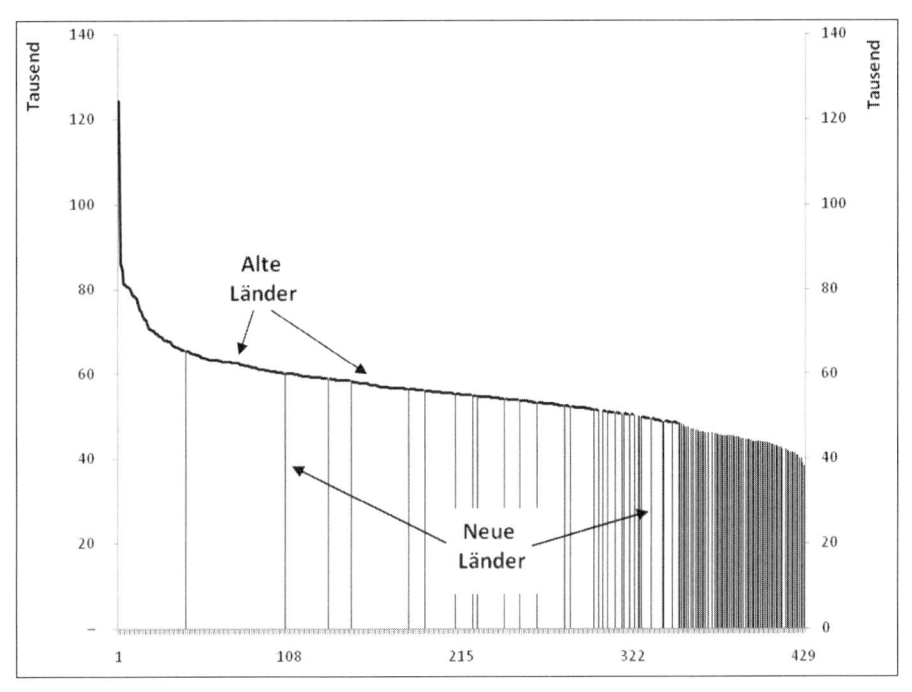

Abbildung 3: Regionale Wirtschaftsleistung in Deutschland (in Euro, 2006). Die Abbildung zeigt für die 429 kreisfreien Städte und Landkreise das Bruttoinlandsprodukt in jeweiligen Preisen je Erwerbstätigen in absteigender Reihenfolge. Die senkrechten Striche markieren die Positionen der ostdeutschen kreisfreien Städte und Landkreise. Quelle für die Grunddaten: Statistische Ämter des Bundes und der Länder.

Natürlich werden weiterhin die Spitzenränge in der Wirtschaftskraft von westdeutschen Kreisen und die hinteren Plätze von ostdeutschen Landkreisen eingenommen. Aber dazwischen haben sich westdeutsche und ostdeutsche Regionen im Ranking der Wirtschaftskraft längst vermischt. Analog gilt das für die Verteilung der Pro-Kopf-Einkommen. Die Ost-West-Verzahnung im Ranking der Wirtschaftsindikatoren ist ein Faktum, zu dem die stereotype Zweiteilung Deutschlands in den durchschnittlichen Osten und den durchschnittlichen Westen nicht mehr passt. Den wirtschaftlichen Leistungsrückstand Ostdeutschlands gibt es so pauschal, wie er vielfach noch immer dargestellt wird, gar nicht mehr. Und das macht Mut.

Witold Małachowski

Zwanzig Jahre ökonomische Transformation in Polen

Der am Ausgang der 1980er und zu Beginn der 1990er Jahre begonnene Prozess der Systemtransformation stellte Polen vor große Herausforderungen. Deren Bewältigung konzentrierte sich auf drei Hauptziele: die Entwicklung eines beständigen und stabilen demokratischen Systems, der Aufbau einer effektiven Marktwirtschaft sowie die Neugestaltung der gesellschaftlichen Ordnung. Sowohl die polnische Gesellschaft als auch die politischen Entscheidungseliten, die die Macht ergriffen hatten, waren sich nicht in vollem Umfang über das Ausmaß dieser Aufgaben und die Schwierigkeiten im Klaren, die die bereits begonnenen Veränderungen mit sich brachten. Das Fehlen von Vorbildern und mangelnde Erfahrung vergrößerten das Risiko, Fehler zu begehen. In Polen war man dennoch davon überzeugt, dass eine spürbare Verbesserung der Lebensverhältnisse schnell erreichbar sein würde.

1 Die Entwicklung des politischen Reformprozesses

In den letzten zwanzig Jahren hat sich das politische System Polens grundlegend verändert: Das autoritäre System des Realsozialismus wurde durch demokratische politische Strukturen ersetzt; das Monopol der kommunistischen Partei von einem pluralistischen Mehrparteiensystem abgelöst; es gilt der Grundsatz territorialer Selbstverwaltung. Der Mechanismus der Elitenauswahl veränderte sich ebenfalls fundamental: Anstelle der Parteinomenklatur gibt es heute pluralistische politische Eliten, die in freien Wahlen rekrutiert werden. Die ersten vollständig freien Wahlen fanden 1991 statt. Drei Rechtspfeiler sollen die Stabilität des demokratischen Systems garantieren: das Parlament (der Sejm) mit 460 Abgeordneten, der Senat mit rund einhundert Senatoren und der direkt gewählte Präsident. Als Symbol der demokratischen Veränderungen in Polen wird die Wahl des Arbeiterführers Lech Wałęsa zum ersten polnischen Präsidenten betrachtet. Zusätzliche Stabilität garantiert die neue Wahlordnung von 1993. Die 5-Prozent-Hürde für Parteien und die 8-Prozent-Hürde für Blocklisten begrenzen die Wahrscheinlichkeit der Entwicklung rechts- bzw. linksradikaler Kräfte. Zu den gemeinsamen Überzeugungen aller in Parlament und Senat vertretenen politischen Parteien gehören die Anerkennung der Unabhängigkeit und Souveränität des polnischen Staates sowie das Bekenntnis zu Demokratie, Rechtsstaatlichkeit und Bürgergesellschaft.

Aktuelle Probleme des politischen Lebens in Polen resultieren aus unterschiedlichen Vorstellungen über die Rolle des Staates und die Machtverteilung in ihm – so wird etwa über die Stellung des Staatspräsidenten diskutiert. Weiter machen sich die noch unzureichenden Erfahrungen auf dem Gebiet der Machtausübung und das Fehlen demokratischer Parteitraditionen bemerkbar. Persönliche Konflikte ersetzen vielfach ernsthafte Diskussionen über die Zukunft des Landes. Schließlich ist der mangelnde politische Konsens in Polen zu nennen, der den Transformationsprozess insgesamt hemmt. Die größten politischen Unterschiede im Staatsverständnis werden bei den Themen Privatisierung, Reform der Sozialpolitik, Vergangenheitsbewältigung, Stellung der katholischen Kirche, Rolle des ausländischen Kapitals und Reform der territorialen Selbstverwaltung (Dezentralisierung) sichtbar.

Gerade die katholische Kirche spielt in Polen eine bedeutende gesellschaftliche und politische Rolle. Das Verhältnis der Kirchenoberen zu bestimmten politischen Parteien hat sich jedoch zunehmend verschlechtert, was vor allem auf den Verfassungsartikel über die weltanschauliche Neutralität Polens und die Liberalisierung des Abtreibungsrechts zurückzuführen ist. Die Kirche kündigte nun die Gründung der »Katholischen Aktion« an, die eine Plattform zur Verständigung aller Katholiken über öffentliche Themen sein soll.

Im Zusammenhang mit der neu gewonnenen Vereinigungsfreiheit entstanden in Polen zahlreiche gesellschaftliche Organisationen, die vielseitig und insbesondere karitativ und erzieherisch tätig sind. Inzwischen sind auf diesem Feld Vereinigungs- und Koordinationstendenzen erkennbar, beispielhaft sei an dieser Stelle auf das Forum der Polnischen Stiftungen und Non-Profit-Organisationen verwiesen. Interessen- und Lobbygruppen sind in Polen unterschiedlich gut entwickelt und vernetzt. Einzelne Gruppen und Wirtschaftsbranchen nutzen solche Organisationsformen jedoch besonders dann, wenn es um ihren Einfluss auf Entscheidungsträger geht. Man kann hier etwa den polnischen Arbeitgeberverband nennen, der gesetzliche Regelungen zur Aussperrung von Arbeitnehmern für den Fall verlangt, dass Gewerkschaften Rechtsvorschriften über die Beteiligung an Arbeitskämpfen verletzen. Man darf auch den Polnischen Unternehmerrat und andere polnische Unternehmerverbände, wie die Landeswirtschaftskammer, sowie die spezifische Rolle der Gewerkschaften, insbesondere der Branchengewerkschaften, nicht vergessen.

2 Die Transformation der polnischen Wirtschaft

Am Ende der 1980er Jahre verlor die Wirtschaft der Volksrepublik Polen allmählich ihre Fähigkeit, ein stetiges Wirtschaftswachstum zu erzielen und die damit einhergehenden strukturellen Veränderungen zu bewältigen. In dieser schwierigen ökonomischen Lage wurde der Ruf nach einer marktwirtschaftlichen Transformation der bestehenden Wirtschaftsordnung laut, welcher allerdings ein generelles Umdenken in der Wirtschaftspolitik erforderte. Ab Anfang 1990 wurde der Systemwechsel hin zu einer kapitalistischen Marktwirtschaft schließlich eingeleitet. Als Vorreiter der Transformation im postsozialistischen Raum Europas verdient Polen besondere Aufmerksamkeit und wurde in den 1990er Jahren sogar als Primus unter den Transformationsländern herausgestellt. In den in- und ausländischen Medien häuften sich Begriffe wie »hohe Investitions- und Wachstumsdynamik«, »selbsttragendes Wirtschaftswachstum« oder »Osteuropas Tigerstaat«. Zur Beantwortung der Frage, worin die Gründe für den Aufstieg Polens zum Vorbild marktwirtschaftlicher Systemtransformation liegen, gilt es folgende Faktoren zu berücksichtigen: die Ausgangsbedingungen der ordnungspolitischen Transformation an der Wende der 1980er und 1990er Jahre; die polnische Transformationsstrategie und ihre Durchsetzung sowie die Ergebnisse der Umstrukturierung und ihre Zukunftsaussichten.

Es war ein grundlegender Vorteil für den polnischen Transformationsprozess, dass das Leitbild der ordnungspolitischen Veränderungen gleich zu Beginn unmissverständlich formuliert wurde. In den Regierungsprogrammen hieß es mit gewissen Nuancierungen immer wieder, man strebe die Etablierung einer Wirtschaftsordnung westlichen Typs mit den konstruktiven Strukturmerkmalen hochentwickelter kapitalistischer Marktwirtschaften an. Sowohl in der Bevölkerung als auch in der politischen Elite herrschte die Überzeugung vor, Polen könne sich ein Herumexperimentieren nicht leisten und solle deshalb bewährten Modellen folgen.

Zur ordnungspolitischen Klarheit hinsichtlich des Zielmodells der Systemtransformation trugen mehrere Faktoren bei. Einer der wichtigsten war der weit verbreitete Wunsch nach der Integration des Landes in die Europäische Union, was in dem verbreiteten Slogan »Heimkehr nach Europa« zum Ausdruck kam. Darüber hinaus strahlten die Volkswirtschaften der EU und der USA den diskreten Charme des marktwirtschaftlichen Wohlstands aus. Vielen Polen erschienen damals Freiheit, Marktwirtschaft und materieller Wohlstand fast als Synonyme. Ein weiterer nicht zu unterschätzender Einflussfaktor war die Verbreitung des Wirtschaftsliberalismus unter der wirtschaftswissenschaftlichen Elite. Die polnische Transformationsstrategie zeichnete sich durch ihre Komplexität und Konsistenz, die zeitliche Konzentration der transformationspolitischen Maßnahmen und vor allem durch einen in der kommunistischen Ära unbekannt hohen Grad an Konsequenz in der Durchsetzung aus.

Ausgehend von diesen konzeptionellen Prämissen setzte die Transformationsstrategie auf die Ergänzung der mikroökonomischen Stabilisierung, was wiederum durch den Aufbau marktwirtschaftlicher Institutionen flankiert werden sollte. Die Strategie sah drei hauptsächliche Maßnahmenkomplexe vor. Der erste bestand in einer Liberalisierung der Tätigkeit mikroökonomischer Einheiten durch

Freigabe der Preise, Deregulierung der Güter- und Faktormärkte, Freiheit der Wirtschaftstätigkeit einschließlich der Außenhandelsgeschäfte, Selbstständigkeit und Selbstfinanzierung der Staatsbetriebe, Abschaffung des staatlichen Außenhandels- und Devisenmonopols sowie die Inländerkonvertibilität der einheimischen Währung, was bedeutete, dass sie von Inländern beliebig in andere Währungen umgetauscht werden konnte. Der zweite Komplex umfasste Maßnahmen zur Stabilisierung der Volkswirtschaft durch den Ausgleich des Staatshaushaltes oder gar die Erzielung von Überschüssen, durch eine restriktive Geld- und Lohnpolitik sowie einen festen Wechselkurs der polnischen Währung zum US-Dollar. Weitere ordnungspolitische Maßnahmen mit einem mittel- und langfristigen Zeithorizont waren zum Dritten die Umgestaltung der Eigentumsordnung hin zu einer Dominanz des Privatsektors, die Schaffung von Wettbewerbsstrukturen vor allem auf der volkswirtschaftlichen Angebotsseite, der Aufbau eines leistungsfähigen Bank- und Versicherungswesens, die Einführung eines marktkonformen Steuersystems, die Schaffung eines Arbeits-, Kapital- und Bodenmarktes, eine marktwirtschaftskonforme Gesetzgebung sowie nicht zuletzt die Anpassung der institutionellen Strukturen des Landes an die Erfordernisse der Europäischen Union.

3 Wirtschaftliche Transformationsergebnisse in Polen

Die auf marktwirtschaftliche Prinzipien setzende Transformationsstrategie konnte bis in die Gegenwart in ihren Grundzügen beibehalten werden, vor allem deshalb, weil es in Polen schon vor ihrer Einführung bestehende Ansätze einer marktwirtschaftlichen Entwicklung gab: Die komplexen und konsistenten transformationspolitischen Maßnahmen fielen also auf den fruchtbaren Boden des schon bestehenden Privateigentums. Es gab marktwirtschaftlich orientiertes Humankapital, Ansätze für eine marktwirtschaftliche Geschäftsmoral waren ebenso vorhanden, die Bevölkerung verfügte über breit gestreute Devisenbestände, und viele Polen waren potenzielle Unternehmer. Der bis 1989 immer noch mehr oder weniger »gefesselte Kapitalismus« zeigte Kraft und Dynamik in Form einer imposanten Welle von Unternehmensgründungen zu Beginn der 1990er Jahre. Zwischen Dezember 1989 und Dezember 1993 stieg, außerhalb der Landwirtschaft, die Zahl der Firmen im Besitz natürlicher Personen von 900.525 auf 1.783.900 Einheiten an, was einem Zuwachs von zirka 98 % entspricht. Im gleichen Zeitraum stieg auch der Anteil des Privatsektors an der volkswirtschaftlichen Beschäftigung von 29,6 % auf 58,9 %. Parallel dazu erhöhte sich zwischen 1989 und 1993 sein Anteil am Bruttoinlandsprodukt (BIP) von 29 % auf 47,9 %.

Polen war im Jahr 1996 das erste europäische Transformationsland, das die reale Größe des Bruttoinlandsproduktes aus dem letzten Jahr vor dem Systemwechsel überschritt. 2005 waren es 148 % der Basisgröße aus dem Jahr 1989, vor

Slowenien mit 131 %, Ungarn mit 127 % und Estland mit 123 %. Nach einigen Jahren des verlangsamten Wachstums zu Beginn des neuen Jahrtausends ging dem Land auch 2006 die Position des Wachstumsvorreiters nicht verloren. Grund dafür war eine Beschleunigung des BIP-Anstiegs seit 2004, die in einem Zuwachs von 6,1 % im Jahr 2006 gipfelte. Die ökonomischen Erfolge der polnischen Transformation gegenüber anderen europäischen Staaten lassen sich vor allem am durchschnittlichen Wachstumstempo des BIP von 1989 bis 2008 ablesen: Polen hat hier mit 3,1 % das beste Ergebnis erreicht und lag deutlich vor dem Kreis der alten 15 EU-Staaten mit 2,1 %, den mittel- und osteuropäischen Ländern mit 1,7 % sowie Russland und der Ukraine mit -0,6 %.[1] Das rapide Tempo dieses Wachstums hatte direkten Einfluss darauf, dass das polnische Bruttoinlandsprodukt im Jahr 2008 gegenüber 1989 um ganze 78 % gestiegen war (siehe Tabelle 1).

Polen	+ 78 %
Slowakei, Slowenien	+ 60 %
Tschechische Republik, Ungarn, Estland	+ 48 %
Litauen, Lettland, Rumänien	+ 25 %
Ukraine	+ 7 %
Russland	- 30 %

Tabelle 1: Bruttoinlandsprodukt in 2008 gegenüber 1989. Quelle: OECD, eigene Berechnungen.

Der Erfolg der wirtschaftlichen Transformation in Polen seit Anfang der 1990er Jahre beruhte anfangs auf einer De-Agrarisierung, also dem Rückgang des Landwirtschaftssektors, und einer verstärkten Industrialisierung, die sich zunächst in einem Anstieg und später einer Stabilisierung des Industrieanteils am BIP bemerkbar machte. Mit der nächsten Phase begann die De-Industrialisierung, das heißt eine Zurückdrängung der Industrie und die Entwicklung hin zur Dienstleistungsgesellschaft, die vor allem auf einem Anstieg der Finanz- und Bankdienstleistungen basierte.

Dieser Strukturwandel zeigte sich sowohl auf gesamtstaatlicher als auch auf regionaler Ebene, wobei die einzelnen polnischen Regionen mit durchaus unterschiedlichen Ausgangssituationen in die neue Zeit starteten. Gute Indikatoren für den wirtschaftlichen Wandel sind zum einen Veränderungen in der Bruttowertschöpfung einzelner Wirtschaftssektoren, zum anderen die Entwicklungsverläufe der Beschäftigungszahlen in diesen Sektoren. Im Jahr 2008 verteilte sich die Bruttowertschöpfung wie folgt: Landwirtschaft, Jagd- und Forstwirtschaft,

---

1 Diese Berechnungen des BIP-Wachstums von 1989 bis 2008 basieren auf OECD-Daten (eigene Berechnungen).

Fischfang 4,1 %, Industrie 25,1 %, Bauwesen 6,6 %, Dienstleistungen 64,2 %. Von 1989 bis 2009 vollzogen sich wesentliche Veränderungen in der Wirtschaftstruktur des Staates und der Regionen (Woiwodschaften): Die Anteile von Industrie, Landwirtschaft sowie Jagd- und Forstwirtschaft, einschließlich Fischfang, verringerten sich zugunsten des Dienstleistungssektors, der inzwischen den höchsten Anteil an der Entwicklung der Bruttowertschöpfung beisteuert.

4 Die Politik der europäischen Wirtschaftsintegration und ihr Einfluss auf die Entwicklung in Polen

Aus ökonomischer Sicht ist das Hauptmotiv des Staates, sich am Prozess der internationalen Wirtschaftsintegration zu beteiligen, die Perspektive, daraus Nutzen in Form einer Dynamisierung der Wirtschaftsentwicklung sowie einer Erhöhung der ökonomischen Stabilität und des Wohlstandes zu ziehen. Die Mitgliedschaft Polens in der Europäischen Union ab dem 1. Mai 2004 eröffnete dem Land die Möglichkeit, Einfluss auf die Ausrichtung der europäischen Politik in verschiedenen Bereichen zu nehmen. Zu den Chancen dieser Mitgliedschaft gehören sowohl die Öffnung des Arbeitsmarktes und die Beteiligung am einheitlichen Europäischen Binnenmarkt sowie die Möglichkeiten, den EU-Etat für Forschung und Entwicklung, für die polnische Landwirtschaft sowie für die Umsetzung der Kohärenzpolitik zu nutzen.

Polen als Ganzes zeichnet sich durch ein niedriges Landesbruttosozialprodukt pro Einwohner von nur 40 % des Durchschnitts aller EU-Mitglieds- und Kandidatenländer aus. Die Unterschiede innerhalb des Landes sind jedoch enorm: In der reichsten Woiwodschaft Mazowieckie (Masowien, mit Warschau) beträgt das Niveau fast 60 %, in der ärmsten Woiwodschaft Świętokrzyskie (Heiligkreuz) lediglich 28 %. Gemäß den EU-Richtlinien werden Regionen, in denen das Bruttosozialprodukt pro Einwohner unter 75 % liegt, als entwicklungsverzögert anerkannt. Aus dem EU-Etat werden jährlich über 30 Milliarden Złoty ausgegeben, um den wirtschaftlichen Rückstand in diesen Regionen aufzuholen. Zum Vergleich: Der gesamte Staatshaushalt Polens beträgt etwa 400 Milliarden Złoty. Nach dem Beitritt zur Europäischen Union gehörten alle polnischen Regionen in diese Gruppe, wodurch das Land ein gewichtiger Empfänger von EU-Mitteln geworden ist. Polen als Begünstigter der europäischen Kohärenzpolitik erhielt von der EU 12,8 Milliarden Euro im Rahmen der Struktur- und Kohärenzfonds für die Jahre 2004 bis 2006; bis Ende März 2006 hat das Land aus dem EU-Etat fast 1,9 Milliarden Euro erhalten, davon 1,3 Milliarden Euro für die Umsetzung von Programmen und über 590 Millionen Euro in Form indirekter Zahlungen.

Man kann bislang nur eine vorläufige Bilanz der Effekte ziehen, die die Maßnahmen der Kohärenzpolitik in Polen gezeigt haben. Die Tatsache, dass in Polen aktuell etwa 60.000 EU-geförderte Projekte durchgeführt werden, erlaubt es jedoch durchaus, erste Trends zu benennen. Der Wert der mit den Begünstigten geschlossenen Verträge beträgt 24,3 Milliarden Złoty, was fast Dreiviertel der für Polen im Zeitraum von 2004 bis 2006 vorgesehen Mittel ausschöpft und zusammen mit den bereits zur Durchführung ausgewählten Projekten über 80 % der insgesamt verfügbaren Mittel darstellt. Die Summe der Ausgaben, die den Begünstigten aus den Strukturfonds erstatteten wurden, beläuft sich auf 6,6 Milliarden Złoty und damit fast 14 % der vorgesehenen Gesamtmittel. Im Zeitraum von Oktober 2005 bis Mai 2006 ist eine deutliche Beschleunigung bei der Umsetzung und finanziellen Abwicklung EU-geförderter Projekte zu verzeichnen: Der Wert der Zahlungen aus den Programmkonten stieg zwischen Oktober und Mai um das Vierfache, der Wert der von der Europäischen Kommission erstatteten Mittel nahm in der gleichen Zeitspanne fast um das Achtfache zu.

5 Effekte der Kohärenzpolitik in Polen

Betrachtet man die Auswirkungen der EU-Förderprogramme auf die polnische Wirtschaft etwas genauer, stechen die *makroökonomischen Effekte* besonders hervor. Das folgende Diagramm bildet den geschätzten Einfluss der Investitionen, die aus EU-Fonds mitfinanziert werden, auf das Niveau des polnischen Bruttosozialprodukts ab:

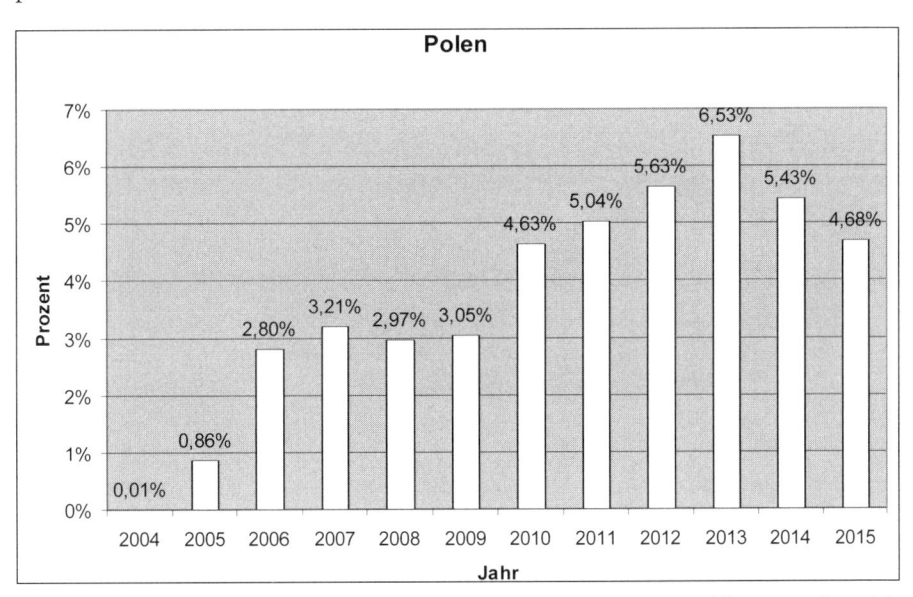

Polen

Jahr	Prozent
2004	0,01%
2005	0,86%
2006	2,80%
2007	3,21%
2008	2,97%
2009	3,05%
2010	4,63%
2011	5,04%
2012	5,63%
2013	6,53%
2014	5,43%
2015	4,68%

Abbildung 1: Geschätzter Einfluss aus EU-Fonds mitfinanzierter Investitionen auf das Niveau des polnischen BIP 2004–2015 (in Prozent). Quelle: Daten des polnischen Wirtschaftsministeriums vom Mai 2007.

Das nächste Schaubild verdeutlicht den geschätzten Einfluss der EU-mitfinanzierten Investitionen auf den polnischen Arbeitsmarkt und die Zahl der Beschäftigten:

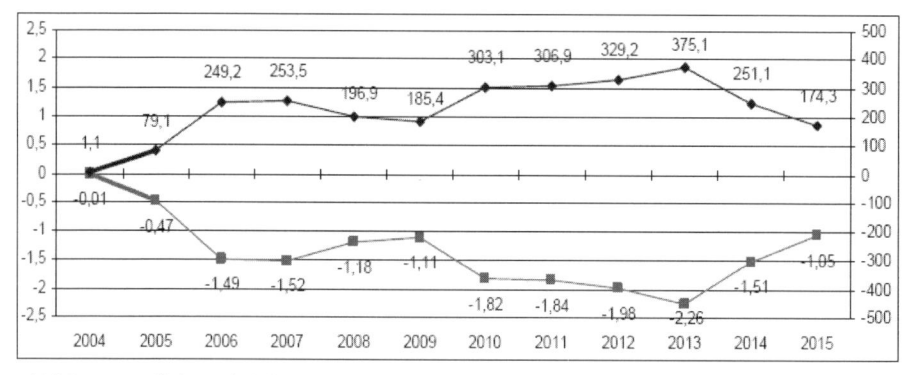

Abbildung 2: Fall der Arbeitslosenquote (untere Linie, in Prozentpunkten) und Zahl der Beschäftigten (obere Linie, in Tausenden Personen). Quelle: Daten des polnischen Wirtschaftsministeriums vom Mai 2007.

Berücksichtigt man die deutliche Beschleunigung bei der Ausgabe von Strukturmitteln, die auf Prognosen zu den geplanten Investitionsausgaben beruht, ist anzunehmen, dass der Einfluss jener Investitionen, die aus EU-Fonds mitfinanziert werden, noch weiter wachsen wird. Es wird geschätzt, dass das Niveau des Bruttosozialproduktes 2009 um etwa 2,8 % höher sein kann, die prognostizierte Arbeitslosenquote hingegen könnte um fast 1,5 Prozentpunkte niedriger ausfallen.

Neben den makroökonomischen Auswirkungen sind es vor allem die *materiellen Effekte* der Kohärenzpolitik, die am deutlichsten sichtbar werden:

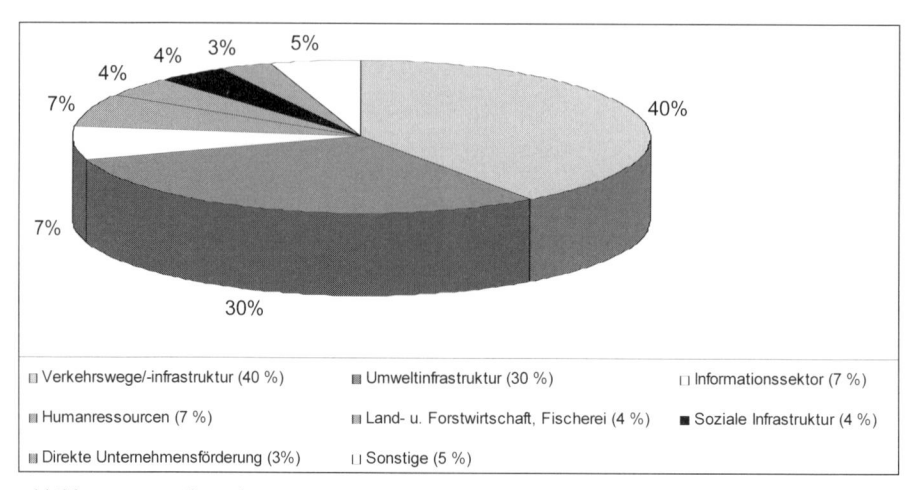

Abbildung 3: Verteilung der EU-Strukturmittel nach Wirtschaftssektoren. Quelle: Angaben des polnischen Ministeriums für Regionale Entwicklung vom Juni 2007.

Zu diesen materiellen Effekten zählt, dass bereits über 26.000 Projekte mit EU-Strukturmitteln gefördert wurden und schon 650.000 Polen Zahlungen aus den Europäischen Sozialfonds erhalten haben; dass die Institutionen der territorialen Selbstverwaltung bislang etwa 5.000 Projekte realisieren konnten und etwa 8.500 Unternehmen Förderung erhielten – unter ihnen 1.354 Kleinunternehmer; und nicht zu vergessen: dass im Rahmen der aus dem Europäischen Fonds für regionale Entwicklung (EFRE) mitfinanzierten Projekte 407 km Straßen und Wege, 375 km Wasserwege sowie 260 km Kanalisation in Polen gebaut oder modernisiert wurden.

Abbildung 4 zeigt die Verwendung der Strukturmittel durch die Institutionen der territorialen Selbstverwaltung:

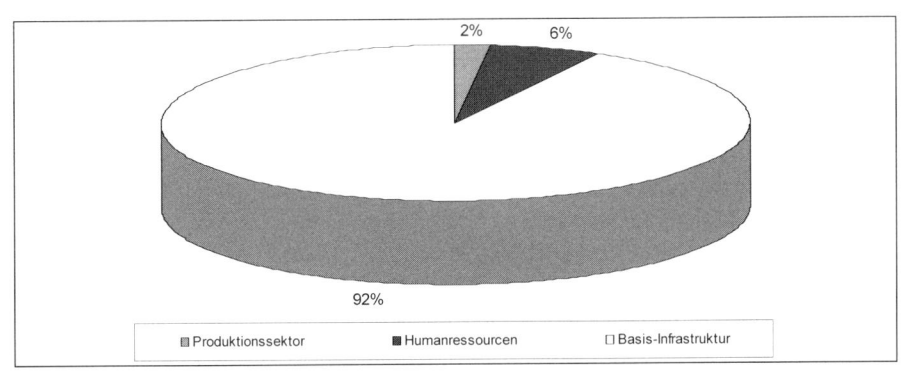

Abbildung 4: Anteil der von Institutionen der territorialen Selbstverwaltung durchgeführten Projekte nach Hauptsektoren. Quelle: Angaben des polnischen Ministeriums für Regionale Entwicklung vom Juni 2007.

Das folgende Diagramm bildet den Anteil der von den Gemeinden, Landkreisen und Woiwodschaften durchgeführten Projekte ab:

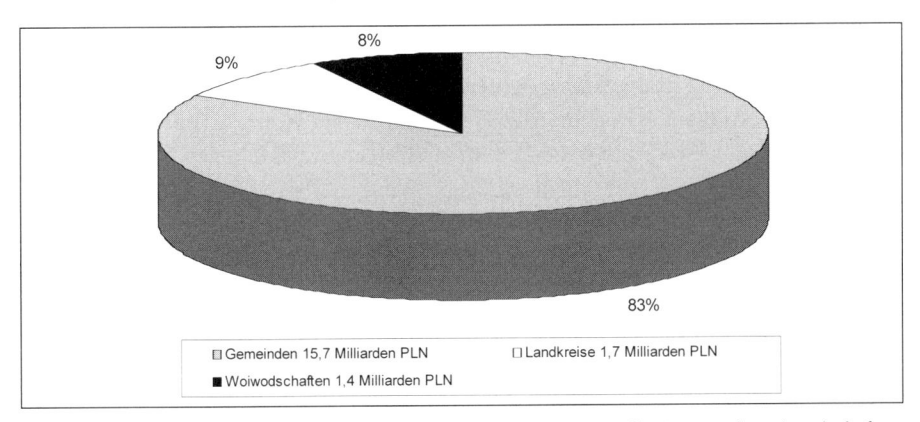

Abbildung 5: Anteil EU-geförderter Projekte in Gemeinden, Landkreisen und Woiwodschaften. Quelle: Angaben des polnischen Ministeriums für Regionale Entwicklung vom Juni 2007.

Am stärksten wurden die Regionen mit dem höchsten Bruttosozialprodukt pro Kopf gefördert: die Woiwodschaften Mazowieckie, Śląskie (Schlesien), Dolnośląskie (Niederschlesien) und Wielkopolskie (Großpolen), die geringste Förderung erhielten hingegen die Woiwodschaften Podlaskie (Podlachien), Opolskie (Oppeln), Świętokrzyskie und Lubuskie (Lebus). Die meisten Mittel wurden für Investitionen in die Infrastruktur der Verkehrswege (40 %), in die Umweltinfrastruktur (30 %), in den Sozialbereich (7 %) sowie für Projekte zur Entwicklung des Informationssektors verwendet (7 %).

Die kofinanzierten Programme und Projekte sind eine enorme Chance für Polen, seinen *Entwicklungsabstand* zu den hoch entwickelten EU-Staaten *abzubauen*. Trotz des positiven Trends, auf den wir bei diesem Bemühen blicken können, ist das derzeitige Tempo, in dem die wirtschaftlichen Unterschiede abgebaut werden, niedrig im Vergleich zu den Veränderungen in anderen neu aufgenommenen EU-Staaten. Polen hat den Entwicklungsabstand in den Jahren 1997 bis 2005 unter Berücksichtigung der Kaufkraftparität der Währung um 6 Prozentpunkte verringert – gegenüber 19 Prozentpunkten in Estland, 16 in Litauen und 15 in Lettland oder elf Prozentpunkten in Ungarn und neun in der Slowakei. Im Land gibt es sehr große Unterschiede zwischen den Regionen in Bezug auf diesen Aufholprozess. Am schnellsten verläuft er, am BIP-Niveau pro Einwohner gemessen und in PPP (also unter Berücksichtigung der Kaufkraftparität) ausgedrückt, in der Woiwodschaft Mazowieckie. Hingegen wird der Entwicklungsrückstand gegenüber dem EU-Durchschnitt in den Woiwodschaften Opolskie, Podkarpackie (Karpatenvorland) und Lubelskie (Lublin) immer größer.

Schließlich seien noch einige *nicht direkt messbare Effekte der EU-Kohärenzpolitik* genannt, die besonders in der Absorption von Strukturfondsmitteln für die Umsetzung von Staatsaufgaben sowie in gesellschaftlichen Effekten bestehen. Mit diesen finanziellen Mitteln wird der Auf- und Ausbau einer modernen, zielorientierten und effizienten Verwaltung unterstützt, wird Einfluss auf die Veränderungen im Bereich öffentlicher Finanzen genommen und dabei geholfen, die Standards bei der Verwaltung öffentlicher Gelder zu verbessern. Zu den nicht unmittelbar messbaren Resultaten gehört in jedem Fall auch die Stärkung der polnischen Zivilgesellschaft, ein verstärktes Gemeinschaftsgefühl innerhalb lokaler Gemeinschaften sowie eine verbesserte Aufgabenbewältigung durch die Institutionen der territorialen Selbstverwaltung. Ein stärkeres politisches Interesse an Entwicklungsmaßnahmen, eine Erhöhung der Innovationskraft und nicht zuletzt die Schaffung eines positiven EU-Bildes im gesellschaftlichen Bewusstsein sind darüber hinaus zu nennen.

Durch ihre im Rahmen der Durchführung von EU-Programmen bereits gewonnenen Erfahrungen konnten die polnischen Vertreter erfolgreich am EU-Verhandlungsprozess über den Programmzeitraum 2007 bis 2013 teilnehmen. Sie hatten aufgrund ihrer Mitwirkung in den entsprechenden Gremien Einfluss auf die Form der Dokumente und Rechtsakte, welche die Grundsätze zur Inanspruchnahme struktureller Beihilfen in den folgenden Jahren festlegen. Im Zeitraum 2007 bis 2013 werden Polen davon perspektivisch fast 60 Milliarden Euro zur Verfügung stehen. Das stellt die polnische Politik, die Verwaltung, die Wirtschaft und alle gesellschaftlichen Gruppen, die an der Nutzung der EU-Strukturfonds beteiligt sind, vor die Herausforderung, die geplanten Maßnahmen zur Entwicklung des Landes in den kommenden Jahren möglichst effektiv zu gestalten und die gesteckten Ziele auch erfolgreich umzusetzen.

6   Schlussfolgerungen

Die polnische Wirtschaft hat sich zu einer der dynamischsten im gesamten EU-Raum entwickelt. Die Struktur der Bruttowertschöpfung nähert sich jener in den »älteren« Marktwirtschaften an. Der Arbeitsmarkt ist ebenfalls auf einem guten Weg. Der Privatisierungsprozess und die Einführung freier Marktregeln haben zu einem grundlegenden Umbau der Eigentumsstruktur in der polnischen Wirtschaft geführt, die mittelfristig eine noch größere Konkurrenzfähigkeit auf dem europäischen sowie dem Weltmarkt zum Ziel hat. Die Entwicklungsunterschiede zwischen den polnischen Regionen sind nicht unverhältnismäßig groß, wenn man sie mit anderen europäischen Ländern vergleicht. Die Chancen für eine innovative Entwicklung und eine konkurrenzfähige polnische Wirtschaft werden, gestützt auf die Finanzierung durch die EU-Strukturfonds für die Jahre 2007 bis 2013, gut genutzt.

Die Bilanz von Nutzen und Kosten der Transformation des politischen und wirtschaftlichen Systems in Polen sowie der Auswirkungen der polnischen EU-Mitgliedschaft auf die ökonomisch-soziale Entwicklung des Landes fällt eindeutig positiv aus. Eine deutliche Mehrheit der Bürgerinnen und Bürger in Polen unterstützt die Fortsetzung der Transformationsbemühungen und die Weiterentwicklung der europäischen Integration.[2]

---

[2] Weiterführende Literatur: Witold Małachowski (Hg.): Deutschland – Polen im vereinigten Europa und ihre ökonomische Verantwortung, Warschau 2006; ders. (Hg.): Deutschland – Polen nach der Erweiterung der Europäischen Union. Bilanz und Perspektiven, Warschau 2009; ders.: (Hg.): Deutschland – Polen und die Erweiterung der Europäischen Union, Warschau 2004; ders. (Hg.): Gegenwärtige soziale Marktwirtschaft. Erfahrungen in Deutschland. Implikationen für Polen, Warschau 2001. Weiterführende Links: www.parp.gov.pl (Polnische Agentur zur Entwicklung des Unternehmertums), www.ukie.gov.pl (Amt des Komitees für Europäische Integration), www.mg.gov.pl (Ministerium für Wirtschaft, Arbeit und Sozialpolitik), www.mrr.gov.pl (Ministerium für Regionalentwicklung).

Stefan Sorin Mureşan

Die ökonomische Transformation in Rumänien zwanzig Jahre nach dem Systemwechsel von 1989

Beginnen möchte ich mit zehn zusammenfassenden Thesen, die verdeutlichen, was in Rumänien in den vergangenen zwanzig Jahren bewirkt wurde und wo das Land aktuell steht:

1. Wirtschaft und Unternehmer wurden von der Staatsvormundschaft befreit, die rumänischen Bürger können heute frei Initiativen entwickeln und Verantwortung übernehmen.
2. Nach der Auflösung des sowjetisch dominierten Comecon gelang die Anbindung Rumäniens an Westeuropa und die Europäische Union durch multilaterale Verträge. Dies führte zu einer Öffnung der Märkte und ebnete den Weg für einen freien Verkehr von Waren und Arbeitskräften innerhalb der EU (teilweise ab 2007) sowie für die Einführung des Euro (ab 2014).
3. Rumänien verabschiedete sich vom früheren Wirtschaftsnationalismus und einer isolierenden Unabhängigkeitsdoktrin und wandte sich als gleichberechtigter Partner multinationalen Entwicklungen auf europäischer und globaler Ebene zu.
4. Das Land verlor zwar Märkte innerhalb und außerhalb Europas aus staatssozialistischer Zeit, jedoch gelang die Integration der rumänischen Wirtschaft als »Outsourcer« in das angloamerikanisch beeinflusste EU-System. Die wichtigsten Transformationsleistungen hin zu Demokratie und Marktwirtschaft sind in Rumänien bis 1999 selbstständig gelungen.
5. Viele Unternehmen und Positionen im höheren Management gelangten in die Hand von ausländischen Großkonzernen, Expatriaten aus Westeuropa und ehrgeizigen einheimischen wirtschaftspolitischen Eliten.
6. Im Industriesektor vollzog sich ein gravierender Abbauprozess von ehemals 40 % auf gerade noch 20 % des Bruttoinlandsprodukts (BIP); demgegenüber nahm der Anteil des Dienstleistungssektors am BIP von 25 % auf über 50 % zu. Damit einher ging ein dramatischer Rückgang der eigenen landwirtschaftlichen Produktion in einem traditionell sehr landwirtschaftlich geprägten Land.
7. Rumänien hat ein Wachstum des BIP pro Kopf (im Kaufkraftstandard) von zirka 18 % auf 45 % des EU-27-Durchschnitts erreicht.

8. Soziale Spannungen, Misstrauen in den Staat und besonders in die eigenen Polit- und Wirtschaftseliten sind aufgrund von Ungerechtigkeiten und Grausamkeiten während des Transformationsprozesses gewachsen.
9. Enttäuschte bzw. transitionsmüde Rumänen emigrierten in Wellen ab 1990 nach Westeuropa; das Land verlor auf diese Weise bereits zehn Prozent seiner Bevölkerung.
10. Ab 2004 nahm die Verschuldung der privaten und öffentlichen Haushalte drastisch zu; Staat und Bürger lebten nach der US-amerikanischen Devise »growth of consumption by spending in deficit«; selbst zahlreiche Marktwirtschaftsbefürworter in Rumänien kritisieren das derzeitige Wirtschaftssystem.

1 Die wirtschaftliche Lage Rumäniens 1989 und 2008/09

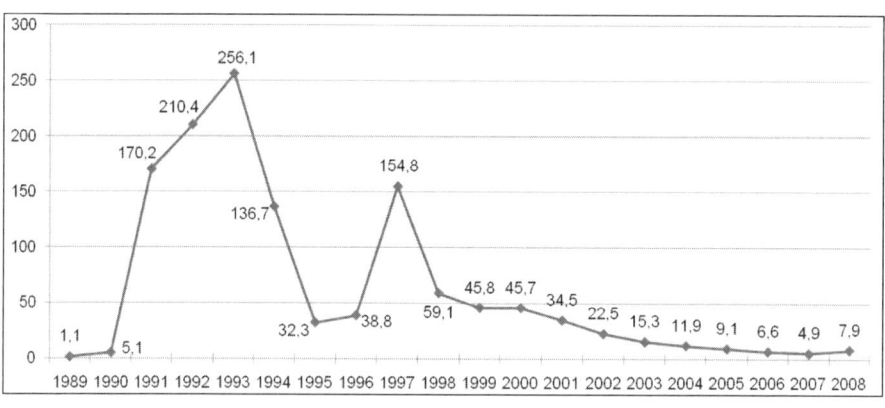

Abbildung 1: Entwicklung der Inflation 1989–2008 (Jahresdurchschnitt, Konsumpreisbasis), Rumänischer LEU (ROL, nach 2005 RON). Quelle: Marin 2001 und Rumänische Zentralbank, Monatsbericht vom Juli 2009.

Die Wiedergewinnung der persönlichen und wirtschaftlichen Freiheit war sicher der größte Erfolg der revolutionären Umbrüche von 1989. Weil der repressive Staat, der sich bis 1989 fest etabliert hatte, gestürzt werden konnte, ist jetzt – zumindest vor dem Gesetz – die Freiheit aller Bürger errungen worden, nicht mehr bevormundet zu werden, sondern als selbstbestimmte Akteure auf neu geschaffenen Märkten zu planen, zu handeln und die Ergebnisse eigener Entscheidungen mit allen Vorteilen und Konsequenzen selbst zu verantworten. So sind aus hunderttausenden Angestellten rumänischer Staatsbetriebe Unternehmer geworden. Während im Dezember 1989 alle rumänischen Produktionsbetriebe regierungseigen waren – mit Ausnahme einiger landwirtschaftlicher Selbstversorgungsbetriebe in nicht kollektivierten Regionen –, wurden diese im Sommer 1990 in Aktiengesellschaften und Staatsverwaltungsbetriebe (Regii autonome) umgewandelt. Gleichzeitig wurde den Bürgern mit dem Gesetz Nr. 31 vom November 1990 das Recht zuerkannt, selbst Unternehmen zu gründen und sich in Gesellschaften zusammenzuschließen. So stieg in Rumänien innerhalb kürzester Zeit die Zahl von Unternehmensneugründungen um ein Vielfaches, und bereits Ende der 1990er Jahre gab es in Rumänien über 600.000 neue Firmen. Der Staatsprivatisierungsfond (Fondul Proprietăţii de Stat, FPS), der im Herbst 1991 gegründet wurde, verfügte über einen Bestand von 5.937 Unternehmen, die es zu privatisieren galt. Der gesamte Sachanlagenwert belief sich auf 45.212 Milliarden Lei (wobei die Inflation zu berücksichtigen ist). So durften die Bürger nicht nur selbst neue Unternehmen gründen, sondern sich durch den Privatisierungsprozess auch am Staatseigentum beteiligen. Frühzeitige unternehmerische Initiative zahlte sich für die allermeisten reichlich aus.

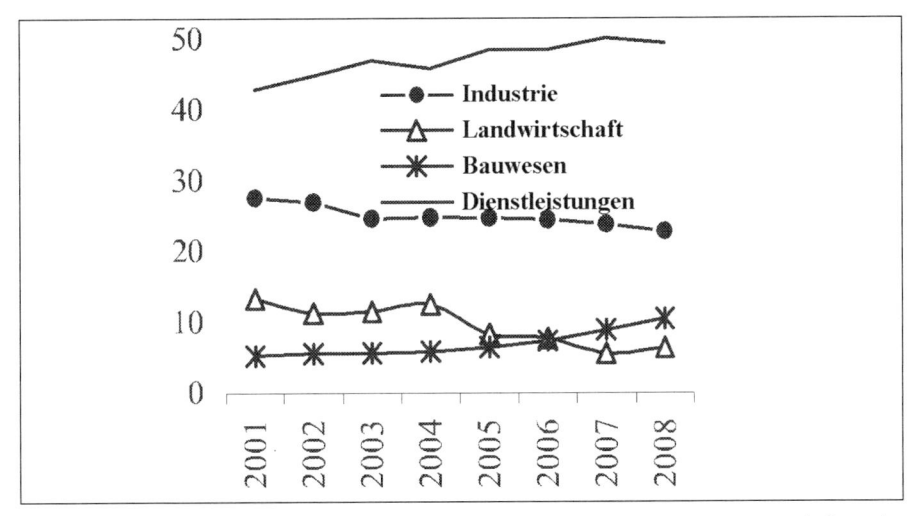

Abbildung 2: Entwicklung der Anteile ausgewählter Wirtschaftssektoren an der Erwirtschaftung des BIP 2001-2008 (in Prozent). Quelle: Nationales Rumänisches Institut für Statistik (INS).

Eine weitere Veränderung in der Periode nach 1989 bestand darin, dass für Rumänien nach dem Zusammenbruch des Comecon 1991 der Weg frei war, das zu tun, was es eigentlich immer wollte: sich dem Westen anzuschließen. Endlich konnte das Land aus dem Wirtschaftskrieg zwischen Ost und West aussteigen, 1993 hatte es bereits mit der EG ein Assoziierungsabkommen unterzeichnet und bis 2000 den freien Handel implementiert. Dafür bezahlte Rumänien jedoch einen hohen Preis – nicht nur, weil dieser Vorgang nach jahrzehntelanger starrer staatlicher Planung und Preiskontrolle mit unmittelbaren Liberalisierungen verbunden war, sondern auch, weil der Balkankonflikt zwischen 1991 und 1999 die gesamten Wirtschaftsflüsse der Region radikal behinderte. Unter der Leitung von Mugur Isărescu, einem Ökonomen mit diplomatischer Erfahrung, steuerte die rumänische Zentralbank klug und in Kooperation mit dem IWF und der Europäischen Bank für Wiederaufbau und Entwicklung (EBRD) mehrere Inflationsschübe. Damit verbunden waren jedoch auch brutale Massenentlassungen von Hunderttausenden und eine deutliche Schrumpfung des Industriesektors. Viele Unternehmen litten unter Zahlungsblockaden aufgrund der Unplanbarkeit von Investitionen und der enormen Inflation. Hinzu kam, dass sich rumänische Unternehmen nicht nur von den internationalen, sondern sogar von internen Märkten durch westeuropäische Konkurrenten verdrängt sahen. Das führte zu einer enormen Verschuldung der noch verbliebenen Staatsbetriebe: Steuern an den Staatshaushalt und Beiträge zur Sozialversicherung wurden nicht gezahlt, offene Forderungen anderer Unternehmen nicht bedient. Es kam zu einem Abbau von Produktionskapazitäten im In- und Ausland, der wiederum einen Deindustrialisierungsprozess im Land einleitete: Der Anteil der Industrie an der Erwirtschaftung des BIP halbierte sich von 40 % im Jahr 1990 auf zirka 23 % in 2009. Gleichzeitig sank auch der Anteil der Landwirtschaft am BIP drastisch: von 23 % in 1990 auf nur noch 6 % in 2009. Der Anteil der Dienstleistungen am BIP hingegen wuchs von 25 % in 1990 auf über 50 % in 2009.

Diese Veränderungen waren zweifellos enorm, noch eindrucksvoller entwickelte sich jedoch das Wachstum des Bruttoinlandsproduktes. Während in den 1990er Jahren immer wieder ein schrumpfendes BIP zu verzeichnen war, sind nach Beginn der Beitrittsverhandlungen mit der EU nur positive Wachstumsraten zu verzeichnen, die jährlich bei 4 bis 8 % lagen. Die Beitrittsverhandlungen begannen mit dem EU-Ratsgipfel vom Dezember 1999 in Helsinki und sind eindeutig dem politischen Erfolg der reformorientierten Regierungskoalition von 1996 bis 2000 zuzuschreiben, die sich aus der Bauernpartei (PNȚCD), den Nationalliberalen (PNL), der Demokratischen Partei (PD) sowie der Demokratischen Union der Ungarn in Rumänien (UDMR) zusammensetzte. Das rumänische BIP hätte sich bei Wachstumsraten von 2 bis 3 %, wie sie in (West-)Europa im Zeitraum von 1999 bis 2008 zu erwarten gewesen sind, zu einem Wert von zirka 61 Milliarden Euro entwickeln können. Doch dieses Ergebnis wurde weit übertroffen: Nach Berechnungen der Royal Bank of Scotland erreichte das rumänische Bruttoinlandsprodukt bis kurz vor der Wirtschaftskrise einen absoluten Wert von 137 Milliarden Euro für 2008. Das bedeutet: Das BIP pro Kopf erreichte 2008 einen Wert von zirka 6.000 Euro in absoluten Zahlen und von zirka 12.000 Euro im Kaufkraftstandard (KKS). Diese Entwicklungen brachten Rumänien somit von einem BIP pro Kopf (im Kaufkraftstandard KKS) von zirka 18 % des europäischen Durchschnitts (inklusive Skandinavien und Jugoslawien) im Jahr 1989 auf einen Wert von 45,8 % des EU-27-Durchschnitts in 2008.[1]

---

1 Die Berechnungen basieren auf Angaben von Eurostat, dem Nationalen Rumänischen Institut für Statistik und der Rumänischen Zentralbank.

Rumänien ist heute erfreulicherweise nicht nur in die bedeutendsten internationalen Organisationen auf globaler Ebene integriert – wie UNO, IWF, Weltbank oder WTO –, sondern auch in die wichtigsten regionalen Organisationen, wie die Europäische Union, EBRD, NATO, OSZE und Europarat. Die Mitgliedschaft Rumäniens in der OECD konnte bislang noch nicht realisiert werden: 2007 wurde das Land vom Status eines Beitrittskandidaten wieder auf den eines Beobachters herabgestuft.

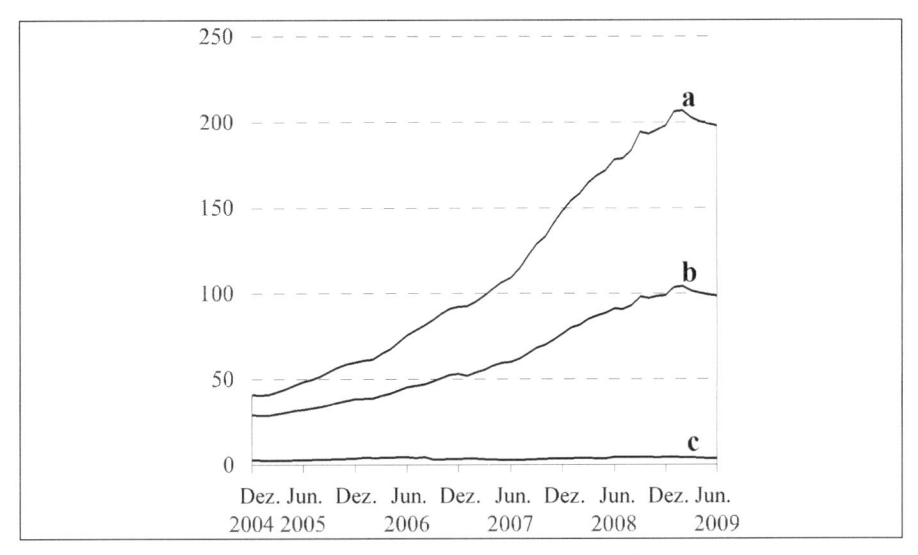

Abbildung 3: Entwicklung des Kreditvolumens des nichtöffentlichen Sektors (Gesamtprivatverschuldung (a), Privathaushalte (a–b), Nichtfinanz-Unternehmen (b–c), nichtmonetäre Finanzdienstleister (c)) in Rumänien 2004–2009 (in Milliarden RON). Quelle: Rumänische Zentralbank, Monatsbericht vom Juli 2009.

Die oben genannten Fakten kann man sicher als Erfolge werten. Aber wie schon erwähnt, hatten diese Errungenschaften ihren Preis:

1. Sie führten zu einer hohen Staatsverschuldung Rumäniens, das im Unterschied zu den meisten europäischen Transformationsstaaten ohne Auslands- und Inlandsschulden in die Periode nach 1989 startete. So stieg die Gesamtverschuldung von 1989 bis Mitte 2009 von null auf 80 Milliarden Euro, wobei die Zentralbankreserven bei 30 Milliarden Euro liegen.
2. Es kam zu einer Deindustrialisierung des Landes und einem Wandel der Wirtschaftsstruktur von unabhängigen Firmen hin zu fremd gesteuerten Dienstleistungsunternehmen, die auf Outsourcing und billige Lohnarbeit setzen.
3. Die soziale Kluft zwischen Arm und Reich vergrößerte sich massiv und abrupt, und die noch aus kommunistischer Zeit stammende mittelständische

Schicht von Angestellten löste sich auf. Der Bevölkerungsanteil jener, die unterhalb der Armutsgrenze leben, das heißt über weniger als 60 % des durchschnittlichen verfügbaren Äquivalenzeinkommens verfügen (Eurostat), stieg auf 35 % an.
4. Die sozialen Spannungen zwischen verschiedenen Interessengruppen im Land erhöhen sich durch Ungerechtigkeiten im Privatisierungsprozess und eine spürbare Politisierung der Wirtschaft.
5. Das Land musste die Auswanderung von zirka zwei Millionen arbeitsfähigen Bürgern nach Westeuropa verkraften. Meistens arbeiten diese Rumänen dort jedoch in Positionen unterhalb ihrer Qualifikation. Über 135.000 Kinder wurden zurückgelassen und leben derzeit mindestens ohne einen Elternteil.
6. Das Bildungsniveau, das von den inländischen Bildungseinrichtungen angeboten wird, sinkt.

Ich kann hier nur auf den wichtigsten dieser Punkte eingehen: die Verschuldung. Die Gesamtverschuldung setzt sich aus der ausländischen, inländischen, privaten und öffentlichen Verschuldung zusammen. Das Verschuldungsniveau des nichtöffentlichen Sektors (Haushalte, Unternehmen und nicht monetäre Finanzdienstleister) hat sich besonders seit 2004 von zirka 40 Milliarden RON[2] bis Mitte 2009 auf über 210 Milliarden RON verfünffacht; das entspricht einer Steigerung von 10 auf zirka 50 Milliarden Euro bei einem amtlichen Wechselkurs von 1:4,23 in 2009. Dabei setzt sich diese Verschuldung prozentual immer mehr aus Krediten in nationaler Währung zusammen: von zirka 25 Milliarden RON Ende 2004 auf 125 Milliarden RON Ende Juni 2009. Das restliche Kreditvolumen des nichtöffentlichen Sektors von zirka 85 Milliarden RON wurde bis Mitte 2009 in harter Währung (Euro, US-Dollar, Britische Pfund oder Yen) aufgenommen.

Hinzu kommt die öffentliche Verschuldung, die sich nach Berechnungen der Royal Bank of Scotland Ende 2008 auf 30 Milliarden Euro belief.[3] Rechnet man die private Verschuldung hinzu, so ist Mitte 2009 eine Gesamtverschuldung Rumäniens von zirka 80 Milliarden Euro festzustellen, was einem Anteil von zirka 68 % des BIP entspricht. Dabei ist jedoch zu erwähnen, dass sich die Zentralbankreserven (Währungen plus Gold) auf zirka 30 Milliarden Euro belaufen. Das sind zweifellos ganz beträchtliche Summen. Vergleicht man sie jedoch mit der

---

2 Anfang 2005 führte die rumänische Zentralbank eine Währungsreform durch. Dabei wurden 10.000 ROL (Romanian Leu) durch 1 RON (Romanian New Leu) ersetzt.
3 Das bedeutet 21,6 % des BIP. Damit ist Rumänien weit entfernt von der als Beitrittskriterium zum Euro-Raum geltenden Gesamtverschuldungsgrenze von 60 % des BIP und hat eine bessere Position als die meisten Euro-Länder. Vom akademischen Standpunkt aus kann man dieses im Vertrag von Maastricht und im Stabilitätspakt festgeschriebene Kriterium nicht unterstützen, auch wenn es von den meisten EU-Staaten praktiziert wird.

Gesamtverschuldung der wichtigsten Marktwirtschaften in Europa und Nordamerika, relativiert sich das Bild für Rumänien durchaus:

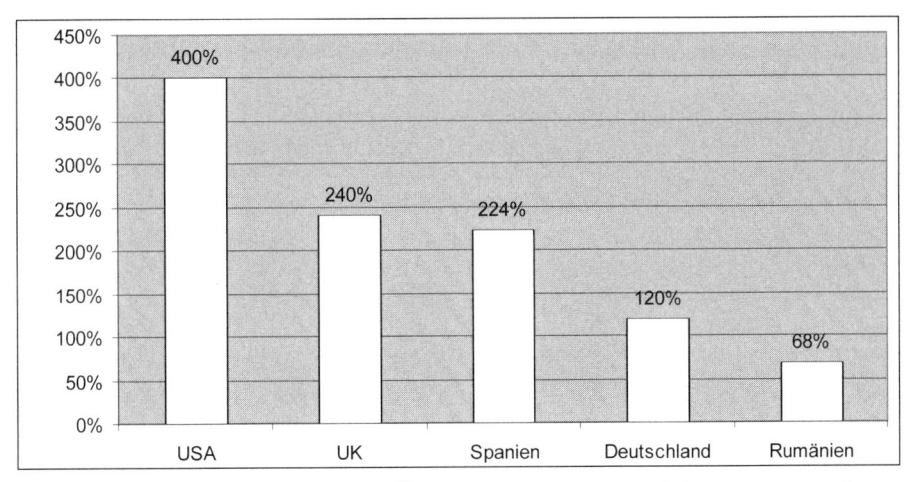

[Balkendiagramm: USA 400%, UK 240%, Spanien 224%, Deutschland 120%, Rumänien 68%]

Abbildung 4: Gesamtverschuldung 2009 (Öffentliche und private Haushalte sowie Unternehmen) in % des eigenen BIP. Quelle: Institut d'Études Politiques (Paris) 2008.

Diese traditionell starken Marktwirtschaften haben sich leider nach Ende des Fixkurses des Bretton-Woods-Systems weg von einer Kapitalaufbau- und hin zu einer Schuldenaufbau-Wirtschaft bewegt. Das ist ökonomisch gesehen sicher kein erfolgversprechender Weg. Doch ob heutige Regierungsbeamte und Politiker die Stärke haben, die riesigen Schuldenberge abzutragen, ist aufgrund der gesunkenen Moral und des Verlusts von Prinzipien und Tugenden – bedauerlicherweise klingt der Begriff in diesem Kontext beinahe komisch – unwahrscheinlich. Diese Unfähigkeit deutet jedoch zumindest mittelfristig auf nationale und internationale Spannungen hin.

2 Der Weg der rumänischen Wirtschaft nach dem Systemwechsel 1989

Um den heutigen wirtschaftlichen Entwicklungsstand zu erreichen, hatte Rumänien von allen mittelost- und südosteuropäischen Staaten wohl das meiste zu leisten. Denn im Vergleich zu allen anderen ehemaligen Ostblockstaaten war Rumänien der westeuropäischen Marktwirtschaft am stärksten entfremdet worden. Alle anderen Länder grenzten an einen westeuropäischen Staat, nur Rumänien nicht.

Die Überwindung der Zwangs-, Plan- und Zentralwirtschaft bedeutete harte Arbeit. Sie verlief ab Dezember 1989 über Deregulierung und die Schaffung einer völlig neuen Gesetzgebung und neuer Institutionen. Mit Hochdruck wurde in den letzten zwanzig Jahren sowohl in der staatlichen Verwaltung wie auch in der Privatwirtschaft in daran gearbeitet. Das heißt aber nicht, dass bei diesen Vorgängen alles stets mit rechten Dingen zuging, insbesondere in einer Transitionszeit, in der der rumänische Staat nicht ausreichend dazu in der Lage war, die Ordnungsmäßigkeit der Abläufe zu sichern. Der geschichtlichen Wahrheit halber sollte auch erwähnt werden, dass schon ab 1991 in alle rumänischen Ministerien, ins Parlament und in die wichtigsten Behörden politische Berater aus Westeuropa und den USA entsandt wurden. Sie arbeiteten auf Einladung Rumäniens Hand in Hand mit der rumänischen Verwaltung, um die politische und wirtschaftliche Transformation in die Wege zu leiten.

2.1 Entwicklung eines neuen Wirtschafts- und Sozialsystems

Das heutige rumänische Wirtschafts- und Sozialsystem fußt auf einer neuen Gesetzgebung und zahlreichen neuen, für ein demokratisches und marktwirtschaftlich orientiertes Gemeinwesen notwendigen Institutionen. Der wirtschaftliche Transformationsprozess begann mit einer massiven Deregulierung, mit einer schocktherapieartigen Einführung neoliberaler Wirtschaftspraktiken und Institutionen. Es wurden verabschiedet:

a) die Verfassung im Jahre 1991, angelehnt an die aktuelle italienische Verfassung und an die rumänische von 1923, in welcher Pluralismus der politischen Landschaft, der Medien sowie Privateigentum garantiert werden;
b) das Unternehmensgesetz Nr. 15/1990, das die Umwandlung der Staatsunternehmen in Staatsverwaltungsbetriebe (wie die *RENEL*-Elektrizitätswerke) und Aktiengesellschaften regelte, deren Aktien vorerst zu 100 % Eigentum des Staates blieben;
c) das Unternehmensgesetz Nr. 31/1990, das die Einführung verschiedener Unternehmensarten sowie die Rechte der Bürger regelte, sich zur Gründung von Unternehmen zusammenzuschließen;
d) das Gesetz Nr. 58/1991 zur Gründung des Staatseigentumsfonds (FPS) mit 70 % der Anteile aller unter b) neu entstandenen Aktiengesellschaften und der fünf Privateigentumsfonds (FPP) und mit dem Rest von 30 % der Anteile aller neu entstandenen Aktiengesellschaften. Während die FPP-Anteile für die Massenprivatisierung vorgesehen waren, die über Voucher-Verteilung realisiert wurde, sollten die FPS-Anteile für die Privatisierung durch Fachinvestoren genutzt werden;
e) das Gesetz Nr. 18/1991 zur Reprivatisierung landwirtschaftlicher Flächen, dessen Hauptziel die Rückgabe aller Flächen und Sachanlagen (so weit noch vorhanden) an jene Bauern waren, welche im Zuge der Verstaatlichung in den Jahren 1948 bis 1962 enteignet worden waren. Die Reprivatisierung war ein überaus komplizierter Vorgang, aus dem nicht nur langwierige

Gerichtsverfahren und Erbstreitigkeiten resultierten, sondern der auch zur Flächenzerstückelung (bis auf eine Größe von zehn Hektar pro Erstattung) in der Landwirtschaft führte. Daraus folgte umgehend ein drastischer Produktivitätsrückgang. Viele Ökonomen werten diesen Schritt heute als gravierenden wirtschaftspolitischen Fehler.

f) die Einführung der Mehrwertsteuer im Jahr 1992 auf der Grundlage der ehemaligen Steuer auf den Warenverkehr (Impozit pe Circulația Mărfurilor);

g) mit der Abschaffung des ehemaligen Staatskomitees für Wirtschaftsplanung (Comitetul de Stat al Planificării, CSP) die Preisfreigabe und Konvertibilität der rumänischen Währung LEU (teilweise schon ab 1997, 2004 war die vollständige Konvertibilität erreicht);

h) die Einführung der Einkommensteuer in Form einer progressiven Besteuerung, die bis 2004 galt. Seit 2005 gibt es eine 16 %-ige Flat Tax zur Besteuerung von Personen und Unternehmen; außerdem wurde die alleinige Steuerhoheit von Bukarest aufgehoben, indem andere lokale Finanzämter diese Aufgabe übernahmen;

i) die Einführung des freien Wettbewerbs auf dem Markt unter Beobachtung des Wettbewerbsrats (Consiliul Concurenței);

j) die Errichtung eines Kapitalmarktes durch die Wiedereröffnung der Börse Bukarest (Bursa de Valori București) sowie von Warenbörsen im Inland;

k) eine reformierte Rentenversicherung mit Umlageverfahren, die aus prozentualen Beiträgen aus dem Bruttomonatsgehalt (70 % Arbeitgeber – 30 % Arbeitnehmer) gespeist wird; 2008 kam die Einführung der Rente auf Basis von Kapitalbildung (Lebensversicherung) hinzu;

l) die Gründung der Nationalen Kasse für Gesundheitsversicherung (Casa Națională de Asigurare de Sănătate, CNAS).

2.2 *Privatisierung und Reprivatisierung*

Privatisierung und Reprivatisierung gehören zu den wichtigsten wirtschaftlichen Vorgängen in Rumänien in den letzten zwanzig Jahren. Bis Dezember 1989 befand sich 84 % der gesamten rumänischen Wirtschaft in Staatseigentum und nur 16 % bestand aus Privateigentum. Das Privateigentum trug 1989 bis zu 16,4 % zum rumänischen BIP bei. Von 1996 bis 2006 fand die groß angelegte Privatisierung staatlicher Betriebe an einheimische und ausländische Investoren statt. Mit treffenden Worten stellte die *Stuttgarter Zeitung* im November 1999 anlässlich des Besuchs des damaligen FPS-Präsidenten Radu Sârbu in Deutschland fest: »es herrscht eine Schlussverkaufsstimmung«.

Der Staatseigentumsfonds FPS startete bei seiner Gründung mit 5.937 Betrieben, wobei der Staat 70 % aller Anteile hielt; danach schwankten die Zahlen, der

Höchstwert lag bei fast 10.000 Betrieben. Die Schwankungen sind mit Privatisierungen, Liquidierungen, Fusionen (mergers), Zerschlagungen (de-mergers) und Rücknahmen von misslungenen Privatisierungen zu erklären. Durch Regierungs- oder sogar Parlamentsbeschluss kamen immer wieder Staatsverwaltungsbetriebe (Regii Autonome) hinzu. Bis zum 30. September 2000 wurde 27,51 % des ehemaligen Staatseigentums privatisiert. Dieses privatisierte Kapital produzierte zusammen mit dem im Dezember 1989 vorhandenen Privatsektor von 16 % im Jahr 2000 schon 61,4 % des rumänischen BIP. Das bedeutet: Rumänien hat den wirtschaftlichen Transformationsprozess in Richtung Marktwirtschaft eigenständig gemeistert. Zu Beginn der Beitrittsverhandlungen mit der EU stammte schon über 50 % des rumänischen BIP aus der privaten Wirtschaft. Am 31. Dezember 2008 waren noch 923 Betriebe in FPS-Eigentum, wovon sich 448 in Liquidierung befanden und 423 noch zu privatisieren waren. Die letzten großen Privatisierungen wurden an der Erdölgesellschaft *Petrom*, die 2004 vom österreichischen Konzern *OMV* übernommen wurde, und an der *Banca Comercială Română* durchgeführt, deren Hauptanteil 2006 von der österreichischen *Erste Bank* übernommen wurde.

Zwischen 1989 und 2008 beliefen sich die ausländischen Direktinvestitionen auf insgesamt knapp über 40 Milliarden Euro. Dies erfolgte in enger Kooperation mit der Europäischen Bank für Wiederaufbau und Entwicklung (EBRD) und den PHARE-Programmen. Davon sind der EBRD als Direktfinanzierer der Transition 4 Milliarden Euro zuzuschreiben, weitere 7 Milliarden Euro konnten damit zusätzlich generiert werden. Einige Beispiele ausländischer Investitionen sollen die neuen internationalen Beziehungen der rumänischen Wirtschaft verdeutlichen: Mit den Privatisierungsübernahmen, Joint-Venture-Investitionen oder auch Investitionen »auf der grünen Wiese« kamen Unternehmen wie *Metro, Renault, Ford* (nach dem Rückzug von *Daewoo*), *ErsteBank, Lafarge, Continental, OMV, Heidelberger Zement, Mittal Steel, Metro, Eurocopter, Villeroy & Boch, Philipp Morris, Nokia, Société Générale, Raiffeisen, Volksbank, Lukoil, Mechel Steel, Kaufland, Carrefour, EdF, GDF SUEZ, E.ON, OTE, Piraeus Bank, Leumi Bank* oder *KazMunaiGaz* nach Rumänien. Joint-Venture-Gründungen und Outsourcings gingen besonders auf italienische, österreichische und deutsche Firmen im Bereich Textil, Holz, Engineering, Softwareentwicklung und Maschinenbau zurück.

Hervorzuheben sind die Leistungen der Regierungskoalition von 1996 bis 2000, die von der Nationalen Bauernpartei (PNȚCD) geführten wurde. Sie hat den politisch wichtigsten Beitrag zum rumänischen Transformationsprozess geleistet. Damit ist nicht nur der demokratisch vollzogene Machtwechsel von der altkommunistischen PDSR (Vorgängerin der heutigen rumänischen Sozialdemokratischen Partei PSD), sondern auch die Öffnung Rumäniens für den Erwerb von Grundstücken durch ausländische private und juristische Personen gemeint. Erreicht wurden auch die Freigabe aller Preise, die massive Beschleunigung der Privatisierung staatlicher Anteile ab 1997, die erste Konvertibilität des Leu im Frühjahr 1997 sowie die bedingungslose Öffnung des rumänischen Luftraums für die NATO-Kampfeinsätze während des Kosovokrieges vom Frühjahr 1999. Diese Regierung hatte wegen der sehr hohen Inflationsrate mit einer Zahlungsblockade innerhalb der Wirtschaft zu kämpfen. Die Unternehmen konnten sich nicht einmal mehr in nationaler Währung finanzieren. Hinzu kamen Milliardenverluste durch den Wegfall von Aufträgen und Märkten im Zusammenhang mit der Auflösung Jugoslawiens und den damit verbundenen Turbulenzen in der Region. So darf man nicht vergessen, dass die von NATO-Luftangriffen zerbombte Donaubrücke bei Novi Sad in Serbien jahrelang den gesamten Donauschiffsverkehr zum Erliegen brachte und praktisch alle Warenlieferungen zu viel höheren Kosten auf alternativem Wege transportiert werden mussten.

Trotz des Deindustrialisierungseffektes aufgrund des enormen Rückgangs der Industrieproduktion in den 1990er Jahren und trotz des Wachstums des Dienstleistungssektors auf der Entstehungsseite des rumänischen BIP sind die Hauptmerkmale der Industriestruktur Rumäniens erhalten geblieben: Maschinenbau, Petrochemie, Bergbau, Stahl- und Textilindustrie sowie Holzverarbeitung sind noch immer die wichtigsten Produktionssektoren, auch wenn der Verlust einiger bis 1989 wichtiger rumänischer Markenprodukte und Branchen zu verzeichnen ist, darunter Traktoren (*Tractorul SA Brașov*), Geländewagen (*ARO Sa Câmpulung*), Pharmaindustrie (*Antibiotice SA Iași*), Reederei (*Navrom SA Constanța*), landwirtschaftliche Maschinen (*Semănătoarea SA București*), Stahlbau (*Siderca SA Călărași*), LKWs (*Roman SA Brașov*) sowie die Schwerindustrie (*Combinatul de Utilaj Greu SA Cluj*).

Die Gewerkschaften spielten in diesem Privatisierungsprozess eine ambivalente Rolle: Einerseits traten sie als Privatisierungsblockierer, andererseits als Beschützer nationaler Herstellermarken auf. Zu den misslungenen Privatisierungen, die den Gewerkschaften zuzuschreiben sind und die anschließend die Liquidation der jeweiligen Unternehmen nach sich zogen, gehört die des Geländewagenherstellers *ARO SA Câmpulung*, der vor allem auf südamerikanischen und afrikanischen Märkten vertreten war, sowie des landwirtschaftlichen Maschinenherstellers *Semănătoarea SA Bukarest*. Die Gewerkschaften verhielten sich in beiden Fällen über Jahre hinweg derart unkooperativ gegenüber den vom FPS unter großen Anstrengungen gefundenen Käufern *Crosslander* bzw. *Fiat*, dass diese schließlich aufgaben und die Betriebe an den FPS zurückgaben. Beide Marken gibt es heute nicht mehr, die Sachanlagen wurden in Liquidationsverfahren versteigert.

In anderen Fällen, wie bei dem LKW-Hersteller *Roman SA Brașov*, der von *MAN* lizenziert auf internationalen Märkten vertreten ist, gelang es den Gewerkschaften hingegen, durch Informationsblockaden Firmenliquidationen zu verhindern. Die Weltbank hatte im Rahmen des nationalen Restrukturierungsprogramms eine international renommierte strategische Beraterfirma ernannt, die die Interessen westeuropäischer Länder vertreten sollte. Die Restrukturierungspläne, die von diesen wie auch mehreren anderen westeuropäischen Beraterfirmen vorgelegt wurden, legten den Schluss nahe, die in Brașov produzierten LKW-Marken *Roman* und *Dac* wären zu zerschlagen. Aus diesem Grund blockierte die Gewerkschaft systematisch den Zugang der Berater zu den Bilanzbüchern der Firma. Nicht einmal die Polizei konnte die Gewerkschaft davon abhalten, zumal sie tausende Mitarbeiter schnell mobilisieren konnte, in Streik zu treten. Im Ergebnis sind beide Herstellermarken vorerst nicht vom Markt verschwunden.

Außerdem hatten die Gewerkschaften einen erheblichen Anteil daran, dass neue Arbeitnehmerverbände gebildet wurden, die die gesetzlich vorgesehenen Vergünstigungen für den Kauf von Aktien durchsetzen konnten. Auf diese Weise konnten viele dieser Verbände einen Großteil der Aktien ehemaliger Staatsbetriebe vom Staatsprivatisierungsfonds erwerben, und zumindest dieser Teil der Privatisierung hinterließ den Eindruck, dass nicht alles ungerecht und mit unlauteren Mitteln vor sich ging. Es gab jedoch auch einen gravierenden Nachteil: Die Arbeitnehmerverbände, die Miteigentümer geworden waren, konnten kein ausreichendes Kapital zur Verfügung stellen.

2.3 Profiteure und Verlierer der wirtschaftlichen Liberalisierung

Zu verurteilen sind ohne Zweifel die Praktiken von Vorständen der Staatsbetriebe und lokalen Politikern, die sich an der Privatisierung bereichert haben. Die ersten erfolgreichen Kapitalisten in Rumänien waren Securitate-Offiziere und Angehörige der Parteinomenklatura, die klug und selbstbewusst genug waren, sich der Freiheit im neuen System anzupassen und sich früh genug als Vertreter der größten und bekanntesten westeuropäischen Firmen zu etablieren. Dann sicherten sich die Parteifunktionäre, die Vorstände der ehemaligen Staatsbetriebe und Angestellte des gehobenen Dienstes ihre Anteile. Einige Eliteoffiziere der ehemaligen Securitate verschafften sich Zugang zu den zirka 1,2 Millionen US-Dollar Privatvermögen von Nicolae Ceaușescu, die auf Schweizer Konten in der sauberen Alpenrepublik lagen. Sie nutzten diese Gelder als Startkapital in den Kapitalismus. So entstanden die ersten großen und kapitalstarken inländischen Privatinvestoren.

Die Angestellten des gehobenen Dienstes, die vor 1989 in den Außenhandelsvertretungen Rumäniens arbeiteten, hatten beim Startschuss in die Freiheit einen Wissensvorsprung gegenüber der breiten Masse der Bevölkerung, denn sie wussten, wie internationaler Handel und freie Märkte funktionieren. Auch verfügten sie über die nötigen Beziehungen zu westlichen Geschäftspartnern, um die ersten zu sein, die von den neuen Außenhandelsmöglichkeiten profitieren konnten. Demgegenüber hatten die einfachen rumänischen Bürger während des Ceaușescu-Regimes weder die Möglichkeit, in den Westen zu reisen, noch solche Netzwerke zu knüpfen.

Staatliche Betriebe, besonders die gesunden, wurden zum Ziel skrupelloser Profitmacher, die stets mit einem höflichen Lächeln im Gesicht auftraten. Neu gegründete »Blutsaugerfirmen« (firme căpușă), deren Gesellschafter lokale Politiker, Verwandte und nahe stehende Personen oder sogar Vorstände der auszubeutenden staatlichen Betriebe waren, agierten sowohl auf der Einkaufsseite als auch auf der Verkaufsseite der zu privatisierenden staatlichen Betriebe und schöpften jahrelang deren Gewinne ab.[4] Verschärfend kam hinzu, dass der rumänische Staatseigentumsfonds FPS Vertreter in die Aufsichtsräte und Gesellschafterversammlungen schickte, die zum Teil selbst illegale und verdeckte eigene Interessen vertraten. Bei Vertragsabschluss stimmten sie etwa für die eine und nicht für die andere Bewerber- oder Lieferantenfirma.

Durch diese Selbstbedienungspolitik gelang es den gut vernetzen rumänischen Politwirtschaftseliten in den letzten zwanzig Jahren, Kapital anzuhäufen und sich eine einflussreiche Stellung am Markt zu sichern. Darüber hinaus wurden staatliche Betriebe von den eigenen Vorständen systematisch und vorsätzlich immer tiefer in die roten Zahlen getrieben, um günstig an die Sachanlagen und/oder die Anteile zu kommen. Die Betriebe sollten ruiniert werden, was teilweise in Komplizenschaft mit den Vorständen geschah, teilweise aber auch auf die Inkompetenz und Blauäugigkeit der FPS-Vertreter zurückzuführen ist. So wurde der Marktwert dieser staatlichen Betriebe drastisch gesenkt und eine Übernahme für die Vorstände selbst und nahe stehende Dritte vereinfacht. Dies waren die wichtigsten Methoden, um große Teile des ehemaligen Volkseigentums (aller Rumänen) in das Privatvermögen einer kleinen Gruppe skrupelloser Nutznießer zu überführen.

Die Tatsache, dass in Rumänien während des Transformationsprozesses kein klares Wirtschaftsmodell übernommen oder selbst entwickelt wurde, hat bis dato die Entstehung eines Mittelstandes verhindert. Mit Unterstützung der Parteien oder der Netzwerke aus der Zeit des Ceaușescu-Regimes ist eine kleine Anzahl von Hochvermögenden entstanden. Sie kontrollieren heute sowohl die ehemalige rumänische Staatswirtschaft als auch die Geschäftsverbindungen zu den wichtigsten ausländischen, vor allem westlichen Unternehmen. Konkret bedeutet das: Die ehemaligen kalten Krieger aus Ost und West haben sich inzwischen die Hände über den früheren Eisernen Vorhang gereicht. Es geht hierbei unter anderem um Erdöl und Energie, verarbeitende Industrie, Banken und Versicherungen, Sport und Medien.

Die Frustration in der breiten Masse der Gesellschaft wuchs angesichts der Tatsache, dass diejenigen, welche schon vor 1989 an reich gedeckten rumänischen Tischen saßen, auch nach dem Systemwechsel die ersten waren, die wussten, wie der Kapitalismus funktioniert, und dies für sich einzusetzen wussten. Der einfache

---

4   In Rumänien haben in den letzten zehn Jahren Luxuswagenhersteller wie *Ferrari*, *Lamborghini*, *Bentley* und *Porsche* die größten Gewinne weltweit erzielen können.

Bürger war jetzt nicht mehr beim Staat, sondern bei diesen Neureichen angestellt. Viele Rumänen weigerten sich, dies hinzunehmen, und entschieden sich stattdessen zur Emigration.

Die Preisanpassungen, die von der EU während der Beitrittsverhandlungen durchgesetzt wurden, trugen zu einem deutlichen Nettoeinkommensrückgang bei. Die daraus resultierende Verarmung der unteren Schichten lieferte einen weiteren Emigrationsgrund. Auch Ermüdungserscheinungen in der Bevölkerung angesichts der langen Transitionsphase und einer ständig veränderten Gesetzgebung bestärkten den Wunsch, das Land zu verlassen. Die Folge war ein Bevölkerungsrückgang von 23,8 Millionen im Dezember 1989 auf 21,2 Millionen bis Ende 2009. Allein nach Westeuropa emigrierten zwei Millionen Menschen; derzeit leben 1,2 Millionen Rumänen in Italien, 600.000 in Spanien und 300.000 in Deutschland.

3 Historische Hintergründe und Identitätsfragen

3.1 Besonderheiten der rumänischen Identität

Dass die Transformation in Rumänien so ambivalent verlief, wie sie verlief, war kein Zufall, sondern hat mit der Identität des rumänischen Volkes zu tun. Die Identität der Rumänen ist eher politisch als wirtschaftlich geprägt: Bei uns wird leider mehr geredet als gehandelt. Im politischen Bereich gibt es eine erkennbare Sympathie zu Frankreich und seinem zentralistischen Staatsverständnis. Auch die rumänische Wirtschaft spiegelt diese Zentralisierung wider. Seit 1998 gibt es in Rumänien zwar acht so genannte Planungsregionen, die im Zuge der Vorbereitungen zum EU-Beitritt geschaffen wurden, doch haben sie keine realen Befugnisse und sind auch nicht als juristische Verwaltungseinheiten zu betrachten. Aufgrund des Zentralismus konzentrieren sich viele Energien auf die Hauptstadt Bukarest und Umgebung (București-Ilfov), die das EU-27-Durchschnittseinkommen schon 2008 überschritten hat. Dadurch hat sich der Einkommensabstand zwischen den Hauptstädtern und der Landbevölkerung nochmals deutlich vergrößert.

Die rumänische Identität ist südländisch und lateinisch geprägt, was wiederum auch einen gewissen orientalischen Einfluss mit sich bringt. Die für Nordeuropa typische Systematik ist ihr fremd. Doch von der südlichen Mentalität Italiens, Spaniens, Portugals und Frankreichs unterscheiden sich die Rumänen wiederum durch ihre Zugehörigkeit zum orthodoxen Christentum, dem zirka 87 % der Bevölkerung angehören. Diese starke konfessionelle Bindung erklärt sich durch die einstmalige geografische Nähe zum Byzantinischen Reich. Allerdings handelt es sich hier um eine spezifisch rumänische, oder besser gesagt: *lateinische* Orthodoxie und nicht um eine slawische oder griechische. Das vergessen manche westeuropäische Beobachter leider immer wieder.

Ein weiteres Identitätsmerkmal lässt sich im sozialen Umgang untereinander erkennen: Rumänen sind Individualisten. Die Karitas hat hier andere Ausdrucksformen. Das lässt sich nicht nur daran ablesen, dass die Rumänen keine Neigung zum Kommunismus hatten[5], sondern auch daran, dass sie schon früher – wie auch heutzutage – ihre Angelegenheiten gern selbst regelten und nicht an Institutionen delegieren wollten. So ist man hauptsächlich gegenüber Freunden, Nachbarn, Verwandten, in der Familie und im Bekanntenkreis sozial engagiert.

Der grundsätzliche Individualismus der Rumänen hat die Bildung von Vereinen und Verbänden erschwert. Verletzungen, die der Totalitarismus dem rumänischen Volk zufügte, und der Missbrauch des sozialen Vertrauens und des gesellschaftlichen Konsenses verschärften die Veranlagung zur Vereinzelung noch. Die Kommunisten wandten das Prinzip des *divide et impera* systematisch an und schürten das Misstrauen eines jeden gegen seinen Nächsten. So erinnern heutige Verbandsversammlungen eher an Parteisitzungen. Die Neigung zur Individualisierung verhindert zum Beispiel in der Landwirtschaft, dass sich Bauern in Verbänden zusammenschließen, um eine profitable Bewirtschaftung größerer Flächen zu erreichen. Man bedenke: 2008 stammten über 70 % aller in rumänischen Supermärkten angebotenen Lebensmittel aus dem Ausland – das in einem Land mit fruchtbaren Böden, das mit seiner Gesamtfläche von 238.000 qkm und mit der heute verfügbaren Technologie 82 Millionen Menschen ernähren könnte.

3.2 Das »Prozent-Papier« Winston Churchills

Das »Prozent-Papier« Winston Churchills (vgl. Abb. 5) ist ein Beleg dafür, dass Rumänien stärker vom Kommunismus vereinnahmt wurde als andere mittelost- oder südosteuropäische Länder. Der deutlich erkennbare Haken stammt von Josef Stalin, der damit Premierminister Churchills handgeschriebenen Vorschlag eigenhändig billigte, wonach die politische Gewalt über Rumänien nach Kriegsende zu 90 % in sowjetische Hand fallen sollte. Nur 10 % wurde an die westlichen Siegermächte abgetreten. In den 1940er bis 1960er Jahren gab es viele sowjetische Funktionäre in Bukarester Ministerien, die an der fast vollständigen Abhängigkeit des Landes von der Sowjetunion mitwirkten. Alle marktwirtschaftlichen und politisch-pluralistischen Institutionen wurden abgeschafft, demokratische Bestrebungen systematisch zerstört und die Befürworter der Demokratie in Umerziehungsgefängnisse gesteckt. Die Zwangsanbindung Rumäniens an Moskau wurde so erfolgreich umgesetzt, dass binnen zehn Jahren keine sowjetischen Truppen mehr

---

5   Vor Ankunft der sowjetischen Truppen 1944 hatte die Kommunistische Partei gerade einmal 400 Mitglieder bei einer Gesamtbevölkerung von 15,8 Millionen.

nötig waren und sie 1958 abzogen. Das war in keinem anderen Land des Ostblocks der Fall und unterstreicht, unter welch schwierigen Bedingungen sich Rumänien nach 1989 auf den Weg in die marktwirtschaftliche Freiheit machte.

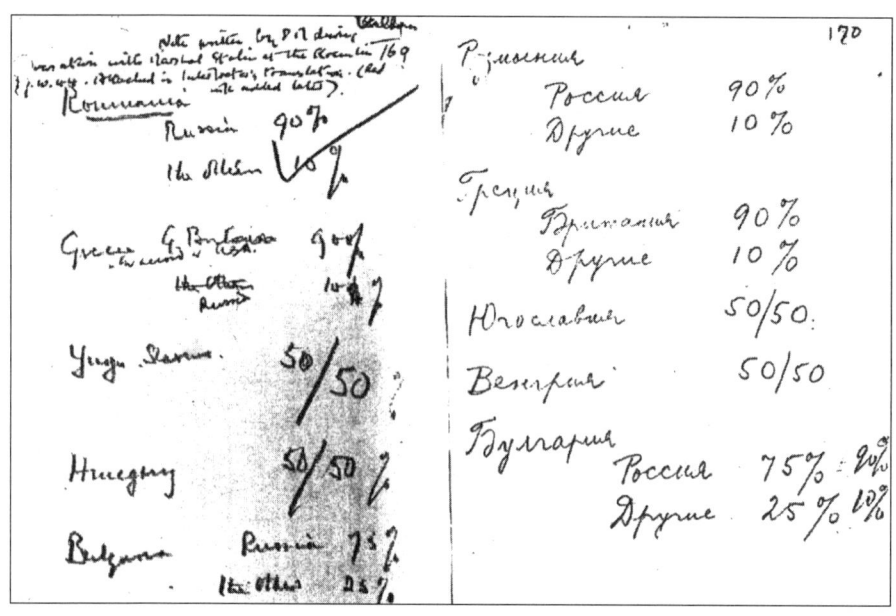

Abbildung 5: Das »Prozent-Papier«, das im Herbst 1944 die endgültige Einflusssphären-Aufteilung Südosteuropas nach Kriegsende festlegte. Quelle: Britisches Foreign Office, Public Record Office (Kew), London.

3.3 Die rumänische Staatswirtschaft bis 1989

Am 25. Oktober 1944 hatten die sowjetischen Truppen das Land vollständig besetzt und die Grenzen abgeriegelt. Der Weg in die kommunistische Diktatur begann zunächst mit der Nominierung von Petru Groza zum Premierminister im März 1945. Groza war eine Marionette der Sowjetunion. Ihm sind die Bodenreform von 1945, die Fälschung der Wahlen im November 1946 sowie die Nominierung der vom »Blocul Democrat«[6] geleiteten Regierung zuzuschreiben. Mit der erzwungenen Abdankung von König Mihai I. im Dezember 1947 wurde Rumänien zur »Volksrepublik«. Der folgenreichste wirtschaftspolitische Schritt bestand in der Verstaatlichung der gesamten Industrie und aller landwirtschaftlichen Betriebe ab 1948. Zugleich wurde fast die gesamte politische und gesellschaftliche Elite des

---

6   Der Blocul Democrat war eine Allianz mehrerer Linksparteien, welche von der Kommunistischen Partei dominiert wurde.

Landes verhaftet, insofern ihr zuvor nicht die Flucht ins Exil gelungen war. Viele Insassen der Arbeitslager (etwa entlang des geplanten Donau-Schwarzmeer-Kanals) waren ehemalige Minister, Politiker, Anwälte, Ärzte, Ingenieure, Diplomaten und Intellektuelle – und sie waren dort praktisch unter sich. In diesen unmenschlichen Lagern kamen mehr als 250.000 Intellektuelle um, Hunderttausende emigrierten nach Westeuropa und in die USA, der Rest tauchte im Widerstand unter.

Trotz des aktiven Widerstands der weißen Milizen (zum Beispiel der Garda Albă) in den Karpaten und des anfänglichen passiven Widerstands großer Teile der rumänischen Bevölkerung gelang es den neuen Machthabern, die Menschen durch Mord, Gewalt, Deportation und Inhaftierung einzuschüchtern. Großunternehmen, die in der Zwischenkriegszeit zu wirtschaftlichem Erfolg gelangt waren, wie ein Getreidehersteller auf der Donauinsel Insula Brăilei oder die *Malaxa*-Werke, wurden in Staatsbetriebe wie die *SC Faur SA Bukarest* umgewandelt. Dieser Prozess war etwa 1962 beendet, und Rumänien war vorerst vollständig in den Warschauer Pakt und den Comecon integriert. Es folgten nun massive Investitionsprogramme, um Rumänien zügig von einem Agrar- zum Industrieland umzugestalten. Diese systematische Entwicklung war jedoch schon eingeleitet worden, bevor im Frühjahr 1965 Nicolae Ceaușescu die Führung der Kommunistischen Partei übernahm.

Abbildung 6: Rumänische Wirtschaftsdelegation in China, 1972. Hier vom Pharma-Unternehmen *Terapia* aus Cluj-Napoca. Quelle: Privatarchiv des Autors.

Nach anfänglichen Liberalisierungsschritten bis etwa 1971/72 verstärkte Ceaușescu den Diktaturcharakter Rumäniens wieder. Mit IWF- und Weltbankkrediten wurden massive Investitionen getätigt, um die ökonomische Doktrin der »Unabhängigkeit und multilateralen Entwicklung« in die Praxis umzusetzen. Da in Rumänien künftig alle Wirtschaftsbereiche vertreten sein sollten, wurde vor allem in Großindustrien investiert: Stahlindustrie[7], Maschinen- und Fahrzeugbau, Engineering und Forschung, Zementproduktion, Chemie und Pharma, Petrochemie[8], Großflächen-Landwirtschaft und Düngemittelindustrie, Textil- und Bekleidungsindustrie, Holz- und Möbelindustrie, Werften und Hochseehandelsflotte und sogar in die Luftfahrtindustrie (in Zusammenarbeit mit *British Aerospace Systems* ab 1978)[9].

Diese groß angelegte Industrialisierung ermöglichte den Aufbau internationaler Märkte außerhalb des Warschauer Paktes: im Mittleren Osten (Algerien, Libyen, Ägypten, Jordanien, Syrien, Irak und Iran), in Fernost (China[10], Vietnam und Nordkorea), Südamerika (Venezuela, Mexiko, Argentinien, Ecuador, Uruguay, Peru und Kolumbien) sowie in Zentralafrika (dem damaligen Zaire, Uganda, Nigeria und Guinea Bissau). In diesen Ländern wurden Zementfabriken und Erdölförderungsanlagen, Maschinenbau- und Pharmaproduktionsbetriebe[11] errichtet, und dorthin wurden vor allem PKWs (*Dacia* und *Oltcit*), Geländewagen (*ARO*), Traktoren, LKWs, chemische und Pharmaprodukte, technische Anlagen, Textilien und Holzprodukte sowie Möbel verkauft.

In den 1970er Jahren wurden in rumänischen Staatsbetrieben auch privatwirtschaftliche Methoden erprobt, um Produktivitätssteigerungen zu erzielen. Die Ergebnisse waren jedoch nicht ausreichend, um mit der höheren Produktivität des

---

7 Pro Kopf gerechnet, war Rumänien 1989 der weltweit größte Stahlproduzent.
8 So hatte Rumänien in den 1980er Jahren eine Gesamttraffinierungskapazität von jährlich etwa 33 Millionen Tonnen Erdöl erreicht, wobei der interne Bedarf mit zirka 10 Millionen Tonnen pro Jahr vergleichsweise gering ausfiel.
9 Die Zusammenarbeit mit Briten und Amerikanern wurde nach der Flucht des Auslandsgeheimdienstchefs General Mihai Pacepa an die US-Botschaft in Bonn im Jahr 1978 nicht wesentlich eingeschränkt, wie zu erwarten gewesen wäre, da Pacepa mehrere Säcke mit Dokumenten über im Westen tätige rumänische und sowjetische Agenten im Gepäck hatte. Rumänien blieb ein Einzelgänger innerhalb des Sowjetlagers und war bis zur Perestroika (1985/86) eher den Angelsachsen zugewandt; danach wandte sich Ceaușescu wieder in die entgegengesetzte stalinistische Richtung und zeigte verstärkt eine eiserne Hand.
10 Es ist nur wenig bekannt, dass Rumänien aufgrund seiner guten Beziehungen Ende der 1960er und Anfang der 1970er Jahre als Vermittler zwischen China und den USA auftrat, wovon nicht zuletzt US-Präsident Richard Nixon profitieren konnte. Die rumänisch-chinesischen Beziehungen intensivierten sich insbesondere nach Ceaușescus Weigerung, Seite an Seite mit der Sowjetunion die Reformbewegung des Prager Frühlings 1968 blutig niederzuschlagen.
11 So musste eine Fabrik im mexikanischen Guadalajara, welche jährlich 700 Tonnen Vitamin C produzierte, 1989 verkauft werden, weil deren Vorstände die Finanzanlagen gestohlen hatten und damit in die USA geflüchtet waren. Das Unternehmen wurde von dem Schweizer Konzern *Hoffmann-La Roche* übernommen.

Westens Schritt halten zu können. Das lag auch daran, dass das inländische Wirtschaftssystem nur teilmonetisiert war und Rumänien trotz seiner IWF-Mitgliedschaft das Mittel der ausländischen Verschuldung nicht in vergleichbarem Maße einsetzen konnte. Der Zugang zu harter Währung war schwierig, nicht nur, weil die Containment-Politik des westlichen Lagers sich auch auf Wirtschaft und Banken übertrug, sondern auch, weil die rumänische kommunistische Führung zu stolz war, um in entscheidenden Momenten nachzugeben. Ein Beispiel: Während sich die erste Ölkrise (1971–1973) auf das Erdöl exportierende Rumänien positiv auswirkte, waren die Effekte der zweiten Ölkrise (1979–1981) negativ. Zwischen 1973 und 1979 musste das Land einen Rückgang seiner Erdöl- und Rohstoffexporte verzeichnen, und zeitgleich waren inzwischen die meisten energieintensiven Großindustrie-Unternehmen in Betrieb gegangen. Außerdem wurde Anfang der 1980er Jahre die Tilgung der IWF-Kredite für den Aufbau dieser Unternehmen fällig. In dieser Situation wollte Ceaușescu die zu hoch gesteckten Wachstumsziele des Fünfjahrplanes (cincinal) nicht aufgeben und hielt weiter an seiner Vision eines wirtschaftlich unabhängigen Rumänien fest. Er entschied 1981 in die Zahlungsunfähigkeit zu gehen, anstatt um eine Verschiebung der Tilgungsfristen im Pariser Club zu bitten.

Nach dem Offenbarungseid von 1981 tilgte Rumänien in einer gigantischen Anstrengung zwischen 1982 und 1988 seine gesamten Auslandsschulden. Dieses Vorgehen basierte auf einer engstirnigen Fixierung auf die »Unabhängigkeits-Ideologie« und ist dem von Ceaușescu gepflegten Personenkult zuzuschreiben. Die Warnungen vieler Experten, darunter auch Anhänger des Diktators, blieben ungehört. Rumänien hatte 1988 keine Auslandsschulden mehr, doch hatte es diese Schuldenfreiheit teuer erkauft: Alles war exportiert worden, was harte Währung einbrachte – zu Lasten des sozialen Friedens, des sozialen Vertrauens und der Gesundheit der Bevölkerung. Besonders schädlich für die produzierende Industrie war der Investitionsrückgang in Sachanlagen. Die Revolution von 1989 traf demnach auf eine ausgehungerte, hoch angespannte rumänische Bevölkerung und eine inzwischen marode, aber vielseitige Industrie. Nach 1985 hatte Ceaușescu es abgelehnt, sich der sowjetischen Politik von Glasnost und Perestroika anzuschließen, und so war Rumänien im Dezember 1989, als sich George Bush und Michail Gorbatschow vor der Küste Maltas die Hände reichten, international isoliert.

Literaturhinweise

Academia Română, Institutul de Economie Națională: Economia României în Context European – 1947 [Die rumänische Wirtschaft im europäischen Kontext – 1947], Bukarest 1997.
Banca Națională a României: Raport lunar – Iulie 2009 [Monatsbericht – Juli 2009], Bukarest 2009.

Büschgen, Hans/Everling, Oliver (Hg.): Handbuch Rating, 2. aktualisierte u. erweiterte Auflage, Wiesbaden 2007.

Dobrescu, Emilian/Postolache, Tudorel: Consemnări economice [Ökonomische Notizen], Bukarest 1990.

Dobrescu, Emilian/Blaga, Ion: Structures de l'économie roumaine [Strukturen der rumänischer Wirtschaft], Bukarest 1973.

Dobrescu, Emilian: Struktur der rumänischen Wirtschaft, Bukarest 1968.

Eichengreen, Barry: The Dollar Dilemma. The World's top currency faces competition, in: *Foreign Affairs*, Nr. 9–10/2009, S. 53–69.

Fondul Proprietății de Stat: Privatizarea în România 1992–2000, Bukarest 2000.

Grigorescu, Constantin: Nivelul dezvoltării economico-sociale a României în context European [The level of Romania's economic development in European context], Bukarest 1993.

Institutul Național de Statistică: Forța de Muncă în România. Ocupare și șomaj. Trimestrul IV, 2008 [Arbeitskraft in Rumänien. Beschäftigung und Arbeitslosigkeit, 4. Quartal 2008], CD-ROM, Bukarest 2009.

Institutul Național de Statistică: Veniturile și Consumul Populației. Trimestrul IV, 2008 [Die Einnahmen und Ausgaben der Bevölkerung, 4. Quartal 2008], CD-ROM, Bukarest 2009.

Marin, Dinu/Mereuță, Cezar: Economia României 1990–2000. Compendiu [Die Wirtschaft Rumäniens 1990–2000. Kompendium], Bukarest 2001.

Mureșan, Sorin: British Interests in Romania? British Foreign Policy towards Romania in the Twentieth Century. An Interdisciplinary Analysis, Cluj-Napoca 2005.

Romanian Academy, Institute of Geography: Romania. Space, Society, Environment, Bukarest 2006.

Șerbănescu, Ilie: România sub tirania cifrelor mici [Rumänien unter der Tyrannei der kleinen Zahlen], Bukarest 2002.

Tietmeyer, Hans: Herausforderung Euro. Wie es zum Euro kam und was er für Deutschlands Zukunft bedeutet, München/Wien 2005.

Indicator	Unit	2003	2004	2005	2006	2007	2008	2009F	2010F
Nominal GDP	EURbn	52.6	61.0	79.7	97.8	123.7	136.9	116.8	121.3
GDP growth (real)	% yoy	5.3	8.5	4.1	7.9	6.2	7.1	-7.7	0.5
Industrial production	% yoy	-0.8	2.7	-3.1	9.3	10.3	2.7	-6.0	2.0
CPI	% yoy eop	14.1	9.3	8.6	4.9	6.6	6.3	4.5	3.2
	% yoy avg	15.4	11.9	9.0	6.6	4.8	7.9	5.6	3.9
NBR key rate	% eop	21.25	17.00	7.50	8.75	7.50	10.25	8.00	6.50
Unemployment	% eop	7.2	6.2	5.9	5.2	4.1	4.4	8.5	9.5
Exchange rate	EUR-RON eop	4.1117	3.9663	3.6771	3.3817	3.6102	3.9852	4.3000	4.0000
	EUR-RON avg	3.7556	4.0532	3.6234	3.5245	3.3373	3.6809	4.2450	4.2400
	USD-RON eop	3.2595	2.9067	3.1078	2.5676	2.4564	2.8342	2.8500	2.9500
	USD-RON avg	3.3200	3.2637	2.9137	2.8090	2.4383	2.5160	3.0500	2.9700
Fiscal balance (% GDP)	% GDP	-2.2	-1.5	-0.8	-1.6	-3.1	-4.9	-8.0	-6.0
Total public debt	% GDP	21.5	22.5	20.4	18.5	20.3	21.6	30.0	35.0
Gross domestic savings	% GDP	15.7	13.4	15.1	15.2	16.9	21.0	23.0	25.0
Exports (fob)	EURbn	15.6	18.9	22.3	25.9	29.5	33.6	27.0	28.2
Imports (fob)	EURbn	19.6	24.3	30.1	37.6	47.2	51.8	34.7	34.7
Trade balance	EURbn	-4.0	-5.3	-7.8	-11.8	-17.8	-18.2	-7.8	-6.5
C/A balance	EURbn	-3.1	-5.1	-6.9	-10.2	-16.7	-16.9	-5.5	-5.0
C/A balance (% GDP)	% GDP	-5.8	-8.4	-8.6	-10.4	-13.5	-12.3	-4.7	-4.1
Net FDI flows	EURbn	1.9	5.1	5.2	8.7	7.0	9.3	4.5	5.0
External debt (MLT)	EURbn	15.9	18.3	24.6	28.3	38.5	50.0	63.0	68.0
	%GDP	30.2	30.0	30.9	29.2	31.1	36.5	53.4	54.3
Total debt payments	EURbn	3.3	4.0	5.3	6.1	8.1	12.1	13.0	16.0
Official reserves (ex gold)	EURbn	6.4	10.8	16.8	21.3	25.3	26.2	27.5	25.0
Import cover (future imports)	Months	3.2	4.3	5.4	5.4	5.9	9.1	9.5	8.0

F - Forecast
Sources: National Bank of Romania, National Institute of Statistics, Ministry of Finance, RBS Romania, RBS London (EUR-USD only)

Anlage 1: Rumäniens makroökonomische Indikatoren. Quelle: Royal Bank of Scotland, 2009.

László Csaba

Der stürmische Weg zum Markt: Allgemeine Trends und ungarische Besonderheiten

Nach dem Zusammenbruch des Sowjetreiches war die allgemeine Stimmung von großen Hoffnungen und Erwartungen geprägt, und die Menschen erinnerten sich an die vom Marshall Plan symbolisierte Zeit des Wiederaufbaus nach dem Krieg – oder wurden von Persönlichkeiten des öffentlichen Lebens daran erinnert. Diese Erwartungen wurden ferner durch eine etwas zu simple Interpretation der modernen Wirtschaftstheorie bestärkt, wonach die Beseitigung einiger Armut und Rückständigkeit verursachender Fehlentwicklungen genügt, um quasi automatisch und umgehend eine Erhöhung des Lebensstandards zu erreichen. Dies war im Großen und Ganzen das Empfinden insbesondere (jedoch nicht ausschließlich) jener, die am Transformationsprozess mitwirkten. Nach allgemeiner Überzeugung waren Ausgangs- und Endpunkt der Transformation bekannt, und folglich blieb nur noch der Kurvenverlauf darzustellen und zu formen. Dieses Empfinden war weit verbreitet und prägte viele Ratschläge der internationalen Finanzinstitute sowie die konventionelle Weisheit hiesiger Experten.[1]

In der Realität war bereits der Ausgangspunkt dieses fundamentalen Systemwechsels von Land zu Land recht verschieden.[2] Einige Länder, wie Ungarn, Jugoslawien und Polen, hatten bereits einen langen Weg hinter sich gebracht, um das sozialistische System zu untergraben, während andere, wie Rumänien, die Tschechoslowakei oder Ostdeutschland, sich immer noch in völlig verknöcherten stalinistischen Strukturen befanden. Verschiedene Krankheiten erfordern selbstverständlich verschiedene Behandlungsmethoden. So stieg die Inflation in Polen steil an – sie erreichte 1989 250 Prozent –, während die Preisstabilität in der Tschechoslowakei und in Ostdeutschland erhalten blieb (wenn auch sicher nicht kostenlos). Während die Sowjetunion unter stark ansteigenden Engpässen bei den Bedarfsgütern litt, die von 1989 bis 1991 immer wieder Aufstände auslösten und schließlich zum Sturz des Regimes führten, waren in Ungarn, aber auch in der Tschechoslowakei und in Jugoslawien alle Waren des täglichen Bedarfs – im Unterschied zu einer breiten Vielfalt an Waren und Dienstleistungen, die für eine Marktwirtschaft typisch sind – verfügbar, und nichtwirtschaftliche Themen beherrschten die

---

1 Siehe Shafiqul Islam/Michael Mandelbaum (Hg.): Making Markets, Council on Foreign Relations, Washington 1994.
2 Siehe Jozef M. Van Brabant (Hg.): Formerly Centrally Planned Economies in the Global Economy, Palgrave/New York 1991.

öffentlichen Debatten. Letztere beinhalteten zum Beispiel die Zukunftsaussichten der Regime oder Umweltfragen. Am bedeutendsten für Ungarn war hier der sozialistische Gabčikovo-Nagymaros-Damm, der an einer der schönsten Stellen der Donau errichtet werden sollte.

Unsere *zweite* Beobachtung ist wiederum kaum überraschend: Die eingeleiteten Transformationsschritte unterschieden sich je nach Land und Zeitabschnitt. Wie auch immer wir die Ereignisse auslegen,[3] es ist eine Tatsache, dass sich die wirtschaftspolitischen Grundlinien im Hinblick auf die konstituierenden Elemente des schon von Walter Eucken[4] in den 1950er Jahren definierten Wirtschaftssystems voneinander unterschieden. Kurzum: Die Prozesse der Privatisierung und die Entwicklung einer neuen Mittelschicht im Unterschied zur den alten Eliten variierten enorm. Während die alte Elite in Russland nahezu unverändert bestehen blieb, wurden in der Tschechischen Republik ehemalige Mitglieder der Nomenklatura per Gesetz vom öffentlichen Leben ausgeschlossen. In Ungarn fielen Vertreter der alten Führungsklasse – einst Verfechter der berüchtigten *spontanen* Privatisierung – nahezu ausnahmslos den neuen Wettbewerbsbedingungen zum Opfer, die hauptsächlich von ausländischen Direktinvestitionen sowie dem Import von Bedarfsgütern und Dienstleistungen bestimmt wurden.[5]

Die Fachliteratur ist äußerst gespalten darüber, ob und in welchem Maße bewusste Entscheidungen eine prägende Rolle spielten und in welchem Maße sich spontane Entwicklungen sozialökonomischer Prozesse als formgebend erwiesen haben. Bei einigen interessanten Fällen haben wir – selbst im Nachhinein betrachtet – keinerlei Anhaltspunkte außer unsere eigenen Erfahrungen oder Vorlieben. So löste der Zusammenbruch des östlichen Handelsblocks Comecon 1990/91 zweifellos einen Großteil der Rezession in den darauffolgenden Jahren aus, die in den meisten Fällen in Mitteleuropa 20 Prozent des BIP erreichte – ein zu Friedenszeiten unbekanntes Ausmaß. Nach wie vor ist es schwierig, bewusste, künstlich geschaffene Schritte und spontane Prozesse zu entwirren. Während sich der Comecon formell gesehen erst 1991 auflöste, stellten die Versorgungsbeschränkungen der sowjetischen Wirtschaft und die Unfähigkeit der meisten Handelspartner, die Lieferungen zu bezahlen, das ordnungsgemäße Funktionieren der »geplanten Wirtschaft« bereits von 1987 bis 1989 auf den Kopf. Schon Jahre zuvor war abseh-

---

3   Siehe die gegensätzlichen Ansichten von Grzegorz W. Kołodko (The World Economy and Great Post-Communist Change, New York 2006) und Anders Aslund (How Capitalism Was Built?, Cambridge/New York 2007).
4   Walter Eucken: Die Grundsätze der Wirtschaftspolitik, Tübingen 1952.
5   Diese Situation wurde weiter verstärkt durch die Tatsache, dass Ungarn das einzige postkommunistische Land blieb, in dem die Handelsliberalisierung weder mit der Entwertung der Landeswährung noch mit einer Erhöhung der Importpreise einherging, die von der konventionellen Handelstheorie suggeriert wurden. Siehe Éva Voszka: A dinoszauruszok esélyei [Chances of industrial dinosaurs], Budapest 1997 (gemeinsam veröffentlicht von Perfekt RT and Financial Research, Inc.).

bar, dass der Zerfall keine Frage des *ob*, sondern eine Frage des *wann* sein würde.[6] Er hatte demnach schon lange vor seiner Auflösung de facto aufgehört zu existieren. Schritt für Schritt wurde er schwächer und leitete den wirtschaftlichen Niedergang des Systems ein.

Drittens war die Rolle der Europäisierung von Land zu Land sehr verschieden. Bei den Spitzenreitern, wie der Tschechischen Republik, Polen, Ungarn und den baltischen Staaten, war die prägende Rolle, die die Europäische Union spielte, sowie ihr politisches, institutionelles und wirtschaftliches Gefüge von Anfang an spürbar. Während das Konzept der Europäisierung in der wissenschaftlichen Literatur umstritten ist, da es wirtschaftliche, ideelle, rechtliche und internationale Beziehungen und Sicherheitsaspekte beinhaltet,[7] sind die Auswirkungen eindeutig. In Ländern, in denen der Systemwandel stagnierte oder sich verlangsamte, wurde die europäische Perspektive – zumindest vorübergehend – gedämpft und der Konsens der Elite, die diese befürwortete, wurde geschwächt. Wie die Vergleichsanalyse von Kroatien und der Slowakei deutlich zeigt[8], kann sich – und hat sich – das innerstaatliche Kräftegleichgewicht selbst in kleinen und per se machtlosen Ländern nur zugunsten der Pro-EU-Parteien verschieben, wenn die EU-Option als offen und greifbar angesehen wird. Im Gegensatz dazu könnte – und hat – die innerstaatliche Verzögerungstaktik die Reformbewegungen verlangsamen und umkehren, wenn die »Anreize und Sanktionen« der EU fehlen würden, wie zum Beispiel im Falle der Slowakei, die bereits Mitglied der einheitlichen Währungszone ist. Kaum überraschend ist der wohl schwache – wenn überhaupt vorhandene – Einfluss, den die EU auf den größten und wichtigsten postkommunistischen Fall Russlands ausüben könnte, wobei die Beziehung Russlands zur Europäischen Union von jeglicher Mitgliedschaftsperspektive oder selbst einem privilegierten Partnerschaftsstatus weit entfernt ist.[9]

Ein *vierter* und möglicherweise sogar gewichtigerer Faktor, der die abweichenden Folgen des Systemwechsels beschreibt, ist in der offenkundig andersartigen Rolle zu finden, die den ausländischen Direktinvestitionen bei den Entwicklungsstrategien der jeweiligen Transformationswirtschaften zukommt. Es ist bekannt, dass auch in der Entwicklungsökonomie der Einfluss der ausländischen Direktinvestitionen und die Orientierung nach außen lange Zeit umstritten

---

6 László L. Csaba: CMEA in the Year 2000, in: *Nordic Journal of Soviet and East European Studies*, Nr. 1/1988, S. 11–31.

7 Siehe Claudio Maria Radaelli/Kevin Featherstone: The Politics of Europeanization, Oxford 2003.

8 Fruzsina Sigér: EU anchor in ›non-mainstream‹ countries' transition path: The case of Croatia and Slovakia, Tiger Working Papers Warsaw, Nr. 115/April 2009 (online abrufbar unter http://www.tiger.edu.pl/publications); Dóra Győrffy: Structural change without trust: Reform cycles in Hungary and Slovakia, in: *Acta Oeconomica*, Nr. 2/2009, S. 147–178.

9 Ausführlich dazu Hiski Haukkala: Lost in translation? Why the EU has failed to influence Russia's development, in: *Europe–Asia Studies*, Nr. 10/2009, S. 1757–1776.

waren, und Debatten darüber, ob und wann beide Faktoren für die innerstaatliche Wirtschaft hilfreich sind, zählen zu den Evergreens unter den Schriften zu diesem Thema. Folglich begeben wir uns in eine umfangreichere Debatte, die in dem begrenzten Rahmen dieses Beitrages unmöglich behandelt werden kann. Wir können den Leser lediglich daran erinnern, dass die Debatte über die Vor- und Nachteile ausländischer Direktinvestitionen in der allgemeinen Entwicklungsstrategie keine spezifisch postkommunistische ist.

Hier können wir ein eindeutiges Bild zeichnen, das nicht von den jüngsten Erschütterungen der Finanzkrise von 2008/2009 überschattet ist. Langzeitbeobachtungen und eine statistische Analyse[10] belegen, dass die Fähigkeit, hochwertige ausländische Investitionen anzulocken – das heißt, nicht allein auf Erträge aus dem Primärsektor beschränkte –, bei weitem der beste Indikator für den Gesamterfolg der Transformation ist. Dies gilt nicht nur für die EBWE-Indikatoren[11] des Transformationsfortschritts, die die Entwicklung in Zahlen zu fassen versuchen, sondern mehr noch für die *hard facts*, das heißt für die Strukturen und Erträge des Exportsektors mit Blick auf die Produzenten. Während der Anteil an Fertigungsprodukten in Russland 2009 nach wie vor nur fünf Prozent betrug, wie dies in den 1970er Jahren in Ungarn der Fall war, überschritt derselbe Indikator 2009 in Ungarn 63 Prozent. Dies lässt sich leicht mit den ausländischen Direktinvestitionen in Zusammenhang bringen, da etwa 70 Prozent der ungarischen Exporte durch transnationale Unternehmen erfolgen.

Zweifellos hat solch eine Entwicklung ebenfalls ihren Preis. Hinsichtlich der Arbeitnehmerrechte befolgen die transnationalen Unternehmen nur selten die Gesetzgebung ihrer jeweiligen Heimatländer, die eine Mitentscheidungsbefugnis und andere Formen des Arbeitnehmerschutzes fordert. Die meisten Firmen in ausländischem Besitz verfügen nicht einmal über eine formelle Gewerkschaft. Und falls diese doch existiert, ist ihre Machtbefugnis gleich null. Diese Entwicklung wurde in Ungarn durch das Maßnahmenpaket von 1995 verstärkt, als die Arbeitnehmer den Sparmaßnahmen der Regierung völlig hilflos ausgesetzt waren. Mittlerweile liegt der Anteil gewerkschaftlich organisierter Arbeitnehmer bei etwa zehn Prozent – dazu zählen überwiegend im öffentlichen Sektor Beschäftigte und Rentner. Ausnahmen gelten für die Interessenvertretung bei den Fluggesellschaften und der Bahn, wo sporadische Streiks eine große öffentliche Aufmerksamkeit und oftmals auch Arbeitgeberzugeständnisse nach sich ziehen.

Die durch ausländische Direktinvestitionen dominierte Expansion war eine Erfolgsgeschichte gemessen an den üblichen Wirtschaftsstandards, wie zum Beispiel der Fähigkeit, nachhaltige und steigende Exporterträge zur Deckung der Im-

---

10 László L. Csaba: The New Political Economy of Emerging Europe, 2. überarbeitete und erweiterte Auflage, Budapest 2007, Kapitel 1.
11 EBWE – Europäische Bank für Wiederaufbau und Entwicklung.

portkosten für die strukturelle Modernisierung zu erzielen – sowohl im Hinblick auf den Verbrauch (zum Beispiel energiesparendere Maschinen oder alternative Energiequellen), als auch bei der Produktion und den Dienstleistungen. Wie in der Literatur belegt,[12] näherten sich die auf Exportwachstum ausgerichteten Länder von 1993 bis 2008 in der Tat der EU-15-Ebene an. Die Inflation ging zurück, und sogar die Arbeitsmarktlage verbesserte sich bis zum Beginn der Krise. In der Slowakei und in Polen, wo die Arbeitslosenquote von 2001 bis 2005 bei etwa 18 Prozent lag, halbierte sich dieser Indikator bis 2007.[13] Dies ist in jedem Fall ein hervorragendes Ergebnis.

Im Nachhinein betrachtet lassen sich jedoch auch einige Schwachpunkte feststellen. Erstens stiegen sowohl in Polen als auch in der Slowakei die Erwerbsquoten. Diese Beobachtung gilt ebenfalls für Ungarn, das 2009 die besten Beschäftigungszahlen aufweisen konnte. Folglich sind die ausländischen Direktinvestitionen eher kapitalintensiv als arbeitsintensiv, wie es aus der Wirtschaftstheorie hervorgehen würde. Die Auslastung des Produktionsfaktors Arbeit blieb wiederum niedrig, selbst in Zeiten, in denen sich die Arbeitslosenquote – der politische Indikator – verbesserte. Zweitens kann auch Arbeitsplatzmangel falsche Anreize setzen, indem es sich für viele Leute auszahlen kann – und oftmals auch auszahlt –, sich arbeitslos zu melden oder dauerhaft von Sozialleistungen zu leben, statt nach einer bezahlten Arbeit zu suchen. Letzteres bezieht sich auch auf die Option, sich selbstständig zu machen. Dieser Faktor wird jedoch in den breiten Debatten über steigende Erwerbsquoten, in denen eine Anstellung bei großen Unternehmen häufig als einzige oder »wahre« Form der Beschäftigung dargestellt wird, oft heruntergespielt. Mit Beginn der wirtschaftlichen Umwälzungen entwickelten sich jedoch einst unübliche Formen der Beschäftigung, wie etwa das Pendeln zur Arbeit oder Teilzeitarbeit, Saisonarbeit und Gelegenheitsjobs, für immer breitere Bevölkerungsschichten zu ganz gewöhnlichen Arten des Geldverdienens. Eine Erklärung dafür, warum die Rezession von 2008/2009 die mitteleuropäischen Länder so schwer getroffen hat, war das sehr begrenzte Vertrauen in diese neuen Beschäftigungsformen sowie die bislang nur unzureichend ausgeprägte Einsicht in die Notwendigkeit lebenslangen Lernens. Personen über 45 oder 50 Jahre eignen sich nur selten neue Kenntnisse an, während in den USA, Japan und den skandinavischen Wohlfahrtsstaaten Personen zwischen 45 und 75 relativ weit verbreitet beschäftigt werden, wie deren jeweilige Erwerbsquote – 72 Prozent gegenüber 50 bis 53 Prozent in Mitteleuropa – zeigt.[14]

---

12 Tibor Iván Berend: From the Soviet Bloc to the European Union, Cambridge/New York 2009; Grzegorz W. Kołodko: The great transformation, 1989–2029, in: *Society and Economy*, Nr. 2/2009, S. 175–192.
13 EZB: Statistisches Taschenbuch, Frankfurt am Main November 2009, S. 44.
14 Laut EZB, a. a. O.

Ein eng mit den Transformationsstrategien zum Aufbau der neuen Wirtschaftsordnung verbundenes *fünftes* Problem betraf die Rolle der ausländischen Sachanlagen. Die beiden Extreme in dieser Hinsicht sind Slowenien und Ungarn. Während Slowenien seit dem Beginn seiner Unabhängigkeit im Jahr 1990 eine Politik des nationalen, zurückgezogenen Korporatismus verfolgte, der strategische ausländische Sachanlagen in allen Bereichen der Wirtschaft massiv einschränkte, stand Ungarn beispielhaft für eine Politik der offenen Türen. So sparte die Privatisierung der Banken Mitte der 1990er Jahre Kosten für eine abermalige Bankensanierung sowie Ausgaben in Form von Finanzdienstleistungen, die Bevölkerung und Unternehmen gleichermaßen benötigten. Als die Krise kam, war die Regierung jedoch nicht mehr in der Lage, der Finanzwirtschaft Vorschriften zu machen. Aushängeschilder der ungarischen Lebensmittelindustrie, wie die *Herz* Salamifabrik, mussten aufgrund fehlender Finanzierung geschlossen werden. Während solche Beispiele emotionale Debatten (über den Ausverkauf des Landes) auslösten, erwiesen sich diese Optionen aus gesamtwirtschaftlicher Perspektive in der Realität als effizient und wettbewerbsfördernd. Im Gegensatz dazu könnten – und werden – staatseigene Banken in einer viel zu engen Beziehung zu Industrieunternehmen stehen, die sich hinsichtlich ihrer Wettbewerbsfähigkeit beim Export als weniger überragend erwiesen haben – wie jeder, der mit den Exportzahlen Sloweniens vertraut ist, bestätigen wird.

Die Debatte über »nationalen kontra internationalen Kapitalismus« zählt zweifellos zu den Evergreens der ökonomischen Entwicklungstheorie. Es ließe sich schwer leugnen, dass jede dieser Optionen typische Nachteile hat. Die Erfahrungen der vergangenen zwei Jahrzehnte haben deutlich gezeigt: Die nach außen gerichtete Strategie ist im Hinblick auf die internationale Wettbewerbsfähigkeit der internen deutlich überlegen. Im Gegensatz dazu könnten Anhänger der nach innen gerichteten Wirtschaftsstrategie auf die begrenzten Schäden hinweisen, die die Finanzkrise verursacht hat. Letzteres ist zugegebenermaßen ein relativ flüchtiges Phänomen im Vergleich zu den oben genannten jahrzehntelangen Trends; der zweistellige Einbruch des BIP im Ostseeraum ist jedoch ein Grund zur Beunruhigung und Reflexion.

Ein *sechster* differenzierender Faktor des gesellschaftlichen Wandels in den Transformationsländern betrifft das ausgesprochen ungleiche Schicksal der sozialen Bewegungen und politischen Parteien, die in der frühen Transformationsphase prägend waren. Für eine Bewertung dessen sind mindestens zwei Fragen bestimmend: erstens, ob der Nachfolger der (reformierten) kommunistischen Partei als dauerhaftes Element verschiedener Regierungsformationen, wie zum Beispiel in Ungarn oder Rumänien, eine entscheidende Rolle spielt; und zweitens, ob die demokratischen, antikommunistischen Bewegungen zusammenarbeiten und sich über kurz oder lang zu einem Hauptakteur im politischen System entwickeln.

Während die traditionelle Teilung – kommunistisch versus nichtkommunistisch – das politische Spektrum in Ländern wie Rumänien, Polen und Ungarn langfristig prägte, wurde sie in anderen Ländern wie dem Ostseeraum, Russland oder Tschechien und Ostdeutschland in den Hintergrund gedrängt. Zu erwähnen sei, dass ein wesentlicher – oftmals heruntergespielter – Beitrag von Boris Jelzin zur Auflösung der Sowjetunion darin bestand, der Kommunistischen Partei das Rückgrat zu brechen. Während es schon frühzeitig Hinweise auf die Fortsetzung von Formen des traditionellen zaristischen Autoritarismus sowohl im Hinblick auf die Regierungsform als auch auf die institutionelle Ordnung[15] Russlands gab, hörte die Kommunistische Partei als einflussreichste Drahtzieherin, als alleiniger Weg zu Macht und Wohlstand, auf zu existieren. Die autoritären Merkmale des vereinigten Russland und Zustimmungswerte von 75 bis 85 Prozent bei mehreren Wahlen sollten die Tatsache nicht überdecken, dass es sich keineswegs um eine Fortsetzung der alten Garde handelt. Im Gegensatz dazu blieb die wieder aufgebaute Kommunistische Partei in Bulgarien, Rumänien, Ungarn und bis 2005 auch in Polen ein Sammelplatz für bestimmte gesellschaftliche Kräfte in ihrem Kampf um Privatisierung, den Aufbau von Institutionen und politischen Strukturen.

An dieser Stelle bedürfen einige Aspekte einer genaueren Beschreibung. In Russland und anderen GUS-Staaten war die Kontinuität in sozialer Hinsicht, das heißt im Hinblick auf das Fortbestehen der Nomenklatura, in der Tat größer. Wie in der anschaulichen und unkonventionellen Darstellung von Anders Aslund[16] widergespiegelt, war das Auftauchen von Oligarchen ein vorübergehendes Phänomen, das die ruhigen Gewässer des bewährten Weiterreichens der Macht in den obersten Rängen der von den Sicherheitsapparaten überwachten Staatsmacht aufwühlte. Gemäß soziologischen Anhaltspunkten ist dieses Phänomen die *differentia specifica* der GUS und zur Erklärung der sehr unterschiedlichen Ergebnisse in den mitteleuropäischen Ländern im Allgemeinen nicht hilfreich und auf Ungarn im Besonderen nicht übertragbar. Folgendes sei noch hinzugefügt: In Ungarn gab es 2009 keine zwei Dutzend wirklich wohlhabende Personen, die bereits zwanzig Jahre zuvor – vor dem Systemwechsel – zu den Vermögenden gezählt hatten. Wir finden keine »historischen Namen« unter den heutigen Großindustriellen, und wir finden keine Parteikader – außer in unbedeutenden Unternehmen.[17] Dies

---

15 Janusz Bugajski (Hg.): Towards an Understanding of Russia, Council on Foreign Relations, Washington 2002.
16 Anders Aslund: Russia's Capitalist Revolution: Why Market Reform Suceeded and Democracy Failed?, Peterson Institute for International Economics, Washington 2007.
17 Um nur einige Beispiele zu nennen: Der ehemalige Ministerpräsident Ferenc Gyurcsány leitet einen mittelständischen Mischkonzern in der Wohnungswirtschaft. Die ehemaligen ZK-Sekretäre Barabás und Berecz leiten kleine Werbe- und Handelsagenturen, letzterer im Bereich Sanitärwaren. Dies ist nicht mit Konzernen wie *Gazprom* oder *Sberbank* vergleichbar.

ist eine Welt der Gegensätze, die nicht von hohlen Phrasen überschattet werden kann.

Wenn wir zwischen der politischen und der wirtschaftlichen Machtverteilung unterscheiden, können wir besser verstehen, warum die lang andauernde Agonie der umstrukturierten Kommunistischen Parteien zu einer Quelle für Spannungen in Mitteleuropa, jedoch nicht in den GUS-Staaten, geworden ist.

Der *siebente* Faktor, die gesellschaftliche Akzeptanz der wirtschaftlichen Erfolge, ergibt sich aus unserer Deutung und vorurteilsfreien Interpretation des vorangegangenen Faktors: nämlich, dass die Ungleichheiten in den GUS-Staaten zunahmen und dass sich der Gini-Koeffizient[18] laut Weltbank einem Wert von 0,4 näherte, der mit Lateinamerika vergleichbar ist, während er in Mitteleuropa zwischen 0,25 und 0,33 schwankte.[19] Dies ist ein enormer Unterschied im Sinne des Trickle-Down-Effekts, das heißt in dem Maße, in dem auch die ärmsten 20 bis 25 Prozent der Bevölkerung am Wirtschaftswachstum partizipieren. Bei diesen großen Ungleichheiten wird die weit verbreitete Sehnsucht nach den »guten alten sowjetischen Zeiten« in den GUS-Staaten verständlich. In Mitteleuropa liegt der Fall jedoch anders: In allen Gesellschaftsschichten sind Verbesserungen erkennbar. Sei es die Zahl der Studenten, die im Rahmen ihres Lehrplans im Ausland studieren, oder die Verbreitung privater Internetanschlüsse oder die Nutzung von Mobiltelefonen pro 1.000 Einwohnern, die Anzahl neuer Eigenheime oder die Bauart und Leistung der Fahrzeuge – der materielle und intellektuelle Fortschritt der Region ist unumstritten. Hinsichtlich publizierter Bücher – von Gewinnern des Literaturnobelpreises über Veröffentlichungen zeitgenössischer wegbereitender Autoren bis hin zu wissenschaftlichen Büchern – ist die positive Entwicklung für jeden überwältigend, der sich die Mühe macht, einen Blick auf die Statistiken zu werfen. Die Sehnsucht nach den »guten alten Zeiten« ist nicht präsent, was nicht zuletzt der miserablen Leistung der sozialistischen Regierungen geschuldet ist. Präsent ist vielmehr der Ruf nach einer radikaleren, tiefer gehenden Veränderung dessen, was die kommunistische Vergangenheit überdauert hat. Die Gewinne der radikalen Rechtsparteien sind ein typisches Beispiel dafür, von Polen über Rumänien bis hin zu Ungarn, wo die radikale Rechte unter parlamentarischen Bedingungen nie eine große Unterstützung genossen hat.[20]

---

18 Der Gini-Koeffizient ist ein statistisches Maß zur Darstellung von Ungleichverteilungen (etwa von Einkommen oder Vermögen) mit beliebigen Werten von 0 bis 1; je näher der Koeffizient am Wert 1 liegt, desto größer die Ungleichheit.
19 Weltbank (Hg.): Weltentwicklungsbericht, Statistischer Anhang, Oxford 2009, S. 356 ff.
20 Die einzige Ausnahme bildeten die Wahlen im Jahr 1940, in dem die Wellen des Nationalismus hoch schlugen und die Partei der Pfeilkreuzler zehn Prozent der Stimmen erhielt – sogar weitaus weniger als Le Pens Front National in den 1990er Jahren und als in der gegenwärtigen Dekade in Frankreich. Umso erstaunlicher ist die 16,7 %-ige Unterstützung für die rechtsradikale Jobbik-Partei bei den Parlamentswahlen im April 2010.

Die relativ geringe soziale Akzeptanz der wirtschaftlichen Erfolge in Mitteleuropa ist mehreren, sich gegenseitig verstärkenden Faktoren zuzuschreiben:

1. In den meisten Ländern wurde die Transparenz der wirtschaftlichen Gesamtrechnungen nicht sichergestellt. Es kam vor, dass offizielle Statistiken in einer Form überarbeitet wurden, die weit über die übliche Korrektur vorläufiger Zahlen hinausging.
2. Durch die Verbreitung der Boulevardpresse und mehr noch aufgrund der Dominanz der kommerzialisierten elektronischen Medien, insbesondere des Fernsehens, wird die Qualität der wirtschaftspolitischen Berichterstattung, die die meisten Bevölkerungsschichten erreicht, immer kläglicher. In vielen Fällen wird nicht einmal der ernsthafte Versuch unternommen, Tatsachen und Deutungen voneinander abzugrenzen.
3. Die Allgemeinheit ist, ähnlich wie in Westeuropa, zahlreichen Illusionen zum Opfer gefallen. Themen, wie die mangelnde Nachhaltigkeit der staatlichen Rentensysteme oder der voll verstaatlichten Gesundheitsfürsorge, sind in einem 40-sekündigen Clip (der von den elektronischen Medien bevorzugt wird) schwer zu vermitteln. Auch die Verbreitung von populistischen Behauptungen und Begriffen in der politischen Arena, die aus opportunistischen Gründen ebenfalls von Parteien der politischen Mitte aufgegriffen wurden, hat die Ausbreitung der allgemeinen Ignoranz begünstigt. Nicht zuletzt haben Ungereimtheiten bei den Privatisierungen und nachfolgenden Umstrukturierungen, wie im Bereich der Luftfahrtindustrie oder dem Bankwesen, zur Verwirrung beigetragen. Die tatsächlichen und kumulierten Kosten für die Steuerzahler werden nur selten offengelegt – und wenn doch, dann meist mit einer Verzögerung von mehreren Jahren, wenn sich der durchschnittliche Wähler nicht mehr für diese Zahlen interessiert, da er schon längst mit neuen Skandalen beschäftigt ist.
4. Dieser Faktor betrifft die enorm unterschiedliche Rolle sozialer Sicherheitsnetze und stellt zugleich auch den *achten* Ungleichheitsfaktor dar. Während der Anteil der steuerlichen Umverteilung im Ostseeraum, in Rumänien und der Slowakei bei zirka 33 bis 35 Prozent lag und mit dem anglo-irischen Modell der sozialen Marktwirtschaft vergleichbar ist, haben sich andere Länder an viel größere Steuer- und Ausgabenmodelle geklammert. Vorreiter in dieser Gruppe war zweifellos Ungarn: Auch wenn die linksgerichteten Regierungen von 2002 bis 2009 neoliberale Floskeln verwendeten, stieg der Anteil der Staatsausgaben am BIP von 46,5 Prozent im Jahr 2000 auf 52 Prozent bis 2006 und sank 2009 wieder auf 48 Prozent. Dies ist noch immer ein sehr hoher Anteil, der in der gesamten OECD-Gruppe der hochentwickelten Wirtschaftssysteme nur von Schweden, Italien und

Frankreich übertroffen wird. In Slowenien betrug der Rückgang von 2000 bis 2008 lediglich drei Prozentpunkte (von 46 auf 43 Prozent), die Tschechische Republik verzeichnete im selben Zeitraum eine leichte Steigerung von 41,8 auf 42,4 Prozent, während in Polen eine Steigerung von 41,1 auf 43 Prozent zu verzeichnen war.[21] Kurzum: Während einige Transformationsländer einen großen Sprung zu einem schlankeren Staat gewagt haben, klammerten sich andere weiter an bestehende soziale Sicherheitsnetze. Letztere sind – wohl wenig überraschend – die »ergrautesten« Gesellschaften, die am stärksten um die Verteilung der vorhandenen Mittel feilschen. In der Praxis stellen die Rentner die aktivste Wählerschicht dar, und die Parteien der politischen Mitte versuchen, sie zu umwerben und Nachhaltigkeitsaspekte bewusst herunterzuspielen.

Folglich gehen *vier Ländergruppen* aus dem 20-jährigen Systemwandel hervor.[22] In der ölreichen Gruppe der GUS-Staaten scheint sich ein oligarchischer Kapitalismus herausgebildet zu haben, der aus Entwicklungsstudien bekannt ist und oftmals auf die strategische Rolle der primären Wirtschaftssektoren angewiesen ist. Zweitens bildete sich eine Gruppe von Ländern des Manchesterkapitalismus heraus, in denen der Versuch, die Größe des Staates auf ein Minimum zu reduzieren und nicht in die Wirtschaftsprozesse einzugreifen, bis aufs Äußerste ausgereizt wurde. Es überrascht nicht, dass das Baltikum, Rumänien, die Slowakei und Bulgarien von der Finanzkrise 2008/2009 in Hinblick auf Ertragseinbußen und Arbeitsplatzverlust am schlimmsten getroffen wurden. Drittens bildeten sich aus den ölarmen GUS-Staaten und aus Südosteuropa »ganz normale Entwicklungsländer« mit einer schwachen staatlichen Verwaltung, die meist unfähig ist, öffentliche Aufgaben gut zu lösen. Die vierte Gruppe, die Visegrád-Staaten (ohne Slowakei), hat sich dem europäischen »Rheinland-Typ« der Marktgesellschaften angenähert,[23] mit umfangreichen sozialen Sicherheitsnetzen, die selbst auf Kosten von Effizienz und Wettbewerbsfähigkeit aufrechterhalten werden. Letzteres ist den recht offensichtlichen Prioritäten der Wähler geschuldet, die ihre Ablehnung gegenüber einer radikaleren sozialen (Spar-)Politik ausdrückten, wann immer ihnen diese in den vergangenen zwei Jahrzehnten offeriert wurde.

Wie passt Ungarn in dieses Gesamtbild? Es ist eine Plattitüde zu behaupten, Ungarn sei ein »Frühaufsteher« im Prozess des Systemwandels gewesen. Hier existierte der »klassische Sozialismus« oder der in den Fachbüchern über vergleichende Wirtschaftssysteme beschriebene sowjetische Wirtschaftstyp im engeren

---

21 Laut EZB, a. a. O., S. 47.
22 Einzelheiten siehe László L. Csaba: Crisis in Economics?, Budapest 2009, Kapitel 3.
23 Michael Albert: Capitalism versus Capitalism, London 1993.

Sinne lediglich vier Jahre lang: ab der Verkündigung des ersten Fünfjahrplans (1949) auf sowjetischen Befehl hin bis zur Aufhebung dieser Strategien durch die »revisionistische« Regierung Imre Nagys im Juni 1953 (im Nachhinein betrachtet ebenfalls auf sowjetischen Befehl hin, obwohl die Prozesse schnell außer Kontrolle gerieten). Aus diesem Grund überlebte der »Handelsgeist« insbesondere in den Provinzen. Verschiedene Formen kleiner Unternehmen florierten in den 1960er, 1970er und 1980er Jahren gleichermaßen. Der 1968 angestoßene und 1984 weitergeführte Neue Ökonomische Mechanismus löste – zum Großteil unbeabsichtigt – auch in den Unternehmen des öffentlichen Sektors ein gewisses Maß an Dezentralisierung und geschäftstüchtigem Verhalten aus. 1989 führte die scheidende Regierung einen Prozess der Handelsliberalisierung ein, der von der neuen demokratischen Regierung fortgesetzt wurde und für einen reibungslosen (aber nicht besonders behutsamen) Übergang sorgte. Zwischen 1992 und 1995 erschuf die strenge Gesetzgebung eine Marktwirtschaft, die anderen Transformationsländern um Jahre voraus war.

Ab 1998 und insbesondere ab 2002 überwog jedoch die Versuchung, die Früchte des wirtschaftlichen Wandels zu ernten, noch bevor diese reif waren. Die Fehleinschätzung, die EU-Mitgliedschaft mache weitere Strukturreformen überflüssig und die Finanzmärkte würden jede politische Linie kostengünstig finanzieren, dominierte in den guten Jahren des relativ hohen Wachstums von über vier Prozent. Nach der letzten großen Reform im Jahr 1997 mit einer teilweisen Privatisierung der Renten überrascht es nicht, dass der Wirtschaftsmotor bereits 2005/2006 ins Stocken geriet. Von 2006 bis 2009 gab es zahlreiche Versuche einer Vermarktlichung, die zumeist wenig erfolgreich waren, da zuvor weder fachlich noch gesellschaftlich Einigkeit über die Schwerpunktsetzungen erzielt werden konnte. Das Abdriften und die wirtschaftliche Stagnation gingen in Ungarn daher der Finanzkrise voran, statt ihr nachzufolgen.

Je weniger überzeugend Projekte mit langer Reifedauer sind, wie die Gesundheitsreform oder regionale Umstrukturierungen, desto stärker ist die Verlockung des konventionellen makroökonomischen Populismus alten Stils. Dies konnte anhand aufgestockter Sozialleistungen und (oftmals eher formal als effektiv) gesenkter Steuersätze beobachtet werden. Die Finanzkrise hat Ungarn besonders hart getroffen, denn die Wirtschaft des Landes ist aufgrund der hohen Auslandsverschuldung und seiner schlechten Finanzlage sehr angreifbar geworden.

Die Zahlungskrise im Oktober 2008 hätte durch ein umfangreiches, gemeinsam von IWF, EU und Weltbank organisiertes Hilfspaket verhindert werden können. 2008/2009 begannen sich die Finanzindikatoren zu verbessern, Ungarn konnte 2009 eines der niedrigsten Finanzdefizite von 3,9 Prozent verzeichnen. Im Hinblick auf Wachstum und Beschäftigung war der Preis für diese Stabilisierung jedoch hoch. Damit nicht genug: Finanz- und Währungsexperten prognostizieren für 2011 bis 2013 eine Phase der wirtschaftlichen Stagnation in Ungarn; das

BIP-Niveau von 2005 wird folglich erst ein Jahrzehnt später, im Jahr 2014, wieder erreicht werden. Die Untersuchung dieses »verlorenen Jahrzehnts« würde eine gesonderte wissenschaftliche Publikation erforderlich machen. Was wir aus dieser historischen Darstellung folgern können, stimmt mit den umfassenden Erkenntnissen in der Literatur über Politikreformen überein: *Wenn gute Jahre verschwendet werden, können in schlechten Jahren nicht die erforderlichen Reformen eingeleitet werden, und letztere erfolgen dann viel langsamer als unter anderen Umständen.* Mit anderen Worten: Zeit ist Geld, die – einmal verschwendet – nie zurückkommt. Die Talfahrt Ungarns vom Spitzenreiter zu einem der schwächsten Transformationsländer Europas im Zeitraum von 2005 bis 2014 ist eine überzeugende Darstellung dieser konventionellen Weisheit.

Die Autoren

László Csaba, geboren 1954 in Budapest; Prof. Dr. oec.; bis 1976 Studium an der ungarischen Wirtschaftsuniversität in Budapest; 1976 bis 1987 Mitarbeiter am Institut für Weltökonomie der Ungarischen Akademie der Wissenschaften; 1984 dort Promotion; 1991 bis 1997 Honorarprofessor für internationale Ökonomie an der Hochschule für Außenhandel in Budapest; Gastprofessor an Universitäten in Berlin, Frankfurt (Oder), Helsinki und Mailand; 1997 Habilitation an der Corvinus Universität Budapest und seither dort Professor für internationale Volkswirtschaftslehre; 1990 bis 1994 und 1996 bis 1998 Vizepräsident, 1999 bis 2000 Präsident der European Association for Comparative Economic Studies (EACES); seit 1999 auch Professor für internationale Volkswirtschaftslehre an der Universität Debrecen und seit 2000 am Lehrstuhl für Internationale Beziehungen und Europastudien der Central European University in Budapest; seit 2007 Mitglied der Ungarischen Akademie der Wissenschaften; Mitglied zahlreicher Wissenschaftsräte und Mitherausgeber verschiedener Fachzeitschriften.

Aktuelle Veröffentlichungen (Auswahl): Crisis in Economics? Studies in European Political Economy, Budapest 2009; Hungary Facing Globalization: The Challenge of Competitiveness, in: Barry Desker/Jeffrey Herbst/Greg Mills/Michael Spicer (Hg.): Globalisation and Economic Success. Policy Lessons for Developing Countries, Johannesburg 2008, S. 201–214; The New Political Economy of Emerging Europe, 2. erw. Auflage, Budapest 2007.

Eckhard Jesse, geboren 1948 in Wurzen bei Leipzig; Prof. Dr. phil.; 1971 bis 1976 Studium der Politikwissenschaft und Geschichte an der FU Berlin (Dipl. Politologe); 1982 Promotion, 1989 Habilitation an der Universität Trier; 1990 Hochschuldozent an der Universität Trier; 1990 bis 1993 Lehrstuhlvertretungen und Gastprofessuren an den Universitäten München, Trier, Potsdam und Mannheim; seit 1993 Inhaber des Lehrstuhls »Politische Systeme, Politische Institutionen« an der Technischen Universität Chemnitz. Mitglied im Vorstand der Gesellschaft für Deutschlandforschung sowie im Fachbeirat Wissenschaft der Bundesstiftung zur Aufarbeitung der SED-Diktatur, Mitglied des Wissenschaftlichen Beirates der Stiftung Ettersberg, 2007 bis 2009 Vorsitzender der Deutschen Gesellschaft für Politikwissenschaft. Forschungsschwerpunkte: Demokratie-, Extremismus- und Totalitarismusforschung, Wahl- und Parteienforschung, politisches System der Bundesrepublik Deutschland sowie historische Grundlagen der Politik.

Aktuelle Veröffentlichungen (Auswahl): Systemwechsel in Deutschland. 1918/19 – 1933 – 1945/49 – 1989/90, Köln/Weimar/Wien 2010; Diktaturen in Deutschland. Diagnosen und Analysen, Baden-Baden 2008; Demokratie in Deutschland. Diagnosen und Analysen, Köln/Weimar/Wien 2008; DIE LINKE – der smarte

Extremismus einer deutschen Partei (mit Jürgen P. Lang), München 2008; (Mithg.): Neues Deutschland. Eine Bilanz der deutschen Wiedervereinigung, Baden-Baden 2008; (Mithg.): Das Parteienspektrum im wiedervereinigten Deutschland, Berlin 2007; seit 1989 Herausgeber des Jahrbuchs Extremismus & Demokratie (mit Uwe Backes).

Witold Małachowski, geboren 1946 in Liegnitz; Prof. Dr. oec., Dr. phil.; Wirtschafts- und Sozialwissenschaftler; 1973 und 1981 Promotion; 1994 bis 2001 Vorsitzender der *Euro Energy S. A.* in Warschau; 1994 bis 2000 Stellvertretender Vorsitzender der *Spolem Bank S. A.* in Warschau; 1995 bis 2004 Vizepräsident des Vorstandes der Polnisch-Deutschen Industrie- und Handelskammer; 2001 bis 2006 Personalvorstand von *Volkswagen Poznań Ltd.* und Repräsentant der *Volkswagen AG* in Polen; 2003 bis 2006 Vizepräsident des Vorstandes der polnischen Automobilindustrie (SOIS); Forschungs- und Lehrtätigkeit an zahlreichen Universitäten in Bulgarien, Deutschland, Österreich, Russland und Tschechien; amtierender Direktor des Instituts für Soziale Fragen und Internationale Beziehungen der Academy of Finance in Warschau, Professor an der Warsaw School of Economics sowie Direktor des Forschungszentrums für polnisch-deutsche Wirtschaftsbeziehungen in Warschau; zahlreiche wissenschaftliche und staatliche Auszeichnungen, u. a. das Verdienstkreuz Erster Klasse der Bundesrepublik Deutschland sowie das Goldene Verdienstkreuz der Republik Polen. Forschungsschwerpunkte: Geschichte der polnisch-deutschen Beziehungen mit Schwerpunkt Wirtschaftsbeziehungen und europäische Integration.

Aktuelle Veröffentlichungen (Auswahl): Migrationen in der Gegenwart. Implikationen für Polen, Warschau 2010; (Hg.): Deutschland – Polen. Nach der Erweiterung der Europäischen Union. Bilanz und Perspektiven, Warschau 2009; Internationale Beziehungen, Warschau 2008 (Mitautor); (Hg.): Deutschland – Polen im vereinten Europa und ihre ökonomische Verantwortung, Warschau 2006; Outplacement in Human Resources Management, Warschau 2006.

Gerhard Mangott, geboren 1966 in Zams/Tirol; Prof. Dr. phil.; Studium der Politikwissenschaft, Geschichte und Slawistik an den Universitäten Innsbruck und Salzburg; 2002 Habilitation; 1991 bis 2008 Russland- und Osteuropareferent am Österreichischen Institut für Internationale Politik (OIIP) in Wien; seit 2000 Forschungs- und Lehrtätigkeit am Institut für Politikwissenschaft der Universität Innsbruck, seit März 2003 dort ao. Professor für Politikwissenschaft; seit 2009 zudem Scientific Adviser on Post-Soviet Affairs am OIIP in Wien; Mitglied des Wissenschaftlichen Beirates der Paul-Lazarsfeld-Gesellschaft für Sozialforschung, Mitglied des Herausgeberkomitees der *Österreichischen Zeitschrift für Politikwissenschaft,* Mitglied des International Advisory Board und des Editorial Committee von *Soviet and Post-Soviet Politics* in Kiew sowie des Beirates der Österreichischen Gesellschaft für Europapolitik (ÖGfE); Forschungsschwerpunkte: Internationale Politik und vergleichende Regierungslehre, insbesondere Regimelehre Russlands und der Ukraine, strategische Rüstungskontrolle und nukleare Proliferation, Energiesicherheit im Erdgas- und Erdölsektor.

Aktuelle Veröffentlichungen (Auswahl): Power and Petroleum. Putin's Russia, 2011; Der russische Phönix: Erbe aus der Asche, Wien 2009; The Wider Black Sea Region in the 21st Century. Strategic, Economic and Energy Perspectives (mit Daniel Hamilton), Washington 2008; The New Eastern Europe. Ukraine, Belarus and Moldova (mit Daniel Hamilton), Washington 2007.

Andrei Marga, geboren 1946 in Bukarest; Prof. Dr. phil.; 1976 Promotion in vergleichender Philosophie; 1980 bis 1996 Fellowships u. a. über den DAAD an den Universitäten in Erlangen, Münster und Frankfurt am Main, am Woodrow Wilson Center und dem National Endowment for Democracy in Washington D. C.; seit 1990 Professor für vergleichende Philosophie und Logik; 1993 bis 2004 Rektor der Babeş-Bolyai Universität Cluj-Napoca; 1997 bis 2000 rumänischer Erziehungsminister; Gastprofessuren an den Universitäten in Montpellier, Wien und München; seit 2008 wieder Rektor der Babeş-Bolyai Universität Cluj-Napoca; Träger mehrerer Ehrendoktorwürden und Preisträger unter anderem des Herder-Preises der Alfred Toepfer Stiftung und des Preises der Sara und Haim Ianculovici Stiftung; Mitglied zahlreicher Wissenschaftsräte.

Aktuelle Veröffentlichungen (Auswahl): Absolutul astăzi. Teologia şi filosofia lui Joseph Ratzinger, Cluj 2010; Challenges, Values and Vision, Cluj 2009; Philosophie der europäischen Einigung, Cluj 2009; La Sortie du Relativisme, Cluj 2008; Bildung und Modernisierung, Cluj 2005; Die Kulturelle Wende. Philosophische Konsequenzen der Transformation, Cluj 2004; Spannungsfelder europäischer Identitätsbildung in Osteuropa und methodische Aufgaben. Eine rumänische Perspektive, in: Gabor Erődy (Hg.): Transformationserfahrungen. Zur Entwicklung der politischen Kultur in den EU-Kandidatenländern, Baden-Baden 2003, S. 159–179.

Stefan Sorin Mureşan, geboren 1965 in Cluj/Rumänien; Dr. oec.; wirtschafts- und außenpolitischer Unternehmens- und Politikberater; 1994 M. A. in Diplomatic Studies der Diplomatic Academy of London, University of Westminster; 2003 Promotion an der Babes-Bolyai-Universität Cluj-Napoca; seit 2008 Geschäftsführer des Wirtschaftsberatungsunternehmens *The Diplomatic Economist Ltd.* in Bonn mit Schwerpunkt Osteuropa. Er arbeitete als Diplomat in der Wirtschaftsabteilung des rumänischen Außenministeriums, in der Rumänischen Botschaft in Bonn sowie als Berater des Vorstands des rumänischen Staatsprivatisierungsfonds; Gastprofessor am Lehrstuhl für Geschichte und Internationale Beziehungen der Universität Babes-Bolyai in Cluj-Napoca; war außerdem im Sekretariat des Auswärtigen Ausschusses des Deutschen Bundestages in Bonn tätig.

Aktuelle Veröffentlichungen (Auswahl): În căutarea binelui comun. Pentru o viziune creştină a democraţiei româneşti [Auf der Suche nach dem Gemeinwohl. Für eine christliche Vision der rumänischen Demokratie] (mit Radu Carp, Radu Preda und Dacian Gal), Cluj-Napoca 2008; Principles of popular thought. Christian Democratic Doctrine and Social Action (mit Radu Carp, Radu Preda und Dacian Gal), Cluj-Napoca 2006; British Interests in Romania? British Foreign Policy towards Romania in the Twentieth Century. An Interdisciplinary Analysis, Cluj-Napoca 2005; Social market economy. The German model, in: *Romanian Journal for Economic Forecasting*, Nr. 3/2005, S. 65–91.

Rüdiger Pohl, geboren 1945 in Jüterbog; Prof. Dr. oec., Dr. h. c.; Studium der Volkswirtschaftslehre an der Freien Universität Berlin; 1975 Habilitation an der Technischen Universität Hannover; 1977 bis 1993 Ordentlicher Professor für Volkswirtschaftslehre mit Schwerpunkt Geld, Kredit und Währung an der FernUniversität in Hagen; 1986 bis 1994 Mitglied des Sachverständigenrates zur Begutachtung der gesamtwirtschaftlichen Entwicklung; 1993 bis 2010 Universitätsprofessor für Volkswirtschaftslehre an der Martin-Luther-Universität Halle-Wittenberg (Lehrgebiet: Geld und Währung); 1994 bis 2004 Präsident des Instituts für Wirtschaftsforschung Halle (IWH); 1999 bis 2002 Mitglied im Wissenschaftsrat; seit 1999 Senator der Deutschen Nationalstiftung; 2003 Verleihung der Ehrendoktorwürde durch die Wirtschaftswissenschaftliche Fakultät der Technischen Universität Bergakademie Freiberg; Forschungsschwerpunkte: Geld und Währung, Transformation der ostdeutschen Wirtschaft.

Aktuelle Veröffentlichungen (Auswahl): Wirtschaftswunder, Planwirtschaft, Vereinigung und Transformation, in: Leibniz-Institut für Länderkunde (Hg.): Nationalatlas Bundesrepublik Deutschland, Band 8, Leipzig 2004, S. 22 ff.; Reformbaustelle Ost: Die Schwungräder für den Aufholprozess antreiben, in: Klaus Zimmermann (Hg.): Reformen – jetzt!, Wiesbaden 2003, S. 147–159; Ostdeutschland im 12. Jahr nach der Vereinigung, in: *Aus Politik und Zeitgeschichte*, Nr. B37–38/2002, S. 30–38.

Krzysztof Ruchniewicz, geboren 1967 in Wrocław/Polen; Prof. Dr. phil., 2007 Habilitation; Historiker, Direktor des Willy Brandt Zentrums für Deutschland- und Europastudien der Universität Wrocław; Lehrstuhlinhaber für Zeitgeschichte am dortigen Zentrum, wissenschaftlicher Koordinator des deutsch-polnischen Schulbuches; Mitglied des Wissenschaftlichen Rates des Deutschen Historischen Instituts Warschau, der Willy Brandt Stiftung und des Präsidiums der Deutsch-Polnischen Schulbuchkommission. Forschungsschwerpunkte: Geschichte Deutschlands und der deutsch-polnischen Beziehungen im 20. Jahrhundert, Geschichte der europäischen Integration, internationale Schulbuchforschung.

Aktuelle Veröffentlichungen (Auswahl): Detlef Brandes/Holm Sundhaussen/ Stefan Troebst (Hg.) in Verbindung mit Kristina Kaiserova und Krzysztof Ruchniewicz: Lexikon der Vertreibungen. Deportation, Zwangsaussiedlung und ethnische Säuberungen im Europa des 20. Jahrhunderts, Köln/Weimar/Wien 2010; (Hg.): Verflochtene Erinnerungen. Polen und seine Nachbarn im 19. und 20. Jahrhundert (mit Martin Aust und Stefan Troebst), Köln/Weimar/Wien 2009; (Hg.): Länderbericht Polen. Geschichte – Politik – Wirtschaft – Gesellschaft – Kultur (mit Dieter Bingen), Bonn 2009; Geschichte verstehen – Zukunft gestalten. Die deutsch-polnischen Beziehungen in den Jahren 1933–1949 (zusammen mit Małgorzata Ruchniewicz, Tobias Weger und Kazimierz Wóycicki), hrsg. von Kinga Hartmann, Dresden/Wrocław 2007; »Noch ist Polen nicht verloren«. Das historische Denken der Polen, Münster/Hamburg/Berlin/Wien/London 2007; Polskie zabiegi o odszkodowania niemieckie w latach 1944/45–1975 [Polnische Bemühungen um die deutsche Wiedergutmachung in den Jahren 1944/45–1975], Wrocław 2007.

Mária Schmidt, geboren 1953 in Budapest; Prof. Dr. phil.; Studium der Geschichte und Germanistik an der Universität Eötvös Loránd in Budapest; 1985 Promotion zum Dr. phil., 1999 Ph. D.; 2005 Habilitation im Fachbereich Geschichtswissenschaften; seit 1996 Dozentin, ab 2010 Professorin an der Katholischen Pázmány-Péter-Universität in Piliscsaba. Gastprofessuren und Stipendien an den Universitäten in Berlin, Bloomington, Innsbruck, Jerusalem, New York, Oxford, Paris, Tel-Aviv und Wien sowie an der Hoover Institution in Stanford. Generaldirektorin der Institute des 20. und 21. Jahrhunderts und des Museums »Haus des Terrors« in Budapest; Mitglied zahlreicher Wissenschaftsräte, darunter Beiratsmitglied der Stiftung Ettersberg, Weimar, sowie Mitglied des Sachverständigenausschusses für das geplante Haus der Europäischen Geschichte in Brüssel. Forschungsschwerpunkte: Geschichte der ungarischen Juden seit 1918, Geschichte Ungarns unter diktatorischer Herrschaft, Diktaturen im 20. Jahrhundert.

Aktuelle Veröffentlichungen (Auswahl): Battle of Wits – Beliefs, Ideologies and Secret Agents in the 20th Century, Budapest 2007; Der Kommunismus, ein Verbrechen ohne Folgen?, in: Renato Christin: Memento Gulag. Zum Gedenken an die Opfer totalitärer Regime, Berlin 2006, S. 91–97; Zákulisní taje – Nové aspekty historie procesu s Algerem Hissem (USA), László Rajkem (Madarsko) a inscenovaných procesu ve vychodní a strední Evrope, Prag 2005; A titkosszolgálatok kulisszái mögött [Hinter den Kulissen der Geheimdienste], Budapest 2005; Ungarns Gesellschaft in der Revolution und im Freiheitskampf von 1956, in: *Kirchliche Zeitgeschichte*, Nr. 1/2004, S. 100–113; Egyazon mércével [Mit gleichem Maß], Budapest 2003; Diktatúrák ördögszekerén [Studien zur Diktaturforschung], Budapest 1998.

Hans-Peter Schwarz, geboren 1934 in Lörrach/Baden; Prof. Dr. phil., Dr. h. c.; Studium der Politischen Wissenschaft, Geschichte, Germanistik und Romanistik in Basel und Freiburg i. Br.; 1958 Promotion; 1960 Staatsexamen; 1963 bis 1966 Professor für Politische Wissenschaft an der Pädagogischen Hochschule Osnabrück; 1966 Habilitation in Tübingen; 1966 bis 1973 Ordinarius für Politische Wissenschaft an der Universität Hamburg, danach von 1973 bis 1987 an der Universität Köln, 1987 bis 1999 an der Universität Bonn. Wissenschaftliche Funktionen u. a.: seit 1978 Herausgeber der *Vierteljahrshefte für Zeitgeschichte* (zusammen mit Karl Dietrich Bracher); langjähriger Vorsitzender des Direktoriums des Forschungsinstituts der Deutschen Gesellschaft für Auswärtige Politik in Bonn und Berlin sowie des Wissenschaftlichen Beirates des Instituts für Zeitgeschichte, München; 1990 bis 2005 Hauptherausgeber der Akten zur Auswärtigen Politik der Bundesrepublik Deutschland im Auftrag des Auswärtigen Amtes; seit 2002 Beiratsvorsitzender der Stiftung Ettersberg, Weimar; 2004 Verleihung der Ehrendoktorwürde der Fakultät für Sozial- und Verhaltenswissenschaften der Friedrich-Schiller-Universität Jena.

Aktuelle Veröffentlichungen (Auswahl): Das Gesicht des Jahrhunderts. Monster, Retter und Mediokritäten, erw. Neuaufl., München 2010 <1998>; (Hg.): Die Fraktion als Machtfaktor. CDU/CSU im Deutschen Bundestag 1949 bis heute, München 2009; (Hg.): Die Bundesrepublik Deutschland. Eine Bilanz nach 60 Jahren, Köln/Weimar/Wien 2008; Axel Springer. Die Biografie, Berlin 2008; Phantastische Wirklichkeit. Das 20. Jahrhundert im Spiegel des Polit-Thrillers, München 2006; Republik ohne Kompaß. Anmerkungen zur deutschen Außenpolitik, Berlin 2005; Anmerkungen zu Adenauer, München 2004.

Jan Sokol, geboren 1936 in Prag; Prof. Dr. phil.; war als Goldschmied, Mechaniker, Programmierer, Übersetzer, Philosoph und Phänomenologe tätig; aktiv in verschiedenen Bürgerrechtsbewegungen, 1977 einer der Erstunterzeichner der Charta 77; vom kommunistischen Regime an einer Hochschulausbildung gehindert, konnte er nur auf dem zweiten Bildungsweg Mathematik studieren; nach der Samtenen Revolution von 1990 bis 1992 Abgeordneter des Bürgerforums, Vize-Vorsitzender des Parlaments der ČSFR und Vorsitzender der parlamentarischen Delegation im Europäischen Parlament; 1993 Promotion (Anthropologie) und 1997 Habilitation (Philosophie) an der Karls-Universität Prag; 1998 parteiloser Bildungsminister in der Interimsregierung Tošovský; 2000 Professor für philosophische Anthropologie an der Karls-Universität Prag und bis 2007 Gründungsdekan der dortigen Humanwissenschaftlichen Fakultät; 2003 Koalitionskandidat für die Wahl des tschechischen Staatspräsidenten; Mitglied zahlreicher Wissenschaftsräte.

Aktuelle Veröffentlichungen (Auswahl): Mensch und Religion, Freiburg 2007; Moc, peníze a právo [Macht, Geld und Recht], Pilsen 2007; Malá filosofie člověka

[Kleine Philosophie des Menschen], 5. Aufl., Prag 2007; Nachbarschaft – Nähe und Abgrenzung aus anthropologischer Sicht, in: *Theologie der Gegenwart*, Nr. 3/2007, S. 162–171; Europa spricht. Sprachenvielfalt und Politik, in: *Osteuropa*, Nr. 5–6/2004, S. 276–283.

Hans-Joachim Veen, geboren 1944 in Straßburg (Elsass); Prof. Dr. phil.; Studium der Politischen Wissenschaften, der Neueren Geschichte und des Öffentlichen Rechts an den Universitäten Hamburg und Freiburg im Breisgau, 1982 bis 2000 Forschungsdirektor der Konrad-Adenauer-Stiftung, seit 1996 Honorarprofessor für Vergleichende Regierungslehre und Parteienforschung an der Universität Trier, 2000 bis 2002 Projektleiter »Demokratie- und Parteienförderung in Mittel- und Osteuropa« der Konrad-Adenauer-Stiftung, seit 2002 Vorstandsvorsitzender der Stiftung Ettersberg zur vergleichenden Erforschung europäischer Diktaturen und ihrer Überwindung in Weimar; seit 2008 Vorsitzender des vom Deutschen Bundestag berufenen Wissenschaftlichen Beratungsgremiums bei der Bundesbeauftragten für die Unterlagen des Staatssicherheitsdienstes der ehemaligen DDR (BStU).

Aktuelle Veröffentlichungen (Auswahl): (Hg.): Kirche und Revolution. Das Christentum in Ostmitteleuropa vor und nach 1989, Köln/Weimar/Wien 2009 (mit Peter März und Franz-Josef Schlichting); (Hg.): Aufarbeitung totalitärer Erfahrungen und politische Kultur. Die Bedeutung der Aufarbeitung des SED-Unrechts für das Rechts- und Werteverständnis im wiedervereinigten Deutschland, Politisches Denken Jahrbuch 2009, Berlin 2009 (mit Hendrik Hansen); (Hg.): Parteien in jungen Demokratien. Zwischen Fragilität und Stabilisierung in Ostmitteleuropa, Köln/Weimar/Wien 2008 (mit Ulrich Mählert und Franz-Josef Schlichting).

Personenregister

Abramovič, Roman 106
Adamec, Ladislav 78
Agnes von Böhmen 77
Antall, József 16, 19
Aslund, Anders 169

Beneš, Edvard 73 f.
Berezovskij, Boris A. 106, 111
Burbulis, Gennadij 102
Burckhardt, Jacob 14, 26
Bush, George H. W. 13, 15, 159

Čalfa, Marián 78
Ceaușescu, Nicolae 152, 157–159
Chasbulatov, Ruslan I. 102
Chodorkovskij, Michail B. 106
Churchill, Sir Winston L. S. 155
Csaba, László 12
Čubajs, Anatolij B. 105

Dahrendorf, Ralf 18
Delors, Jacques 16
Deripaska, Oleg W. 115
Dewey, John 90
Dubček, Alexander 74 f., 78
Dudek, Antoni 48
Dumas, Roland 23
Dzierżyński, Feliks 59

Eckert, Rainer 7
Eucken, Walter 164

Franz, Monika 7
Fridman, Michail M. 106

Genscher, Hans-Dietrich 23
Gibowski, Wolfgang 33

Gorbatschow, Michail S. 7, 13, 15, 28, 31, 75, 77, 84, 102, 159
Gračov, Pavel S. 106
Groza, Petru 156
Gusinskij, Vladimir A. 106, 111
Gyurcsány, Ferenc 67, 69

Habermas, Jürgen 90
Havel, Václav 15 f., 77 f., 81
Holmer, Uwe 8
Honecker, Erich 7 f.
Husák, Gustáv 75 f., 78

Iljušin, Viktor 102
Isărescu, Mugur 88, 143

Jefferson, Thomas 92
Jelzin, Boris N. 24, 101–103, 105–107, 110 f., 169
Johannes Paul II., Papst 52

Kaase, Max 38
Kaczyński, Lech 55
Karg, Werner 7
Klaus, Václav 80 f.
Kohl, Helmut 13, 15
Kuroń, Jacek 59
Kwaśniewski, Aleksander 55

Lenin, Wladimir I. 28
Liehr, Harald 7
Lobov, Oleg I. 102

Małachowski, Witold 12
März, Peter 7
Mazowiecki, Tadeusz 16
Medvedev, Dmitri A. 112 f.

Merkel, Wolfgang 32
Michnik, Adam 79
Mihai I., König von Rumänien 156
Miller, Leszek 55
Mitterrand, François 15
Mureşan, Stefan Sorin 12

Nagy, Imre 173

Obama, Barack 70
Ortega y Gasset, José 63

Palach, Jan 75
Paqué, Karl-Heinz 40
Pérez de Cuéllar, Javier 16
Petrov, Jurij 102
Pohl, Rüdiger 12
Potanin, Vladimir O. 106
Putin, Wladimir W. 47, 107 f., 110–113, 116 f.

Rousseau, Jean-Jacques 9, 91
Ruckoj, Aleksandr 102

Sârbu, Radu 149
Schäuble, Wolfgang 9
Schlichting, Franz-Josef 7
Schröder, Gerhard 12, 70
Skubiszewski, Krzysztof 23
Sólyom, László 63
Stalin, Jossif W. 28, 155
Stolpe, Manfred 34
Sztompka, Piotr 49 f.

Thatcher, Margaret 15
Tillich, Stanislaw 34
Tóth, Erzsébet 61
Tusk, Donald 46

Veen, Hans-Joachim 39
Vekselberg, Viktor F. 106

Wałęsa, Lech 54 f., 59, 129
Wilson, Thomas Woodrow 13
Wurschi, Peter 7

EUROPÄISCHE DIKTATUREN UND IHRE ÜBERWINDUNG
SCHRIFTEN DER STIFTUNG ETTERSBERG

Eine Auswahl. Band 7 erscheint nicht.

Band 5: Henning Pietzsch
JUGEND ZWISCHEN KIRCHE UND STAAT
GESCHICHTE DER KIRCHLICHEN JUGENDARBEIT IN JENA 1970–1989
2005. 390 S. 1 s/w-Abb. Br.
ISBN 978-3-412-17204-6

Band 6: Volkhard Knigge, Ulrich Mählert (Hg.)
DER KOMMUNISMUS IM MUSEUM
FORMEN DER AUSEINANDERSETZUNG IN DEUTSCHLAND UND OSTMITTELEUROPA
2005. 312 S. 40 s/w-Abb. Br.
ISBN 978-3-412-20705-2

Band 8: Peter März, Hans-Joachim Veen (Hg.)
WORAN ERINNERN?
DER KOMMUNISMUS IN DER DEUTSCHEN ERINNERUNGSKULTUR
2006. 269 S. Br. ISBN 978-3-412-37405-1

Band 9: Eva Ochs
»HEUTE KANN ICH DAS JA SAGEN«
LAGERERFAHRUNGEN VON INSASSEN SOWJETISCHER SPEZIALLAGER IN DER SBZ/DDR
2006. VIII, 343 S. Br.
ISBN 978-3-412-01006-5

Band 10: Michael Ploenus
»... SO WICHTIG WIE DAS TÄGLICHE BROT«
DAS JENAER INSTITUT FÜR MARXISMUS-LENINISMUS 1945–1990
2007. 355 S. Br. ISBN 978-3-412-20010-7

Band 11: Peter Wurschi
RENNSTEIGBEAT
JUGENDLICHE SUBKULTUREN IM THÜRINGER RAUM 1952–1989
2007. 312 S. Br. ISBN 978-3-412-20014-5

Band 12: Hans-Joachim Veen, Ulrich Mählert, Peter März (Hg.)
WECHSELWIRKUNGEN OST-WEST
DISSIDENZ, OPPOSITION UND ZIVILGESELLSCHAFT 1975–1989
2007. 213 S. Br. ISBN 978-3-412-23306-8

Band 13: Hans-Joachim Veen, Ulrich Mählert, Franz-Josef Schlichting (Hg.)
PARTEIEN IN JUNGEN DEMOKRATIEN
ZWISCHEN FRAGILITÄT UND STABILISIERUNG IN OSTMITTELEUROPA
2008. 226 S. Zahl. Graf. u. Tab. Br.
ISBN 978-3-412-20180-7

Band 14: Hans-Joachim Veen, Peter März, Franz-Josef Schlichting (Hg.)
KIRCHE UND REVOLUTION
Das Christentum in Ostmitteleuropa vor und nach 1989
2009. 241 S. Zahl. Graf. u. Tab. Br.
ISBN 978-3-412-20403-7

Band 15: Hans-Joachim Veen, Peter März, Franz-Josef Schlichting (Hg.)
DIE FOLGEN DER REVOLUTION
20 Jahre nach dem Kommunismus
2010. 183 S. 14 s/w-Grafiken und Abb. Br.
ISBN 978-3-412-20597-3

BÖHLAU VERLAG, URSULAPLATZ 1, 50668 KÖLN. T: +49(0)221 913 90-0
INFO@BOEHLAU.DE, WWW.BOEHLAU.DE | KÖLN WEIMAR WIEN